洪成文 主编

大学筹资理论与实践丛书

我国高等教育社会捐赠研究

佟婧 著

人民东方出版传媒
People's Oriental Publishing & Media
東方出版社
The Oriental Press

图书在版编目（CIP）数据

我国高等教育社会捐赠研究 / 佟婧著. —北京：
东方出版社，2023.3
ISBN 978-7-5207-2427-2

Ⅰ. ①我… Ⅱ. ①佟… Ⅲ. ①高等教育—教育经费—
研究—中国 Ⅳ. ① G647.5

中国版本图书馆 CIP 数据核字（2021）第 233137 号

我国高等教育社会捐赠研究
（WOGUO GAODENGJIAOYU SHEHUIJUANZENG YANJIU）

著　　者： 佟　婧
策　　划： 戴燕白
责任编辑： 朱兆瑞
出　　版： 东方出版社
发　　行： 人民东方出版传媒有限公司
地　　址： 北京市东城区朝阳门内大街 166 号
邮　　编： 100010
印　　刷： 北京汇林印务有限公司
版　　次： 2023 年 3 月第 1 版
印　　次： 2023 年 3 月第 1 次印刷
开　　本： 787 毫米 ×1092 毫米　1/16
印　　张： 19.5
字　　数： 265 千字
书　　号： ISBN 978-7-5207-2427-2
定　　价： 89.00 元
发行电话：（010）85924663　85924644　85924641

本专著系黑龙江省哲学社会科学研究规划项目
“共同富裕视域下资源筹措助力龙江高等教育
高质量发展研究（22EDB139）”的阶段性成果

目 录

CONTENTS

绪 论

一、财政危机成为制约欧美各国高等教育发展的瓶颈

第二次世界大战以来，经费不足一直是困扰各国高等教育发展的顽疾。在经济发展水平不同的国家和地区中，高等学校注册生数的年均增长率分别为：低收入国家8.8%，中等偏下收入国家6.6%，中等偏上收入国家6.2%，高收入国家4.3%；而与之相应的公共高等教育经费年均增长率则分别为：-12.3%，-9.1%，-4.6%，0.9%。[①]2016—2017年，美国政府的减税政策进一步拉长了复苏周期。公共高等教育经费生均水平之低令人惊叹，高等教育财政危机令人瞠目。[②]而民众对高等教育需求的增长以及各国政府承担高等教育经费的愿望和能力的减弱，是全球的高等教育财政危机的根源所在。尽管国与国之间的政治体制不同、经济发展速度不均，但第二次世界大战以来，发达国家和发展中国家相继以不同的扩张模式掀起了高等教育大众化浪潮。据联合国教科文组织的统计，20世纪后40年，全球高等教育机构在校大学生人数增长了5倍之多，由1960年的1300万人增至2000年的7900万人。预计到2025年高等教育在校大学生人数将达到1亿人。[③]全球高等教育

---

① 丁小浩：《高等教育财政危机与成本补偿》，《高等教育研究》1996年第2期。

② 《美国各州削减高等教育经费》，《世界教育信息》2011年第3期。

③ 王莉芬：《世界高等教育发展趋势及其启示》，《高等教育研究》2008年第12期。

发展迅速，各个国家不得不采取多样化的形式迎接高等教育大众化时代的到来。由州政府和联邦政府共同支撑的美国高等教育规模急遽扩张；西欧国家则以改革大学录取制度的方式适应高等教育大众化的需要；日本、韩国除了增加公立高等教育发展的经费之外，还制定政策支持私立高等教育的发展。被“大众化之风”席卷的全球高等教育的发展成本不断上升，经费不足成为制约各国大学发展的共同难题。另外，高等教育组织的特性使得“不管大学获得多少经费，它都能将其用之殆尽，并且可以用之有道。规模可以不断扩大，学科可以不断扩展，设备可以不断更新，但与此同时，危机却可能更为深刻”[①]。正如联合国教科文组织前总干事费德里科·马约尔（Federico Mayor）指出:“全世界几乎所有国家的高等教育都处于危机之中。”

近些年来，欧美各国政府由于财政疲软，对高等教育的拨款逐年下降，有人甚至断言:“美国主要依靠税收资助打造世界一流公立大学的宏伟实践已经走到了尽头。”[②]

英国政府对高等教育的投入也在逐年下降，2014—2015 年度，在接受英格兰高等教育拨款委员会拨款的 130 多所大学中，有 90 所高校获得的政府拨款仅占其全年收入的 15% 或更少。2008—2009 财年至 2015—2016 财年，政府对高等教育机构资助拨款所占比重从 34.8% 下降至 14.8%，而学费占比从 28.7% 升至 48.4%。[③]2019 年，意大利教育部部长由于未能获得政府的教育拨款宣布辞职。经济合作与发展组织发布的一份报告显示，意大利基础教育至高等教育的支出占 GDP（国内生产总值）的 3.6%，而该组织的平均值为 5%，

① [美] 罗伯特·波恩鲍姆:《高等教育的管理时尚》，毛亚庆等译，北京师范大学出版社 2008 年版，第 10 页。

② [美] 詹姆斯·杜德斯达、弗瑞斯·沃马克:《美国公立大学的未来》，刘济良译，北京大学出版社 2008 年版，第 106 页。

③ 马万华、匡建江:《英国高等教育政策改革趋势》，《中国高等教育》2018 年第 2 期。

意大利在这部分公共开支中排名垫底。这些变化的部分原因是有限的税收收入，以及在面临激烈的社会资源竞争时，欧美政府不能或不愿提供维持高等教育发展所需要的资源。

二、许多世界一流大学已经从社会捐赠中获得新的生机

世界一流大学的成功之道证明了争取社会捐赠是高校赖以生存发展的重要举措。美国高校的教育捐赠收入从 20 世纪 80 年代以来增长迅速，1980—1981 年度美国整个高等教育系统获赠款总数为 42.3 亿美元，1984—1985 年是 63.2 亿美元，1987—1988 年总数为 82 亿美元。20 世纪 90 年代以后，美国高校捐赠收入的规模日益扩大，越来越多的社会团体、基金会和个人捐赠开始资助高等教育发展。哈佛大学、耶鲁大学、斯坦福大学等众多世界一流大学的成功之道证明了争取社会捐赠是高校赖以生存发展的重要举措。据美国教育资助委员会统计，1993—1994 年度，社会捐赠占公立高校和私立高校经费来源比例分别为 4.6% 和 13.5%。在英国，牛津大学作为世界顶尖的公立研究型大学，在数学、物理、医学、法学、商学等多个领域拥有崇高的学术地位及广泛的影响力，被公认为当今世界最顶尖的高等教育机构之一。2017—2018 财年，牛津大学总收入（不计新闻出版收入）增加了 1.92 亿英镑，达到 15.93 亿英镑。其中教育、研究和居民收入比上一年增长 3.7%，占总收入的 41.3%，达到 2.04 亿英镑。

三、教育捐赠对大学发展的作用仍然没有得到重视

社会捐赠是高等教育经费筹措的重要渠道之一。它是大学声誉的重要标志，也是优化大学治理结构的动力。首先，作为补偿教育经费的有效可

行的渠道，社会捐赠越来越被人们重视，是亟待开发的潜在资源。其次，从高校自身发展的层面来看，研究募捐策略是各高校树立机构品牌的需要。如同商业竞争一样，高校的筹资竞争在某种程度上也是学校自身品牌的竞争。高校的品牌在筹资活动中的重要性不言而喻，筹资额度与学校声誉的相关性越来越大。再次，社会捐赠对大学内部治理结构提出了新的要求。通常，完全依赖政府拨款和学杂费收入的大学，往往缺乏有效的成本约束机制，容易导致机构重叠、层级过多、职责不明、冗员充斥、效率低下，这些大学也经常忽视教师在学校学术管理中的主导地位，甚至把教师视为行政管理系统下的从属人员。当社会捐赠成为大学办学经费的主要来源之一时，这些违背高等教育发展规律、背离捐赠者意愿的现象将得到遏制。最后，社会捐赠密切了大学与外部的联系，优化了大学的外部治理结构。校友、学生家长以及个人通过捐赠增加了自己的声望和成就感，实现了回报社会的愿望，达到了慈善的目的。各种基金会通过捐赠体现其宗旨；企业也通过各种捐赠扩大社会影响力，并获得大学在科学技术和人才方面的支持；大学则通过社会捐赠在获取必要的办学资源的同时，也获取了各种群体对自身办学方针、办学水平等方面的反馈信息。这种由捐赠所构建起的纽带将各方面的需求和评价信息反映出来，从而对大学的办学方针和策略产生重要影响。

创建“世界一流大学”是我国高等教育发展的战略目标。19 世纪末，曾担任哈佛大学校长 40 多年的查尔斯·埃利奥特（Charles Elliot）在回答关于建成一所世界一流大学需要什么”的问题时，给出的答案是“5000 万美金和 200 年”。在 20 世纪初，芝加哥大学只用了 20 多年和稍多于 5000 万美金办成了世界一流大学。高等教育的发展素来离不开资金的支持。只有通过多元化的社会财源办大学，才能使得大学永葆活力。[①] 近些年来，我国的大多数高校才刚刚意识到社会捐赠是一项重要的资金拓展渠道，但目前还没有脱离传统的寻求国家财政支持的模式，它们更愿意把大部分精力用在如何向国家争取更多的财政拨款上。主要表现在社会资本不能充分利用；高等教育募捐意识和资源竞争意识不强；对教育捐赠问题缺乏思考和关注；缺乏专门的高等教育捐赠事业发展政策和战略；等等。另外与美国相比，我国捐赠资金对高校的贡献率很低，一直在 1% 和 2% 间徘徊，而美国高校的捐赠资金的贡献率为 10% 以上。据我国 2017 年的统计年鉴数据表明，在我国高校教育经费组成中，社会捐赠只占总费用的 1.5%，并且大部分是港澳台地区的华侨和华人的捐赠。欧美一流高校发展的经验也说明，高校教育经费来源的多元化是解决经费短缺问题的有力措施。因此，在市场与政府之外，重视捐赠事业的发展，寻求社会力量的支持，积极推动教育捐赠事业的成熟进步应该成为高校发展的重要战略。

由于高等教育大众化、经济危机、政府财政支持薄弱等种种不利因素的影响，几乎世界各国的高等教育组织都面临着重大经济压力。如何解决这一问题将关乎大学的生存与发展。高等教育是社会公益性事业，如何建立、健全以政府投入为主，多渠道筹集教育经费的体制和机制是实现大学快速发展、提高教育教学质量、确保教育投入的关键。通过借鉴国外大学的发展规律及趋势，我们可以发现，有效获取和运用个人捐赠资源是高等教育组织筹资成功的重要途径。然而，当前我国大学接受捐赠的数量依然相当有限，尚未形成规模。高等教育社会捐赠还没有成为支撑我国高等教育发展的重要经费来源。为什么我国高等教育社会捐赠还没有形成规模？主要原因何在？怎样才能促进我国高等教育组织获得更多的捐赠？这一系列问题亟待解决。因

① 丁学良：《什么是世界一流大学》，北京大学出版社 2004 年版，第 12 页。

此，如何有效地开拓捐赠市场，如何吸引并留住这些潜在捐赠者是目前我国高等教育领域必须思考的问题。为此，本书将针对高等教育组织的某些特定属性与捐赠行为进行整合研究，目的是有效保持高等教育现有捐赠者的重复捐赠，诱发潜在捐赠者的初次捐赠，为我国大学筹资提供解决路径。基于此，有如下的问题亟待深思和探究。第一，我国与发达国家相比，为什么中国国民向高等教育捐赠的人数比例严重偏低？出现这种现状的原因何在？第二，大学募捐的意识和行为与其募捐业绩有无直接影响？第三，随着个人捐赠心理的日趋成熟，早期捐赠的“盲目性”和“随意性”越来越小，捐赠行为逐渐与个人意志相结合。当捐赠者决定向高等教育组织捐赠时，哪些因素会影响捐赠者对捐赠对象的选择？大学为争取更多捐赠者的“公益资助”应做出哪些努力？

Chapter 01 | 第一章

相关概念与理论基础

第一节 相关概念

一、捐赠与募捐

捐赠，是没有索求地把有价值的东西给予别人。从经济学角度来考察，“捐赠（又名赞助）是一种货币收入或财产单向流动或流程的市场性再次分配经济行为”[①]。“它既是促进经济资源从一个人转移到另一个人手中和从一个地区向另一个地区转移，也是促使经济资源从一个产业向另一个产业转移的过程。”[②] 从法律角度来考察，公益捐赠是指自然人、法人或者其他组织自愿、无偿向依法成立的公益性社会团体和非营利的事业单位捐赠财产。现代民法则把筹集资金用于救灾等公益事业或其他特定目的的无偿给予行为都称为捐赠。从伦理道德角度来考察，捐赠又称“慈善捐赠”，是捐赠者自愿将资金、物品的所有权转交给其他机构的行为。从这个角度来看，捐赠是一种超脱世俗的高尚的道德行为。从字义上解读“募捐”一词，“募”指求、募集，“捐”指舍弃、捐助。募捐狭义上是指募集捐款或财物。从广义的角度来看，募捐是指面向社会，发动自然人、法人或其他组织进行捐赠的一种活动，是筹集公益事业资金的重要渠道。

“募捐和捐赠”是从同一活动范畴的不同主体展开的活动。募捐的主体是受捐机构，而捐赠的主体是捐赠者。从赠予方的角度出发，本书把个人或

① 仲伟周：《赞助：经济学研究的新领域》，《天津社会科学》1995 年第 6 期。
② 农贵新、何静：《捐赠的理性分析及政策建议》，《生产力研究》2003 年第 2 期。

企业的行为称为“社会捐赠”；从接受方的角度出发，本书把其成功获得捐赠的行为称作“募捐”。

二、社会捐赠

“社会”一般是指人们以共同物质生产活动为基础，按照一定的行为规范相互联系而结成的有机整体。社会捐赠，亦即公益捐赠，是指捐赠人为了资助公益事业，自愿将其所拥有的财产赠予受益人或公益性组织管理使用的行为[①]，也就是相互联系的有机整体中的个体或群体（个人或企业），无偿地将有价值的东西给予他人的一种形式。这是一种广义的界定。为便于研究，本书所研究的社会捐赠具有以下五个特点：它是一种资金筹集形式；社会捐赠的主体包括公民个人、企业以及其他组织或机构；社会捐赠应坚持自愿原则，不准强行摊派或变相摊派；社会捐赠的对象与捐赠主体无直接利害关系；捐赠的目的是提供公益援助或促进社会发展。

三、高等教育社会捐赠

高等教育社会捐赠是指捐赠人（包括法人实体、自然人等）为了资助高等教育事业，自愿将其所拥有的财产或部分财产赠予高校管理或使用的行为，是教育捐赠的一种。[②] 本书中的捐赠人是指社会成员及企业、团体等，而受赠人就是高等教育组织。建立基金和专项募捐是两种最重要的募捐方式。高等教育捐赠可以分为以下三大类：依据捐赠目标的不同，一般分为年

① 罗公利：《高校社会捐赠的博弈分析》，《经济理论与经济管理》2005 年第 5 期。
② 何晓梅：《中国高等教育社会捐赠缺失的成因及其改善对策研究》，硕士学位论文，辽宁师范大学，2007 年。

度募捐、巨额募捐和专项募捐；依据捐赠方式的不同，分为直接捐赠与计划延期捐赠；依据捐赠形式的不同，分为现金捐赠、支票捐赠、汇票捐赠、有价证券捐赠、股票捐赠、房地产捐赠、艺术品捐赠、书籍捐赠等。高等教育捐赠既是发展社会公益事业的重要手段，又是高等教育经费来源的重要渠道，可以缓解高等学校的经费负担。

第二节　理论基础

一、资源依赖理论

（一）资源依赖理论的基本假设

关于组织与其所生存的环境之间的关系问题，管理学家们提出了许多不同的解释，其中资源依赖理论（Resource Dependence Theory，RDT）被视为近30年来最具影响的组织理论和战略管理理论之一。斯坦福大学教授理查德·斯科特（W. Richard Scott）对该理论的评价尤具代表性，他认为该理论认识到了较为广泛的社会与政治环境力量，为组织结构与组织行为的塑造打开了新的思路。杰弗里·菲佛（Jeffrey Pfeffer）和杰勒尔德·R. 萨兰基克（Gerald R. Salancik）在其代表作《组织的外部控制——对组织资源依赖的分析》一书中，开宗明义地提出“组织生存的关键是获取和维持资源的能力”[①]。资源依赖理论认识到了组织行为影响的外在因素，它构建了这样的基

①［美］杰弗里·菲佛、杰勒尔德·R. 萨兰基克:《组织的外部控制——对组织资源依赖的分析》，闫蕊译，东方出版社2006年版，第2页。

本理论假设：没有任何组织是能够自给自足的，组织为了生存就必须获得资源；组织若为了获得维持生存的必要资源，就必须同环境中其他因素进行交易，从而组织产生了对环境的依赖；在持续不断地为组织提供所需要的资源的同时，外部群体或组织可能要求组织做出相应的行动来作为回报。[①] 因此，这就产生了外部环境对组织行为的控制。杰弗里·菲佛和杰勒尔德·R. 萨兰基克还提出了影响组织对其他组织（或群体）依赖程度的两个主要因素：第一，资源的重要程度，即资源对维持正常运转的影响程度。资源交换表现在两个方面：交换的相对数量和资源的关键程度。资源对组织发展的重要性在于前者，而不是组织问题的根源。组织在资源方面存在的问题是由环境造成的。资源供给充分时，组织会平稳运转；一旦环境变化，其他组织或群体无法保证该组织所需的资源时，组织就遇到了生存危机。然而，重要资源的不稳定性使组织的生存具有更大的不确定性。第二，资源的可替代度。如果过度地依赖某一组织（或群体）的资源，那么被依赖的组织就会对其资源进行完全的控制。因此，过度依赖资源的组织应降低自身对外部其他组织（环境）的依赖。这种组织间的依赖关系与控制关系构成了资源依赖理论的核心特征。

（二）资源依赖理论对本研究的解释作用

第一，资源依赖理论提出的核心假设构成了“高等教育社会捐赠”问题研究的出发点。该理论认为，只有积极有效的组织才能够生存下去。这种有效性的获得是对需求进行管理的结果，尤其是对那些为组织提供资源和支持的团体的需求进行管理的结果。[②] 与其他营利组织一样，大学的生存发展需

---

① ［美］杰弗里·菲佛、杰勒尔德·R. 萨兰基克:《组织的外部控制——对组织资源依赖的分析》，闫蕊译，东方出版社 2006 年版，第 48 页。

② ［美］杰弗里·菲佛、杰勒尔德·R. 萨兰基克:《组织的外部控制——对组织资源依赖的分析》，闫蕊译，东方出版社 2006 年版，第 6 页。

要其所处环境的支持，而且大学无法控制自身的资源获得。但是，由于其自身的组织特性，大学不能随意出售自身产品以换取所需资源。因此，在无法为自身提供生存资源与发展资源的情况下，大学必然清醒地认识到其外部依赖性。作为无法自给自足的组织，它必须不断寻求“给养源”。正如美国高等教育管理学家乔治·凯勒（George Keller）所言：“大学在社会上处于一种特殊的、危险的境地，居于竞争商业部门和由政府所有与运作的国家机构之间。大学是自由的，具有依赖性……它们像大型的动物，永不停歇地搜寻着维持生命所不可或缺的财政补给”。① 政府与大学长期保持着一种亲密互动的关系，在世界多数国家，政府依然是大学主要且稳定的“供给者”，但是“没有一所大学特别是研究型大学仅靠政府资助就能够维持其竞争力”②。对政府来说，高等教育的经费需求永远是强劲的，而政府的财政收入则时不时会出现疲软。20世纪末至本世纪初，受金融危机影响，美国财政赤字开始猛增，国会在2008年批准了由布什政府提出的7000亿美元救市计划。随后在2009年初，美国国会又批准了奥巴马总统的7870亿美元经济刺激计划。受经济低迷影响，在财政收入减少了20%的同时，财政支出则同比增加了20.5%，这使得赤字占GDP的10%，达到了美国历史第二高点③（在第二次世界大战期间，这一比例曾达到过30%的水平）。同时，欧盟委员会表示，英国政府2010财年和2011财年的预算赤字将超出预期，而在2010年（日历年），英国将成为欧盟27个成员国中预算赤字最高的国家。英国政府在当时的报告中表示，预计在2010财年（2011年3月结束），其借款占GDP的比重为11.1%。表1–1是金融危机

① ［美］乔治·凯勒：《大学战略与规划：高等教育管理革命》，别敦荣译，中国海洋大学出版社2005年版，第4页。

② ［英］迈克尔·沙托克：《成功大学的管理之道》，范怡红主译，北京大学出版社2006年版，第50页。

③ 何广前、赵英吉：《金融危机对G20国家财政的影响及其对我国的启示》，《中外企业家》2009年第9期。

背景下，一些国家或地区的政府财政变化状况。

表 1-1 21 世纪初金融危机影响下部分国家、地区和组织的财政变化百分比[①]

国家、地区和组织	财政情况	2007 年	2008 年	2009 年	2010 年
美国	财政收支平衡	−2.9	−5.8	−10.2	−11.9
	财政负债总额	62.9	71.9	88.1	100.0
日本	财政收支平衡	−2.5	−2.6	−6.8	−8.4
	财政负债总额	167.1	172.1	186.2	197.3
欧洲地区	财政收支平衡	−0.7	−1.8	−5.4	−7.0
	财政负债总额	71.2	71.0	77.7	84.4
经济合作与发展组织	财政收支平衡	−1.4	−3.0	−7.2	−8.7
	财政负债总额	74.5	78.8	90.6	99.9

2020 年，受到新冠肺炎疫情的影响，欧美大学由于政府财政吃紧、国际学生流失等原因，大学财政受到重创，资源依赖问题更加凸显。截至 2020 年 6 月，美国拥有 110 万名国际学生，占大学生总数的 5.5%。在许多州，国际学生支付的学费占学校总收入的一大部分。多重压力之下，美国许多高校开始节衣缩食。2020 年 4 月 20 日，美国名校密歇根大学校长马克·施里塞尔（Mark Schlissel）发表声明，称本学期疫情给该校造成的损失将高达 4 亿—10 亿美元。为应对经济挑战，该校将采取取消非必要开支、冻结招聘、冻结薪资、领导层降薪 5% 至 10%，以及鼓励员工休无薪假等应对措施。[②] 就连常春藤名校也未能幸免。哈佛大学校长劳伦斯·巴考（Lawrence Bacow）也发表公开信，称该校因新冠肺炎疫情陷入财务危机，学费、捐赠等收入锐减。为此，哈佛大学领导层自愿减薪，为遭受困境的员工提供援助基金。彭博社称，哈佛大学正考虑发行 11 亿美元债券，用于

① OECD Home，“The Financial Crisis: Reform and Exit Strategies”，*OECD Report*, 2009.

② 张松：《美国大学遭遇疫情连环冲击：新生入学率下降 15%、国际学生锐减 25%、约 30% 高校出现财政危机》，《文汇报》2020 年 5 月 7 日。

偿还债务等。此外，宾夕法尼亚大学、康奈尔等常春藤大学也采取了类似行动。美国《高等教育内幕》报道称，已创立150年的旧金山艺术学院在2020年3月下旬宣布停止招收新生，并考虑终止学位课程。另有数十家美国高校已经或即将宣布关闭。“疫情之后，教育市场将从卖方市场向买方市场转变。”牛津大学高等教育学教授西蒙·马格林森（Simon Maglinson）认为，“英国、美国、澳大利亚等国采取抗疫措施相对较晚，而韩国、新加坡等国抗疫得力，它们赢得了国际声誉并可能成为更多留学生的选择。”据《卫报》报道，英国大学的科研经费收入十年间减少了12.8%，而这部分缺口实际上由国际学生的学费来填补，他们的学费比本地学生高得多，每年的学费高达2.6万英镑。因此，形成了留学生学费和科研经费“交叉补贴”的模式，而如今该模式正面临挑战。[①]

由此可见，“组织生存的关键是获取和维持资源的能力”[②]。大学为了生存和发展必须谋求更多群体或组织的支持，必须与环境中的其他所有因素而不是单一的因素进行交易。

第二，资源依赖理论对高等教育社会捐赠组织层面的研究具有一定的解释力。资源依赖理论强调从组织的外部关注组织的发展和解释组织的行为。首先，从分析思路来看，资源依赖理论的绝大多数分析是在组织间的层次上展开的，更注重组织与组织间或组织与群体间的相互影响和相互控制的关系。我们研究大学社会捐赠问题时，必须从中观层面来分析大学作为一种非政府组织，为了获得自身发展，与掌握资源的政府、基金会、公众、公司或企业等组织产生互动关系，使得研究更具有操作性和解释力。其次，资源依

① 吴姝:《遭遇财政“黑洞”：国际学生学费收入锐减，连科研经费都不够了》,《文汇报》2020年5月7日。

② ［美］杰弗里·菲佛、杰勒尔德·R. 萨兰基克:《组织的外部控制——对组织资源依赖的分析》，闫蕊译，东方出版社2006年版，第7页。

赖理论可以帮助我们分析大学如何摆脱对组织的过度依赖。组织之间的依赖是相互的、不可避免的。但是当一个组织过度依赖另一个组织时，就会引发一系列的连锁反应，如权利失衡、道德失衡等现象。该理论有助于解释我国大学资源的“单向度依赖”和大学过度依赖政府而引发的“大学缺乏自由意志”与“独立思维”的现象。最后，资源依赖理论还为大学募捐过程中产生的捐赠伦理问题提供了理论依据。

二、非营利组织的营销理论

非营利组织（Non-Profit Organization，NPO）是指独立于营利机构和政府机构之外的社会组织。[①] 约翰·霍普金斯大学的莱斯特·M.萨拉蒙（Lester M. Salarmon）认为，符合组织性、私有性、非营利性、自治性和志愿性五个方面特性的社会组织都可以被视为非营利组织。[②] 非营利组织的存在给个人和社会带来了深刻的变化。20世纪70年代，国外学者开始对非营利组织进行关注和研究并提出相关理论，例如政府失灵理论、市场失灵理论、志愿失灵理论、政府–市场–非营利组织理论等。而非营利组织的营销理论在发展成熟之后才慢慢被人们接受。其原因主要是非营利组织的公益性和非营利性。然而，由于个人捐赠者背弃、会员减少、赞助商衰退等一系列现象导致了非营利组织经营不善、捉襟见肘，这使得非营利组织营销理论逐渐进入了管理者的视野。

① 陈晓春主编:《非营利组织营销学》，湖南人民出版社2003年版，第45页。

②［美］莱斯特·M.萨拉蒙:《全球公民社会——非营利部门视界》，贾西津、魏玉译，社会科学文献出版社2002年版，第3—4页。

（一）非营利组织营销理论的基本概念、特点和作用

营销应用于非营利组织的思想源于19世纪60、70年代一些学者发表的一系列研究，如科特勒和利维（Kotler P. & Levy S. T.）、萨尔特曼（Zaltman G.）等。科特勒等人认为："营销是一种非常普遍的社会活动，它不仅仅只是销售牙膏、肥皂和钢铁。政治候选提示我们，那些候选人就像肥皂一样需要营销；学生升入大学提示我们，高等教育需要营销；筹资提示我们，其理由需要营销……"[①] 非营利组织的营销目的在于交换，为了用某种公共产品或服务换取资源。许多学者对非营利组织的营销下了自己的定义，我们可以将它们大体归纳为"为了达到组织的目的，对组织、受益群体及其需求进行分析，把服务推向市场的过程"。

非营利组织营销具有与企业营销显著不同的特性。克里斯托夫·H. 洛夫洛克（Christopher H. Lovelock）和查理·B. 温伯格（Charles B. Wenberg）在《公共及非营利销售》一文中将非营利组织营销的特性归纳为五个方面。第一，目标的多重性。非营利组织与营利组织一样倾向去追求多种目标。但是，营利组织无疑把追求利润作为一切工作的中心。非营利组织最主要的目标是实现组织的使命，造福社会，同时也要增加收入以求发展壮大等。第二，多重营销群体。消费者是营利组织唯一关注的营销群体。而非营利组织有四种类型的营销对象：提供资源的群众（如捐赠组织或个人）、输送商品或服务的媒介群众（如第三方机构或促进者）、将资源转化为有效货物或服务的内在群众（如志愿者）、服务的受益者。而其中的关键因素是资源的提供者和服务的受益者。第三，提供的是无形服务而不是具体的商品。第四，要接受公众的检查和监督。第五，强调营销的伦理性。良好的声望与信用有

① ［美］菲利普·科特勒、艾伦·R. 安德里亚森：《非营利组织战略营销》（第五版），孟延春等译，中国人民大学出版社2003年版，第6页。

助于非营利组织吸引顾客、捐赠者、潜在的志愿者和其他部门的支持者。[①]

由于存在以上特性，所以非营利组织面临的多变、复杂的环境为其生存和发展提出了挑战。为了迎合不断变化的市场、多元的利益相关群体和激烈的同行竞争，非营利组织必须采取营销手段予以回应。首先，营销是非营利组织生存和发展的需要，这是经济社会发展规律决定的。如同营利组织与政府部门一样，非营利组织也是一个开放的系统，要在市场中从事经济活动。它也要花费一系列的人力、物力和财力与企业、政府及其他社会各界建立良好的关系。而生活在物质产品种类极大丰富和质量不断提高的社会，人们会要求更加丰富的公共产品和准公共产品。[②] 由此可见，营销关乎非营利组织的生存大计。其次，营销是非营利组织获得资源的有效手段。菲利普·科特勒指出："为什么有人愿意捐赠？非营利机构必须很好地理解利他动机，才能使募捐更有效……绝不能把捐赠看成资金转移，而应看成一笔交易。"[③] 非营利组织与捐赠人的交易不仅要注重货币的交换，也要注重情感等非货币的交换。非营利组织如果想筹得资金，就必须研究捐赠者的动机，满足施恩者的需要，而不是一味索取，不为捐赠者提供相应的回报，否则将难以持续地获得维持环境的支持。

（二）非营利组织营销理论对本研究的解释作用

非营利组织营销理论对分析高等教育组织的募捐行为提供了依据。首先，非营利组织营销理论的研究主体涵盖了高等教育组织。因此，它适用于解释高等教育组织的相关行为。联合国国际产业分类标准（ISIC）根

① 陈晓春主编：《非营利组织营销学》，湖南人民出版社 2003 年版，第 42 页。

② 方林佑主编：《新经济与经济全球化》，湖南人民出版社 2002 年版，第 93—94 页。

③ Philip Kotler, *Marketing for Nonprofit Organizations*, New Jersey: Prentice-Hall, 1982, p.427.

据组织的“经济活动”或活动领域，将非营利组织分为3大类和15个小类。如卫生保健类，包括医疗保健、兽医、社会工作；教育研究类，包括小学教育、中学教育、大学教育、成人教育等；社会服务类，包括观光、卫生、工会、娱乐、文化等。[①] 高等教育作为非营利组织的一个类别，我们可以将其置于它的上位概念“非营利组织”中进行讨论。高等教育既然属于非营利组织，那么它也具有非营利组织的共性。现代营销学之父菲利普·科特勒把市场营销定义为：通过交换过程满足需求和欲望的一种人类活动。营销不仅仅限于企业推销产业用品，也同样适用于非营利组织领域。非营利组织拥有不同领域和不同层次的“顾客群体”。总体来说，非营利组织有两大主要的服务对象：顾客和捐赠者。[②] 前者涉及资源配置问题，后者涉及资助吸引问题。尤其是在很难界定“顾客”、“消费者”、“用户”和“公众”的高等教育领域，更需要借助市场营销原理来妥善处理组织与其服务对象的关系。例如，高等教育组织为学生提供教育服务，那么其“顾客”就是大学生或其父母。但是，与那些为高校发展提供支持的企业、公益组织或个人一样，政府也是高等教育组织打交道的对象，这类群体自然也成为大学的营销对象。因此，非营利组织营销理论适用于分析和解释高等教育社会捐赠的现象及问题。

其次，非营利组织营销理论有助于在中观层面解释和分析组织在募捐过程中的行为，在微观层面为高等教育组织如何募捐提供具体的案例。菲利普·科特勒在《非营利组织战略营销》一书中讲道：尽管不同组织采用营销的概念不一致，但是大多非营利组织（如医院、博物院、演艺团体等）都接受了营销的概念，唯有大学有些滞后。大学的发展不需要营销吗？答案是否

① 吴冠之编著:《非营利组织营销》（第二版），中国人民大学出版社2008年版，第15页。
② 陈晓春主编:《非营利组织营销学》，湖南人民出版社2003年版，第41页。

定的。大学发展必须招收优秀的生源，吸引一流的教师，开发捐赠者来筹集资金。这一切都是营销活动，即向组织需要的群体做出努力。斯坦福大学的筹资方式可以更好地解释这一问题。斯坦福大学基金发展办公室的管理人员分别负责各类校友团体的筹资活动，每个校友团体的联络方式都极为经济有效。例如，作为募捐的对象，斯坦福大学的毕业生都能收到学校直接邮寄的信函；捐赠 25—75 美元的校友，会收到 3 至 4 封的致谢函；捐赠 75 美元以上的校友，会接到学校的致谢电话；等等。由此可见，筹资一定要有策略。该理论倡导的营销战略和各种战略期望的结果和回报，可以帮助分析高等教育组织的募捐方式与行为。

最后，非营利组织营销理论可为高等教育组织获得更多的潜在捐赠资源提供有力的解释依据。大学与公众是鱼水关系，而营销需要解决的问题是如何获得组织所预想的回应，以及组织应向期望得到回应的群体做出怎样的贡献。大学若想要获得更多的筹资渠道，必须深思熟虑“向谁募捐”以及“自身的优势特色是什么”等问题。管理大师彼得·德鲁克（Peter Drucker）认为，组织必须考虑清楚谁是真正的捐赠者，然后向他们进行强有力的、直截了当的营销。也有学者把非营利组织募捐比喻为劝说人们购买某种商品，他们如何选择取决于对该组织的感知程度。① 也就是说，非营利组织如想获得捐助，必须采取有针对性的宣传策略来为自身“加分”，以赢得潜在捐赠人的好感，满足其利他或利己需求。同时，布赖恩特（Bryant W. K.）等人在研究中表明，当非营利组织采取一定的营销手段时，能增加民众的捐赠可能性。反之，则会降低。② 贝克斯（Bekkers R.）也发现其研究中的 86% 的被试者的捐赠

① Vesterlund L., Sonnevi G., “Why do People give?” *The Nonprofit Sector:A Research Handbook* (*2nd ed.*), New Haven: Yale Universirty Press, 2006, p.55.

② Bryant W. K., Slaughter H. J., Kang H. J., Tax A., “Participating in Philanthropic Activities: Donating Money and Time”, *Journal of Consumer Policy*, 2003, Vol. 26, pp. 43-73.

行为和意愿是在请求之后产生的。[①] 同时，大学的发展意味着要与捐赠者一起成长，注重提高其对组织使命的认识，充分肯定其对组织成果的贡献。德鲁克还补充道，大学需要与捐赠者建立长期关系并促使他们加强对组织的支持。当建立起捐赠基础后，筹资成本必定会大幅降低，组织就不必每年都花高额的经费用于筹集资金。[②] 由此可见，非营利组织营销理论和策略有助于为大学谋求更多的支持者以及为捐赠人提出新的思路。

三、社会交换理论

研究者们经常采用社会交换理论解释高等教育领域中的捐赠行为。[③] 他们认为筹资主要涉及组织与捐赠者之间的社会交换关系，并且这种关系决定了彼此交换的结果。[④] 菲利普·科特勒认为，非营利组织要促成一笔交易，最有用的想法是“交换”个人的资源。资源有限且不能完全自给自足，于是人们就要通过“支付—回报—再支付—再回报”的连续行动来获取自己需要。交换是一种提供某物而向他人换取所需物品的行为，以此观点为核心的社会交换理论，有两种基本取向：一是个人心理的取向，即把社会交换归之于个人的功利计算与内在动机；二是结构性集体的取向，即把社会交换归之于社会结构的制约与社会规范的引导。就捐赠而言，捐赠行为恰恰是包括生产、交

① Bekkers R., *Effects and Effectiveness of Recruitment Strategies Used by Nonprofits in Netherlands*, Presented at 34th Arnova Annual Conference, Washington, DC, USA, 2005.

② ［美］彼得·德鲁克:《非营利组织的管理》，吴振阳译，机械工业出版社 2007 年版，第 69 页。

③ Hale J., *Altruism and Self-interest in Elite Philanthropic Exchanges*, San Diego Community Foundation, San Diego State University, 1987.

④ Kelly K. S., “Fund Raising and Public Relations: A Critical Analysis”, Hillsdale: Lawrence Erlbaum Associates, 1991, p.8.

换和分配在内的同一体系的产物。捐赠过程是潜在捐款人的一种需求与渴望的情境，即内在动机与外在影响因素交互形成的需求。这种情境同时也包括了接受者，不管是个人或组织，他们的需要可以从捐赠中得到部分满足。这种存在于受赠者与捐赠者之间的交换关系，彼得·布劳（Peter M. Blau）称之为“社会交换理论”（见图 1–1）。布劳指出了社会交换过程的三种变数：社会交换是非契约式的，即交换是开放、自愿且没有固定内容的；期限不固定，即在未来不确定的时间实现回报；交换双方的行为建构在信任的社会关系上。

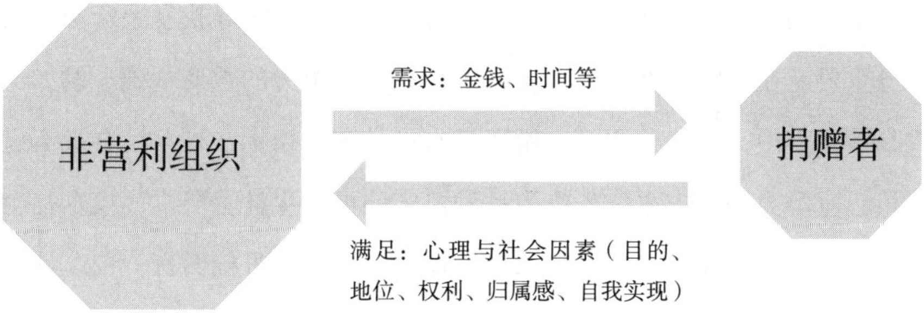

图 1–1　社会交换理论

布劳的社会交换理论，使大学对捐赠行为有了新的认识和定位，以一种交换的理念分析捐赠者的捐赠动机，是制定高校筹资策略的理论依据。而交换的开放性与自愿性决定了必须有新颖的、符合捐赠人需要的交换回馈物才能吸引更多的捐赠。

四、社会资本理论

法国社会学家皮埃尔·布尔迪厄（Pierre Bourdieu）提出了资本总体框架理论。布尔迪厄认为，社会资本是那些实际的或潜在的，与某种持久网络的占有密切相关的资源集合体。这种网络是大家共同熟悉和认可的，并且是一种体制化的关系资源，它能为每个成员提供资源的支持和赢得声誉的凭证。

社会资本就是社会关系网络。德国社会学家、哲学家格奥尔格·齐美尔（Georg Simmel）把社会学分为一般社会学、形式社会学和哲学社会学三类。他认为形式社会学是社会学的重点，主要研究社会现象的纯粹形式。由于“纯粹形式”比较抽象，不易把握，德国社会学家列奥波特·冯·维泽（Leopold Von Wiese）和菲尔·坎特伯雷（Phil Canterbury）以“关系”取代“形式”，称社会学为关系学。社会资本就像其他资本一样，是生产性的，教育的社会资本就是教育的社会关系和网络结构所形成的资源。在教育物质资本严重不足的情况下，开发教育的社会资本，从社会中寻找发展资源，就显得十分重要。在一定程度上，社会资本是教育竞争力的重要基础。例如，在现代高等教育中，校友是评价一所大学水平的重要指标，校友社会资本就是高校核心竞争力的标志之一。作为一种恒定的可再生社会资本，校友社会资本在本质上是一种关系资源，是隐形的债权凭证。对母校而言，校友社会资本又是一种或有债务（Contingent Debt），校友捐赠的资金可以变现为实际的资本，从而推动教育的建设和发展。校友社会资本对于高校发展具有融资、信息获取和创新发展的功能，通过校友关系网络可以给学校引进思想、知识、资金、技术等资源，并且校友是一种恒定的可再生社会资本，使得高校拥有可持续发展的竞争力。随着经济的发展、社会的进步，高等学校的社会资本会越来越强大。因为从社会学角度来看，成熟社会的标志是人们脱离了对物质的追逐，而去发掘生命中另一些抽象的价值。慈善事业不仅展现人们对社会的爱心和善心，在很大程度上也标示了人类的文明程度。

高校在发挥教育功能的同时也创造了独特的社会资本。高校社会资本包括外部社会资本、内部社会资本两部分。大学的外部社会资本是指高校与政府、校友以及企业的关系；大学的内部社会资本是指在大学内部有利于大学管理人员、教师、学生、各管理部门以及各院（系、所）之间相互交流与合作的人际关系网络。高校社会资本具有融资、信息获取和创新发展功能。校友捐赠并不是交易，而是一种关系，这种关系是建立于共同的兴趣之上，由信任来培养，随着时间的推移而增强。这种关系成熟之时，也就是毫不做作的捐赠之时，而这种关系也正是高校的社会资本。充分利用大学的社会资本，对促进大学社会捐赠、实现大发展具有重要意义。通过对历年来大学捐赠来源的分析，我们发现校友捐赠占了其中相当大的比例。因此，充分利用校友资源，凝聚海内外校友的力量，是推动大学发展的重要途径。教育既生产社会资本，又可从社会资本中获益，这一点已为理论和实践所证明。因此，积极倡导教育捐赠，以此引发“蝴蝶效应”，不断涌现出的捐赠者会带动越来越多的人参与，形成良性互动，营造和谐的社会氛围。在此背景下，教育捐赠成为社会资本形成的重要途径，而社会资本将对建立和谐公平的社会环境发挥积极作用。[①]

① 罗公利、李怀祖：《试论高校社会捐赠》，《东岳论丛》2005 年第 6 期。

Chapter 02 | 第二章

高等教育社会捐赠的理论与实践研究

第一节　关于高等教育社会捐赠理论的研究

不同的学科视角对社会捐赠理论的选择有所不同。经济学、社会学、心理学、政治学、公共管理学、人类学等不同领域的研究者都对捐赠现象有着不同的解释。从现有的文献来看，研究者们所用的主要基础理论可以归纳成如表 2-1 所示的几大类。

表 2-1　关于社会捐赠相关基础理论

名　称	所属学科	代表人物	基本思想
高教成本分担理论（高教成本补偿）	经济学	D. 布鲁斯·约翰斯通（D. Bruce Johnstone）	打破传统高等教育由国家财政拨款全面承担的局面，采用多渠道筹资的方式，并将分担的主体归纳为四部分：政府（纳税人）、家长、学生、个体或机构。[①] 不仅有利于体现“谁受益谁负担”的市场经济原则，也有利于促进高等教育财政的公平，而且有利于促进教育机会均等化。[②]
需求层次理论	社会心理学	亚伯拉罕·马斯洛(Abraham H. Maslow)	该理论指出人类都是有需求的，马斯洛把需求由低级到高级分为五个层次，依次为生理需求、安全需求、社交需求、尊重需求和自我实现需求。在满足了生理和安全需求后，为了满足社交、尊重和自我实现的需求时，人有可能会产生捐赠的行为。[③]

---

① ［美］D. 布鲁斯·约翰斯通:《高等教育成本分担中的财政与政治》，李红桃、沈红译，《比较教育研究》2002 年第 1 期。

② 哈巍:《谁来为高等教育付费——高等教育成本补偿的国际比较》,《教育发展研究》2002 年第 3 期。

③ Maslow A.H, *Motivation and Personality*, NewYork：Pearson，1987，p.77.

（续表）

名 称	所属学科	代表人物	基本思想
效用理论	经济学	肯尼思·鲍尔丁 (Kenneth E. Boulding)	慈善公益行为可以用一般效用理论来解释。根据鲍尔丁的研究，个人或组织拥有一定额度收入的情况下，可以选择在多种用途之间分配，而进行社会捐赠就是其中之一。捐赠者通过向财政状况不佳的组织进行捐赠，从而实现自身效用最大化。[①] 根据效用理论，财富对富人的生活边际收益已经大大下降，而对其他人或组织的边际效益却大大提高。富人如果将一部分财产用于捐赠公益事业，如高等教育，将会得到很高的边际收益，还能有效改善社会福利水平，从而实现帕累托最优。
慈善投资理论	经济学	戴维·洛根（David Logan）	克拉克森（Clarkson）等研究者认为，企业的发展离不开各种利益相关者的投入和参与。[②] 正如英国管理哲学家查尔斯·汉迪（Charles Handy）曾以企业像是在“一种六棱形的圈里运营”来比拟企业承受的各类利益相关者的压力。六棱圈是指“社区、出资人、雇员、顾客、环境、供货商”。慈善投资理论将慈善捐赠与公司的可持续发展相结合，构建了公司社会责任的金字塔模型。公司的经济责任、法律责任、道德责任的排列体现了各种社会责任的递进关系，位于顶端的是公司的慈善责任。这表明了慈善责任是公司社会责任的最高体现。这一理论将社会捐赠纳入公司价值链，成为公司进行社会捐赠的理论支撑之一。[③]

① Kenneth E. Boulding, Dickinson F. G., " Philanthropy and Public Policy", *National Bureau of Economic Research*, 1962, pp.57–71.

② Jones T. M., "The Toronto Conference: Reflections on Sakeholder Theory", *Business & Society*, 1994, Vol.33, p. 82.

③ 马伊里、杨团主编:《公司与社会公益》，华夏出版社 2002 年版，第 14 页。

（续表）

名　称	所属学科	代表人物	基本思想
理性选择理论	社会学	詹姆斯·科尔曼（James Coleman）	该理论源于新古典经济学的假设。其核心观点是所有的理性参与者都拥有统一的目标，并且力图通过行为的选择使其效用最大化。理性选择理论是建立在下列前提上的：第一，个人是自身最大利益的追求者；第二，在特定情境中有不同的行为策略可供选择；第三，人在理智上相信不同的选择会导致不同的结果；第四，人在主观上对不同的选择结果有不同的偏好排列。理性选择可以概括为最优化或效用最大化，即理性行动者趋向于采取最优策略，以最小代价取得最大收益。但是，不同的参与者面对同样的行为时发生的成本可能不同，进而将影响其后续的决策。詹姆斯·安德雷奥尼（James Andreoni）采用了理性选择理论来分析非营利组织捐赠活动中捐赠者的行为。①
认知及情绪心理理论	心理学	查尔斯·卡弗和迈克尔·沙伊（Charler Carver & Michael Scheier）	该理论认为情绪的产生受到环境事件、生理状况和认知过程三种因素的影响，其中认知过程是决定情绪性质的关键因素。基于认知及情绪心理理论的变化，心理学者通过实验和调查来研究个人认知及情绪特征对捐赠行为的影响。研究结果表明，较高援助行为水平的人更易移情、情绪更稳定，且具有较强的自尊。②

① Andreoni J, "Impure Altruism and Donations to Public Goods: A Theory of Warm-slow Giving", *Economy Journal*, 1990, Vol.100, pp. 464-477.

② Bekkers R., "Giving and Volunteering in the Netherlands: Sociological and Psychological Perspectives", Ph. D dissertation, Department of Sociology, Utrecht University, 2004.

（续表）

名　称	所属学科	代表人物	基本思想
原子结构模式理论	管理学	史蒂芬・奥特（Steven J. Ott）	原子结构模型理论认为，核心活动(Core of Actives)好比是原子核（Nucleus），拥护者（Constituencies）是轨道上的电子（Electron）（见图 2–1）。原子核带的正电越强（也就是募捐活动的诉求越能吸引民众），其外围的电子数目越多，越能牢牢地吸引住电子。一旦原子核带电能力衰退，围绕在外围的电子就会逐渐消失。他们可能变成冷漠的大众或转而成为支持别的组织活动的群众。[①] 该理论诠释了非政府组织吸引群众的支持力量是每次规划的核心活动。奥特认为非政府组织的募捐策略，应该像原子结构中的原子核一样，只有具有相当强大的力量，才能紧紧地抓住在四周围绕轨道运行的电子。力量越强大，抓住的电子数目越多。也就是说，募捐的策略不仅要能符合组织的使命，还要能抓住人心。
募捐扩张理论	—	特里・沙夫和道格・沙夫（Terry & Doug Schaff）	募捐扩张理论将捐款人分为冲动型捐款人、习惯型捐款人、理性型捐款人三种类型。因此，非营利组织在制定募捐策略时，首先要找出潜在的冲动型的捐款人，吸引他们捐款，再设计连续的活动把冲动型捐款人变成理性型和习惯型捐款人，进而培养他们对组织产生忠诚度，使他们在组织有经济需要的时候，捐出更多的经费支持组织，最后还能在有生之年计划性地将部分或全数遗产捐赠给组织（见图 2–2）。

资料来源：笔者根据文献资料整理。

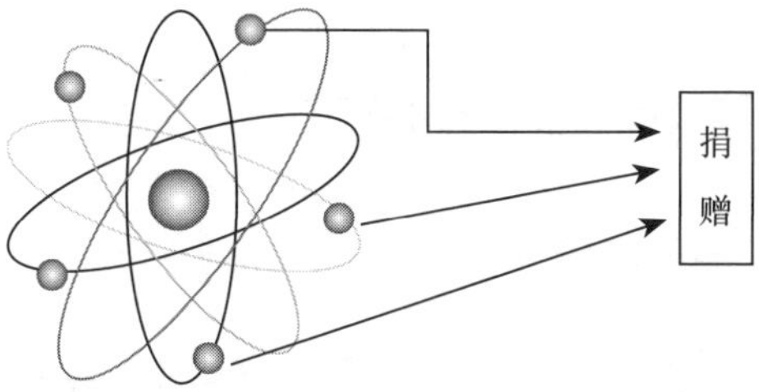

图 2–1　原子结构模式

① Ott S. J., The *Nature of the Nonprofit Sector*, Colorado：, Westview Press, 2001, p.290.

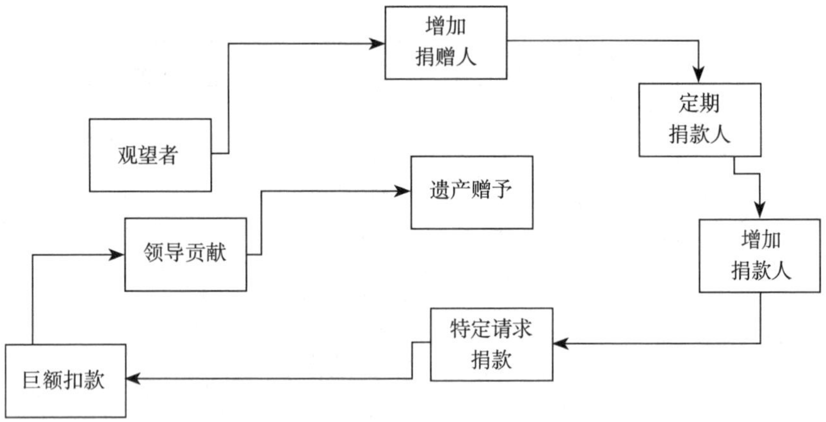

图 2-2　募捐扩张理论图

表 2-1 中的理论是学者们从某一学科视角解释了政府捐赠政策制定的依据、捐赠者的行为方式和组织募捐的策略等。虽有一定的差异，但是他们都存在一个共识，都关注了募捐在组织发展中的重要性和如何获得更多的捐赠。

第二节　关于高等教育社会捐赠实践的研究

一、国外学者对高等教育社会捐赠的研究

（一）关于组织层面的研究

莱斯利和雷米（Leslie L. & Ramey G.）分析了 105 所美国公立和私立研

究型大学中不同捐赠群体与大学筹资业绩之间的影响。① 研究发现了个体捐赠者容易受到筹资者具有感染力和号召力的言语影响，而筹资者能否成为基金会之类组织的捐赠对象则取决于它自身的能力和业绩。路易森和迪若尼奥（Loessin B. A. & Duronio M. A.）分析了筹资结果与大学或学院组织自身特性和筹资项目特点之间的关系。② 研究者把组织的特性分为组织的公私所属、教育和总体支出、捐赠基金、学费、在校人数、校友规模和发展历史七个维度。研究者通过回归分析的方法，把选取的 575 所学校三年的平均筹资成果与组织特性和筹资项目特点进行显著性检验后发现，自变量“捐赠者是否为校友”和“捐赠组织的性质”（社团或基金会）对筹资结果的影响显著。伍兹（Woods J. L.）也对组织特点和筹资实践的关系进行研究，她选取了 77 所公立研究型大学作为样本，从以下几个维度来开展研究：财政资源（校友人数、联邦政府科研补助资金、合法拨款和学生学费等）、组织特性（历史、捐赠基金数额、在校人数、运营成本、教育或日常开支和专业人员数量等）、组织构成（筹资目标、计划、人员、预算、经验、机构等）、筹资方法（募捐技巧，筹资信的撰写，筹资项目的准备，信托人员、校长、教师、学生和志愿者）。她认为财政来源和组织特性是决定筹资成功与否的关键因素。③

值得一提的是，研究者们仍然没有找到一个固定的模型去解释组织特点与捐赠之间的关系，比如资源占有量不同的组织为什么会获得数量相似的资源。路易森和迪若尼奥推测不同类型特点的捐赠者会为不同组织的不同特点

① Leslie L., Ramey G., “Donor Behavior and Voluntary Support for Higher Education Institutions.”, *Journal of Higher Education*, 1988, vol.59, p.115.

② Duronio M.A., Loissin B.A., “Fundraising Outcomes and Institutional Characteristics in Ten Types of Higher Education Institutions”, *The Review of Higher Education*, 1990, Vol.13, No.4, p.539.

③ Woods J. L, “Factors Associated with Gift Income in Public Research and Doctoral Granting Institutions”, Ph. D Dissertation, Washington State University, 1987, p.242.

所吸引，所以无论是研究型大学还是普通大学，公立大学抑或私立大学，都可能得到自己理想的筹资业绩。在后续的研究中，路易森和迪若尼奥又在1990个被试的575个样本中选取了10个筹资绩效优于平均绩效的10所学校，开始对其进行个案研究。对特殊组织的特性（筹资资源分配、募捐制度的重要性、组织优势的明确、宣传、筹资政策）和募捐项目的特点（首席官的领导力、被信托人的领导力、发展部首席官的特点、募捐的人事与组织、筹资的历史经验、志愿者角色、科研和传播系统、战略规划、员工发展与培训、员工对组织的认同感、公共关系），他们通过多元回归的统计方式分析了影响捐赠的显著性特征[①]。路易森和迪若尼奥在研究报告中指出，成功的大学筹资更多地依赖组织优势而不是筹资的项目和筹资规则。[②] 他们引用了科特勒和福克斯（Kotler P. & Fox K.）对组织优势的解释，即组织优势包括组织决策的有效程度、配套设施的吸引力、是否有培养组织优势的课程、组织是否在捐赠者的眼中具有更多的吸引力。[③] 例如，美国乔治敦大学已经利用了华盛顿的地理位置优势，大力发展国际交流来带动学校整体实力的提高。而莱斯利和雷米的研究表明，大学的整体实力、声望、历史、规模和是否具有杰出的学院是能否获得捐赠的重要因素。[④] 但是威廉和享德里克森（Williams R. L. & Hendrickson R. M.）认为，一个大学的历史和声望已经不足以作为吸引

① Duronio M.A ，Loissin B.A，“Fundrising Outcomes and Institutional Chatacteristics in Ten Ttypes of Higher Education Institutions”，*The Review of Higher Education*，1990，Vol.13，No.4，p.539.

② Loessin B.，Duronio M.，*Characteristics of Successful Fundraising Programs*，*Educational Fund Raising Principles and Practice*，Phoenix: Oryx Press，1993，p.34.

③ Kotler P.，Fox K.，*Strategic Marketing for Educational Institutions*，New Jersey: Prentice-Hall，1985.

④ Leslie. L.，Ramey G.，“Donor Behavior and Voluntary Support for Higher Education Institutions”，*Journal of Higher Education*，1988，Vol.59，p.115.

私人捐赠的条件[①]，全美学术排名和捐赠者个人对于学校组织的尊重也是大学能否得到捐赠的重要因素。他们还认为，组织所信奉的价值观（如目标、使命、领导力、组织的个性特征等）是吸引捐赠者眼球的重要因素。杨和费舍尔（Young P. S. & Fischer N. M.）在其文献中引用了布里延哈姆（Brittingham）的研究来支撑他们的观点："一个成功的筹资团队需要清楚自身的使命和他们在高等教育领域的职业道德观，每个成员都应具有乐观务实的精神和较强的领导力，而且团队要有一位具备相当经验的、能发掘筹资渠道的发展部主管。"[②] 哈瑞森（Harrison W.）在研究组织特点和筹资情况的关系时选取了 17 所大学作为样本，通过因子分析把预先的 13 个关于组织特性和筹资变量分为三大类：筹资努力度（筹资成本、捐赠基金、校友捐赠与联系校友成本之间的关系）、资源消耗（教育与总体开销、与校友建立联系以外的开销）和捐赠类型（遗产、财产捐赠、除校友以外的捐赠）。研究表明，校友活动的支出与学校的筹资成功率存在着极大的相关度。[③] 在对文理学院的捐赠研究中，皮科特（Pickett W.）分析了美国 200 所私立文理学院的筹资活动，发现教育捐赠与学校的招生人数成正比关系。另外，皮科特认为筹资效果会受到以下三种因素的影响：筹资项目的质量和效率、受赠者的需求和他们表达需求的方式。[④] 另外，斯坦伯格（Steinberg K.）在其研究中发现，私立或公立研究

① Williams R. L., Henderickson R. M., "In Fund Raising, Prestige Means More than Public or Private", *AGB Reports* , 1986, Vol.28, No.6, p.20.

② Young P. S. , Fischer N. M., " Identifying Undergraduate and Post – College Characteristics that May Affect Alumni Giving", Paper presented at the Annual Forum of the Association for Institutional Research, Albuquerque, NM, 1996, p.5.

③ Harrison W., "College Relations and Fund-raising Expenditures: Influencing the Probability of Alumni Giving to Higher Education", *Economics of Education Review*, Vol.14, No.1, 1995, pp.73–84.

④ Pickett W., "An Assessment of the Effectiveness of Fund Raising Policies of Private Undergraduate Colleges.", University of Denver. 1977.

型大学所获得的捐赠明显优于文理学院的原因是，人们期待把投资转向能为人类带来福祉的科研中。[①] 学者梅尔基奥尔（Melchiori G. S.）认为，私立大学和一些小型的学院会比公立大学较早重视与校友的关系。[②] 但是当私立学校纷纷建起发展部和校友会时，公立大学也开始意识到了校友对于学校发展的重要性。[③] 总体来讲，美国公立大学在加强与校友主动联系方面，也在迎头赶上。

（二）关于捐赠者个体的研究

除了从高等教育组织特征的角度分析影响大学的募捐绩效以外，一些学者还把目光转向捐赠者本身，发现其个体特征也是影响大学募捐的重要因素。在过去的二十年中，许多学者对捐赠者和非捐赠者的特质进行了比较。[④] 这些研究把校友捐赠的个体因素大致分为人口学特征（年龄、性别、婚姻状况、居住的地理位置、学生年龄等）、心理因素（对组织的情感依赖、对母校的满意度、个人的价值观和信仰等）和社会经济因素（收入、种族、社会地位、雇佣地位、过去的捐赠经历等）三大类。从捐赠者的个体特征来看，年龄、个人收入水平、专业、家庭情况等与毕业生的个人状况存在正相关。贝尔菲尔德和本尼（Belfield C. R. & Beney A. P.）在研究中发现，校友的捐赠并不会随着年龄的

---

① Steinberg K.,“Philanthropic Giving Index”, the Center on Philanthropy at Indiana University, 2004.

② Melchiori G. S.,“Alumni research: An introduction”, *New Directions for Institutional Research*, 1988, Vol.60, pp.5–11.

③ Young J.,“In Response to Critics,‘U.S. News’Changes its Formula for Ranking Colleges”, *The Chronicle of Higher Education*, 2003, Vol.49, p.28.

④ Clotfelter C. T., *Federal Tax Policy and Charitable Giving*, Chicago: University of Chicago Press, 1985. Okunade A.,“Graduate School Alumni Donations to Academic Funds: Micro-data Evidence”, *American Journal of Economics and Sociology*, Vol.55, No.2, 1996, pp.213–229.

增加而减少，并且捐赠的个人收入与捐赠数额存在正相关。[①]

克洛特费尔特（Clotfelter C. T.）、沃尔夫（Wolff E.）、霍奇金森（Hodgkinson）等另外一些研究者从捐赠者的年龄、性别、婚姻状况、血缘和种族等人口统计学属性中去寻找影响捐赠者动机的因素。[②] 他们认为较高的收入、受教育程度、做志愿者的频率和具有宗教信仰是捐赠者普遍的特征。而激励他们捐赠的动因主要是是否有帮助他人的意愿、是否经常接触商业精英、是否具有一定的社会网络关系等。奥肯奈德和伯尔（Okunade A. & Berl R. L.）采用逻辑回归的方式调查了商学院的捐赠情况。[③] 他们发现，校友捐赠母校的可能性与毕业年限、专业领域、其他校友的出现率、空巢生命周期、家庭收入、在校期间的感受等因素有关。一些学者还分析了不同学历的校友对母校捐赠行为的影响。奥肯奈德等人采用了协方差回归分析法对在校本科毕业生和硕士毕业生校友的捐赠特点进行分析。研究表明，研究生校友、商学院的本科毕业生校友等群体给予母校的捐赠最多，而捐赠也会随着商业周期而改变。[④] 研究还发现，毕业的研究生校友与本科生的特征有所不同，他们大多都是已经获得博士和硕士学位的男性。这些研究生捐赠者中没有一人是该学校毕业的本科生，并且每一个人都是第一次在该学校获得研究生学位。刘易斯（Lewis M.）只针对具有博士学位的校友捐赠进行了研究。研究表明，获

① Belfield C. R.，Beney A. P.，"What Determines Alumni Generosity? Evidence for the UK"，*Educationdl Economics*，Vol. &，NO. I（2000）

② Clotfelter C. T.，"Giving Better，Giving Smarter"，Working Papers of the National Commission on Philanthropy and Civic Renewal，Washington，DC: National Commission on Philanthropy and Civic Renewal ，1997. Wolff E. "The Economy and Philanthropy"，*Philanthropy and the Nonprofit Sector in a Changing America*，Bloomington: Indiana University Press，1999.

③ Okunade A.，Berl R. L.，"Determinants of Charitable Giving of Business School Alumni"，*Research in Higher education*，Vol.38，No.2，1997，pp.201–214.

④ Okunade A.，Wunnava P. V.，Walsh Jr. R.，"Charitable Giving of Alumni: Microdata Evidence From a Large Public University"，*American Journal of Economics and Sociology*，Vol.53，1994，pp.73–84.

得博士学位的校友在校园活动中的参与度、对校友会工作的认同程度以及对其工作和教育经历的满意度与毕业后对母校的捐赠可能性有一定的正相关。克洛特费尔特试图研究学生在校期间的经历与毕业后捐赠行为的关系，在对 34 所顶尖私立大学或学院毕业生的样本分析中，他发现校友捐赠与其收入程度存在强相关，与校友母校是否是其首选学校、在校期间的满意度存在弱相关。[①] 诺布尔（Noble）等人对波士顿大学二年级和最高年级在校生的调查结果表明，学生对学校强烈的归属感、较高的价值评判和满意度会增强他们对学校的依恋和感激程度，增加毕业后与学校的联系和对学校的捐赠。学生对学校的满意度，会对其将来的捐赠产生较大的影响。如果学生认为他们所受的教育是物有所值的，他们对学校的满意度就会较高。研究发现，那些对在校经历非常满意的校友的捐赠是那些对在校经历感觉一般的校友捐赠的 2.6 倍，总体感觉满意的校友的捐赠是那些感觉不满意的校友的捐赠的 1.8 倍。在校期间积极参与社团活动和其他文体活动的学生在毕业后向母校捐赠的可能性比那些不参加学校活动的人要高，而且捐赠的数额更多。在校期间积极参与教学实践、在课堂外与教师联系较多，以及与班主任或其他教职员工接触较多的校友，比那些没有这些经历的学生捐赠的可能性及数额要大。相反，那些只顾独自学习或研究的学生的捐赠明显要少得多。[②] 高校的筹资努力对校友的捐赠影响较大，其中包括与校友的联系、高校对捐赠资金的合理使用、筹资对象与方式选择、筹集活动的宣传力度等都会对校友的捐赠态度产生重要影响。

从性别角度，学者布里格斯（Briggs）认为，女性比男性向母校捐赠的可能

① Clotfelter C. T.，“Alumni Giving to Elite Private Colleges and Universities”，*Economics of Education Review*，Vol.22，2003，pp.109–120.

② James Monks，“Patterns of Giving to One's Alma Mater Among Young Graduates From Selective Institutions”，*Economics of Education Review*，Vol.2，2003，pp.121–130.

性更大，但女性捐赠的数额总体比男性要小。另外，男性比女性更热衷于对大学进行体育项目的捐赠。[①] 而学者罗萨丽（Rosalie）认为，责任感、与学校的联系程度、帮助下一代的愿望和对母校的忠诚度是影响女性进行捐赠的重要因素。

（三）关于捐赠的经济、政策和环境研究

目前，现有的国外文献对捐赠政策的研究主要分为两个方面：税收政策的影响和政府针对非营利组织私人捐赠制定的政策。一些研究者在关注捐赠者个体特征的基础上考虑到经济、政策、社会环境等因素对捐赠者个体的影响。20 世纪 80 年代，学者莱斯利采用了时间序列回归分析法检验了经济因素和联邦政府的税收政策对高等教育捐赠的影响。结果表明，高等教育捐赠受到相关经济变量和组织变量的影响，包括经济活动水平、企业利润和私人储蓄等。同时，他还发现企业捐赠数额会随通货膨胀而增多，会因政府干预（税收）而降低，这一点与个人捐赠恰恰相反。史密斯（Smith C. L.）和埃伦伯格（Ehrenburg R. G.）也使用了组织特性和宏观经济变量建立了结构模型，对 1968—1969 财年到 1998—1999 财年的研究型大学私人捐赠数据进行分析。结果表明，在其他变量稳定的情况下，房产遗产税的增加会导致基金会收入的增加和企业投资的降低。[②]

沃尔珀特（Wolpert）借鉴了美国著名政治学家丹尼尔·伊拉扎（Daniel J. Elazar）的“政治文化”的观点，解释了（自由或保守的）政治文化背景与捐赠的关系。[③] 他发现捐赠者的慷慨程度不仅与其个人平均所得成正相关，

① Tim Huber, “What Influences College Baseball Alumni to Donate to their Alma Mater?”, Southwest Minnesota State University, 2005, p.18.

② Smith C.L. , Ehrenberg R.G., “Sources and Uses of Annual Giving at Private Research Universities”, *New Directionsfor Institutional Research*, 2003, Vol.119, pp.67–79.

③ Wolpert J., “Giving and Region: Generous and Stingy Communities”, *New Directions for Philanthropic Fundraising*, 1995, Vol.7, pp.11–30.

而且与当地政治文化的开放程度成正相关。比勒菲尔德（Bielefeld W.）、鲁尼（Rooney P.）和斯坦伯格三位学者采用概率和托比特回归方程，利用基础模型对捐赠者的个体特征进行了分析。随后，他们又补充了附加的环境变量，建立了完整的模型，对数据组的五个不同调查结果进行分析。经研究发现，各州的贫困人口率、收入差距、公共事业开支、政治文化、捐赠者的慷慨程度都对捐赠产生一定的影响。例如，贫困人口率越高，捐赠率越低；收入的差距越大或政府公共支出越大，捐赠率越高。① 还有大量经济学文章从理论和实证的角度探讨了减税对捐赠的积极贡献。② 还有一些实证调查分析了政府补贴和私人捐赠之间的关系。

总之，国外学者对高等教育捐赠的研究大多始于 20 世纪 80 年代以后，研究的历史相对国内研究较早，研究的样本大多以顶尖的私立大学或公立大学为主。他们主要研究捐赠者个体特征、组织特征和政策环境等因素对捐赠效果的影响。由于大学独有的组织特性，很多关于企业组织与捐赠的研究不能应用其结论。通过文献回顾可以发现，从不同的研究角度得出的结论是一致的，而一些结论是相矛盾的。例如，一些研究结果表明捐赠会导致“挤出效应”，而另一些研究成果认为“挤入效应”的发生也是捐赠所引起的经济现象。一些学者认为校友、公司和基金会的捐赠都对组织筹资效果有积极的影响，而另一些学者认为州政府的拨款对校友捐赠没有相关影响，但对非校

① Arthur C. Brooks，*Gifts of Time and Money: The Role of Charity in America's Communities*，Maryland: Rowman & Littlefield Publishers，2005.

② Taussig M.，“Economic Aspects of the Personal Income Tax Treatment of Charitable Contributions”，*National Tax Journal*，Vol.20，No.1，1967，pp.1–19.

Feldstein M.，“The Income Tax and Charitable Contributions: Part I–Aggregate and Distributional Effects”，*National Tax Journal*，Vol.28，No.1，1975，pp.81–99.

Clotfelter C.T.，*Federal Tax Policy and Charitable Giving*，Chicago: University of Chicago Press，1985.

友捐赠有显著影响。虽然目前的相关研究还不能给我们一个系统的、概括的框架去解释影响捐赠的原因，但是从另一个角度来看，这些结论可以引起未来研究者继续思考捐赠制度及相关的影响因素。同时，研究者也可以采用个案的研究方式，找出适合本组织筹资的捐赠群体、渠道、特性以及组织成功获得捐赠的影响因素。另外，由于政治体制、捐赠历史、捐赠文化、捐赠政策和学校管理体制和机制的不同，我们目前不能将国外研究者对高等教育组织募捐的相关结论完全照搬到我国的相关研究中，而更应关注我国学者对高等教育社会捐赠的相关研究。

二、国内学者对高等教育社会捐赠的研究

我国的高等教育捐赠起步很晚，捐赠文化尚来形成，捐赠制度不够完善。因此，与国外研究相比，中国学者对高等教育捐赠的研究大多是对国外高等教育捐赠研究的描述性介绍，也有一些学者对高等教育发展过程中捐赠所起的作用进行了简要分析，还有一些学者谈到了国外捐赠制度对国内教育发展的借鉴作用。

（一）关于高等教育社会捐赠必要性及开发途径的研究

针对国人对大学捐赠认识不足的现实，许多学者从不同角度分析了大学捐赠存在的必要性和重大意义。孟东军等人根据布鲁斯·约翰斯通提出的高等教育成本分担理论分析了高等教育成本分担的主体，强调了社会捐赠在高等教育成本分担中的重要作用。[①] 曲恒昌用利益获得原则与能力支付原则分

① 孟东军、张美凤、俞锋华:《社会捐赠在我国高教成本分担中的现状分析》,《高等教育研究》2002 年第 6 期。

析了我国高校经费筹集的原则和途径，指出了我国高等教育积极争取各项捐赠的重大意义。[①] 李未提出大力发展社会捐赠，对于缓解高校经费危机、促进高等教育发展具有重要作用。[②] 程术希认为，来自校友的捐赠往往是私立大学的主要经费来源，因此，它们通常更加注重维护校友权益。[③] 徐玲阐述了美国高等教育捐赠的历史、特点、募捐成功条件，并分析总结了对我国高教育的启示。该文对基金会的捐赠一笔带过，只是在阐述捐赠的历史时稍有提及。[④] 谷贤林强调校友、资金募集运动与政府的支持，让研究型大学的发展获得了更为稳定的财源，为研究型大学的发展创造了必要条件。[⑤] 从大学募捐实施的途径上，周健指出高等教育经费来源的多元化已经成为促进全球高等教育发展的一种趋势，因此强调要充分认识包括校友在内的社会捐赠对学校发展的重要性，建立规范合适的组织机构，形成多种渠道筹措教育经费的机制，同时还要发挥社会捐赠的效益，才能促进高校健康发展。[⑥] 除此之外，李颖伦认为校友捐赠具有“马太效应”，并以哈佛大学、斯坦福大学、康奈尔大学的校友捐赠为例，提出为了提高校友的捐赠额和捐赠率，地方高校必须在加强自身整体形象塑造的前提下，把着力点放在以下八个方面：实施发展战略、打造特色品牌、加强爱校教育、关注学生需求、密切校友关系、培育捐赠文化、合理使用善款、信守受赠诺言。陆根书、陈丽提到校友是高校的重要资源，积极争取校友对学校的捐赠是筹措教育经费的有效

① 曲恒昌:《市场经济与我国高教经费筹集的原则与途径》,《北京师范大学学报》1994 年第 2 期。

② 李未:《完善教育基金会制度　拓宽高等教育社会筹资渠道》,《中国高等教育》2004 年第 2 期。

③ 程术希:《一流大学建设中的捐赠及其对策研究》，硕士学位论文，浙江大学，2005 年。

④ 徐玲:《美国高等教育经费捐赠的特点及启示》,《阴山学刊》2002 年第 1 期。

⑤ 谷贤林:《学术内外因素与 20 世纪上半叶美国研究型大学的发展》,《清华大学教育研究》2007 年第 2 期。

⑥ 周健:《重视校友捐赠　促进高校可持续发展》,《高教与经济》2008 年第 1 期。

途径。他们主张应从提高教育质量、培养学生对母校的感情、提高高校筹资效率三个方面来促进校友捐赠。[①] 顾寅生、宋桂兰谈到校友捐赠在中外都有很长的发展历史，当今更是推动高校发展的关键因素。他们在社会资本理论的基础上，构建校友和高校发展的交易模式，并阐述了两者间的互动关系，进而论证校友捐赠是高校发展的必然选择。他们提出发挥校友社会资本的融资、信息和发展功能对推进高校发展具有重要的意义。[②] 尤玉军提到开发校友资源，促进学校发展，已经成为学校的一项重要工作。校友是学校的宝贵资源，高等学校尤其是重点高校要办成开放型、研究型、国际化的大学，必须加强校友工作。他提出加强校友工作的重点是明确指导思想，形成工作网络，制定科学化、规范化的管理制度。[③] 还有一些学者将美国与其他发达国家就经费来源这一问题进行比较，分析了捐赠收入在整个学校的财政支出中所占比例。如陈东将美日两国私立高校经费筹措途径进行比较[④]，田虎伟和徐玉斌将日本、韩国以及美国高等院校的收入进行比较分析[⑤]，另有一些学者将各国对非营利机构（主要是教育基金）的税收政策进行对比研究，分析各国政府不同的政策措施。我国台湾地区社会文化背景和大陆基本相同，且经济发展水平也大体相当，因此，分析台湾地区高等教育利用社会捐赠的现状及独特举措，有助于我们抛开文化背景差异的干扰，从而更加有利于对问题的分析。台湾高雄第一科技大学的黄国良运用消费者行为理论和社会判断理论，对高雄发展文教基金会进行了个案研究，通过收集相关募款资料，对

① 陆根书、陈丽:《高校校友捐赠及其影响因素分析》,《陕西师范大学学报（哲学社会科学版）》2006 年第 52 期。

② 顾寅生、宋桂兰:《开发校友资源促进学校发展》,《教育探索》2002 年第 3 期。

③ 尤玉军:《中国高校基金会治理结构 : 理论与实践》，人民出版社 2018 年版，第 122 页。

④ 陈东:《美日私立高校经费筹措途径》,《教育》2006 年第 12 期。

⑤ 田虎伟、徐玉斌:《国外私立高等院校的社会捐赠、服务与销售收入研究及启示》,《河南职业技术师范学院学报》2005 年第 5 期。

非营利组织捐赠者的认知行为倾向进行了分析，提出了非营利组织募款的建议。台湾公立高校校务基金报表中的收入项目，是指学校发挥教育、训练、研究服务的功能，与政府机关、事业机构、民间团体、学术研究机构等一起，制订专案研究计划、学习技术性服务并开展实习或训练等事宜。[①]

（二）关于高等教育社会捐赠的影响因素研究

目前，我国对高等教育捐赠的影响因素研究主要采用文献分析法和比较法。高磊对美国 US News（美国新闻）2004 大学排行榜前 60 名的研究性大学的经费收支情况进行了调查统计，用大量的表格数据说明美国高校经费来源渠道主要有各级政府拨款、学费收入、捐赠收入、医院或附属企业收入和其他收入。其中，捐赠收入中来自基金会的捐赠仅次于校友捐赠。研究表明，私立大学得到的捐赠远比公立大学多。[②] 汪开寿和唐祥来描述了美国高等教育捐赠事业发展的主要特征以及制约捐赠的因素，并提出了发展我国教育捐赠事业应该注意的几个方面。[③] 蒋国河从价值和制度方面分析了教育捐赠出现梗阻的原因，并结合对近代中国以及美国经验的考察，从优秀价值文化的传承和制度创新方面提出了改善高等教育捐赠的具体建议。[④] 蒙有华和徐辉对美国高校教育捐赠的募捐、组织机构、投资运作、使用及相关法律等方面进行分析并提出启示。[⑤] 伍运文分析了美国高等教育捐赠的历史与现状，并分别从宗教需要与信仰、重视教育的共和主义和个人主义传统深入探讨了捐

① 陈丽珠:《国立大学校务基金政策实施成效之检讨》,《教育政策论坛》2001 年第 1 期。
② 高磊:《美国著名研究型大学经费收支研究及启示》,《清华大学教育研究》2006 年第 3 期。
③ 汪开寿、唐祥来:《美国高等教育捐赠与我国的政策建议》,《比较教育研究》2006 年第 6 期。
④ 蒋国河:《推进高等教育捐赠事业：价值传承和制度创新》,《江苏高教》2005 年第 6 期。
⑤ 蒙有华、徐辉:《美国高校教育捐赠制度探析》,《高教探索》2006 年第 6 期。

赠高等教育的动因。[①] 晁阳认为高校捐赠的成效与高校的办学水平有正相关关系，大学向校友筹集资金的潜力巨大。同时，他认为校友捐赠母校的内因在于，他们内心有着回报母校的心理需要，这是以他们对母校的认同感和深厚感情为基础的。另外，高校筹资观念的转变和对捐赠文化的培育会激发这种需要。[②] 有些学者考虑到了影响高等教育捐赠发展的外在因素，主要从文化和税收两方面进行了初步分析。还有个别学者如姚云谈到美国高等教育法治效力并分析政府间接资助时，认为美国政府为促进高等教育事业的发展，对高等院校普遍实施优惠税收及免税政策，其结果促进了高校的发展。[③] 陈学飞在论述美国高等教育各时期财政状况时，简要介绍了捐赠收入的来源情况及其作用。[④] 孙霄兵和孟庆瑜运用了个案分析的方法论述美国高校捐赠基金的运作情况。[⑤] 邱关军认为美国独具特色的捐赠传统使美国的高等教育在发展过程中极少受教育经费紧缺的困扰。这种捐赠传统深受美国文化中宗教文化、实用主义、民主主义以及个人主义的影响，它们共同构成了美国独具特色的高等教育捐赠文化。[⑥] 樊华强从文化心理的视角提出，美国的高等教育捐赠植根于美国浓厚的宗教文明。[⑦] 孙润花分析了高校捐赠的起源及现阶段实施高校捐赠的动因，阐述了国外高校捐赠实施的特点。[⑧] 汪开寿、唐祥来提出，制约美国教育捐赠的因素包括物质财富、税收政策、经营理念和捐

① 伍运文:《美国高等教育捐赠的动因考察——宗教与文化的视角》,《湖南师范大学教育科学学报》2016 年第 5 期。

② 晁阳:《中国高校社会捐赠吸引力影响因素及实证研究》，硕士学位论文，河北大学，2019 年。

③ 姚云:《美国高等教育法治研究》，山西教育出版社 2004 年版，第 44 页。

④ 陈学飞:《美国高等教育发展史》，四川大学出版社 1989 年版，第 76 页。

⑤ 孙霄兵、孟庆瑜编著:《教育的公正与利益——中外教育经济政策研究》，华东师范大学出版社 2005 年版，第 67 页。

⑥ 邱关军:《文化视角下的美国高等教育捐赠》,《民办教育研究》2009 年第 5 期。

⑦ 樊华强:《从宗教文化透视美国高等教育捐赠传统》,《湖南文理学院学报》2007年第1期。

⑧ 孙润花:《我国高校社会捐赠收入研究》，硕士学位论文，西北大学，2017 年。

赠文化等。[1] 罗公利和乔海曙则引入社会资本理论，从社会学视角对高校社会捐赠成因进行了分析与阐释。

（三）关于中外高等教育社会捐赠的比较研究

学者们从各个视角对中外教育捐赠的状况进行比较，从文化、法律政策、管理、渠道、捐赠现状等方面总结了发达国家教育捐赠的经验，为中国教育捐赠的实施提供了可以参考和借鉴的建议与意见。汪开寿等学者分析了美国高等教育捐赠事业发展的主要特征，并提出在全社会营造良好的教育捐赠文化氛围，促进捐赠事业可持续发展。[2] 林成华以美国大宗筹资运动为主题，对美国一流大学大宗筹资运动的历史沿革与发展趋势、筹资的合理性与捐赠动因、筹资主旨机构、劝捐方式等进行了较为系统的考察和研究，并提出了对我国大学筹资运作机制的本土建构。[3] 刘文雅在比较我国与美国的教育经费来源构成的基础上，从教育投资的构成、政府教育投入及居民个人与企业等投资主体所起的作用，以及实际应承担的责任等方面进行论述，并以我国具体国情为背景，提出了相应的解决方案。[4] 孟东军等学者也对中美高等教育投资来源、中美大学教育捐赠的作用、地位、法律法规、组织机构、捐赠文化和募捐方式方法等问题进行了比较研究。[5] 代蕊华介绍了美国高校在资金筹措方面的经验，提出我国高校应适应现实的要求，通过成立校友

---

① 汪开寿、唐祥来:《美国高等教育捐赠与我国的政策建议》,《比较教育研究》2006 年第 6 期。

② 汪开寿、唐祥来:《美国高等教育捐赠与我国的政策建议》,《比较教育研究》2006 年第 6 期。

③ 林成华:《财富与使命——美国一流大学“大宗筹资运动”理论与实践》，人民出版社 2019 年版，第 2 页。

④ 刘文雅:《高校内募捐组织合作机制研究》，硕士学位论文，华中科技大学，2017 年。

⑤ 孟东军、陈礼珍、张美凤:《中美大学教育捐赠管理比较研究》,《中国高教研究》2005 年第 7 期。

会、建立专门的筹资机构和不断学习与研究筹资的技巧，积极做好高校办学资金的筹措工作。① 罗公利等学者对中美两国大学社会捐赠状况进行了比较，指出我国大学社会捐赠相对不足的主要原因在于，独立的非政府公益机构尚未形成，激励性制度体系不完善，以及社会文化环境方面存在制约性因素。② 林成华、胡炜介绍了美国一流大学“筹资人”角色模型，从美国高校接受大额社会捐赠近况、大学对捐赠的组织管理、促进社会捐赠的外部环境等方面对美国大学社会捐赠的情况进行了分析。③ 刘敏以英国高等教育捐赠为切入点，通过追溯英国高等教育捐赠发展的历史，分析影响英国高等教育捐赠发展的内外因素，并结合英国捐赠资金高效的管理策略，总结了英国高等教育捐赠发展的规律特点，进而反观我国高等教育捐赠发展的现状，在比较部分要素的基础上提出合理化建议。④

三、关于高等教育社会捐赠的相关研究

（一）国外关于非营利组织社会捐赠的研究

早在 19 世纪末，就有西方学者进行过有关非营利组织的研究，但是关于非营利组织的捐赠研究真正兴起是在 20 世纪 70 年代以后。国外对非营利组织的研究大多是在微观层面探讨非营利组织募捐和捐赠管理中存在的问题，以及非营利组织捐赠的影响因素等问题。发达国家尤其是美国社会捐赠工作的顺利开展，在很大程度上依赖于成熟的非营利组织的运作。对于非营

① 代蕊华:《美国高校的资金筹措及其启示》,《全球教育展望》2001 年第 10 期。

② 罗公利、杨选良、李怀祖:《社会捐赠与大学发展——中美大学社会捐赠的对比分析》,《高等教育研究》2006 年第 1 期。

③ 林成华、胡炜:《美国一流大学“筹资人”角色模型与启示》,《中国高等教育》2018 年第 22 期。

④ 刘敏:《关于英国高校慈善捐赠的研究》，硕士学位论文，福建师范大学，2017 年。

利组织的管理，美国的莱斯特·M. 萨拉蒙通过对全球多个国家非营利组织的大量调查研究[①]，总结了目前全球范围内非营利组织的发展情况，指出了各国出现的典型问题并分析了原因。目前，美国开展非营利组织研究的学术机构共有 80 余家，它们在开展学术研究的同时也培训与公益事业相关的专业人员。以美国为代表的一些发达国家，在长期的社会捐赠实践中已经形成了浓郁的捐赠文化和完备的法律法规，这种文化和法律又反过来促进了社会捐赠的发展。

1. 关于捐赠者个体的研究

许多管理大师对非营利组织资金提供者的不同特征进行了分析，进而给非营利组织提供了很多建议。例如，弗斯顿伯格（P. B. Firstonberg）把资金提供者分为政府、企业、基金会、个人，并就其各自的特点进行了阐述。[②]梅超（Mae Chao）把资金来源划分为公共的或政府的基金会和个人，并就其群体特征进行了分析。[③]菲利普·科特勒和艾伦·R. 安德里亚森（Alan R. Andreason）引入营销理念并细分了捐赠人市场，这为非营利组织集中力量关注最可能捐赠的主体提供了指南。[④]盖拉特（Gelatt J. P.）也分析了志愿者市场，同时还给予了一些细化的筹资建议，如媒体宣传、如何排版、出版等，以帮助非营利组织的公信力建设并促进募捐。[⑤]他们认为非营利组织还可以

① [美] 莱斯特·M. 萨拉蒙:《全球公民社会——非营利部门视界》，贾西津、魏玉等译，社会科学文献出版社 2002 年版，第 54 页。

② [美] P. B. 弗斯顿伯格:《非营利机构的生财之道》，朱进宁、赵永仁、程尔晋等译，科学出版社 1991 年版，第 89 页。

③ 中国青少年发展基金会、基金会发展研究委员会:《处于十字路口的中国社团》，天津人民出版社 2001 年版。

④ [美] 菲利普·科特勒、艾伦·R. 安德里亚森:《非营利组织战略营销》，孟延春等译，中国人民大学出版社 2003 年版，第 98 页。

⑤ [美] 詹姆斯·P. 盖拉特:《21 世纪非营利组织管理》，邓国胜等译，中国人民大学出版社 2003 年版，第 56 页。

通过晚宴、派对、聚餐等方式与资金提供者交流组织的目标。莫尔·沃里克（Mal Warwick）从实际操作层面剖析了撰写筹资信应注意的细节问题，为非营利组织提供了筹资信的范本。[①] 阿伦·L. 温德若夫（Alan L Wendroff）则提出了7个目标筹资计划，从非营利组织如何进行筹资项目设计的角度介绍了捐赠时间表的设定、如何与捐赠人进行巧妙的沟通、如何与捐赠者建立关系网等非营利组织的募捐技巧。[②]

2. 关于捐赠环境的研究

弗罗姆金（Frumkin P.）和金（Kim M. T.）认为非营利组织不能坐等资金提供者的资金支持，在筹资过程中使用筹资费用是必要的。[③] 筹资营销理念也倡导组织关注各种筹资渠道的特征，以赢得尽可能多的资金支持。在政府或公共部门支持方面，各国政府或公共部门都有明确的支持重点，税收优惠和免税条件也有严格的法律规定。这种做法在各国也呈现出显著的差异，如日本非营利组织需要缴纳27%的所得税，德国却几乎不需缴纳。布莱泽克（Blazek J.）认为，非营利组织在保证其目标实现的前提下是可以营利的，并且认为组织目标和财务目标是可以相互促进的。[④] 在慈善捐赠上，公民社会的全球性发展推动着慈善捐赠在非营利组织筹资中发挥越来越重要的作用。德鲁克认为，美国的志愿精神对非营利组织的影响，使非营利组织可以承担

① ［美］莫尔·沃里克：《如何撰写成功的筹资信》，潘泽山等译，机械工业出版社2004年版，第45页。

② ［美］阿伦·L. 温德若夫：《项目筹资活动管理》，周晶等译，机械工业出版社2003年版，第34页。

③ Frumkin P., Kim M. T., "Strategic Positioning and the Financing of Nonprofit Organizations:Is Efficiency Rewarded in the Contributions Market place", *Public Administration Review*, 2001, p.7.

④ Jody Blazek, *Financial Planning for Nonprofit Organizations*, New York: John Wiley & Sons, Inc., 1996, p.90.

一部分由政府来承担的社会责任，这对美国社会的影响巨大。[①] 布莱泽克认为，如果项目信息能成功披露的话，非营利组织的募捐将会更成功。[②]

许多学者的研究展示了各种资金提供者需要的报表样本，如麦克米兰（McMillan E. J.）利用财务比率对非营利组织使用资金的效率、效果进行了分析。[③] 为了建立非营利组织筹资的公信力，赫兹陵格（Herzlinger R. E.）提出了“披露—分析—发布—惩罚法”，以此提高非营利组织信息披露的质量。这一方法为非营利组织提供了相当多的信息披露样本。这些学者很少对非营利组织的募捐困难进行理论探讨，更别说形成理论体系，更多的是从现实的角度给予建议，而且很少说明这些建议为什么能促进非营利组织的募捐。奥克坦（Okten C.）和韦斯布罗德（Weisbrod B.）采用美国国税局 1982 年至 1994 年 7 个非营利组织（包括医院、大学等）的 990 个纳税申请表作为样本进行分析后发现，政府补贴不会带来挤出效应，反而会给图书馆、医院、自然科学研究和高等教育等带来更多的私人捐赠。[④] 利用这些样本，弗鲁姆金和金比较了效能（在一个计算年中，行政管理经费支出占非营利组织总费用的比例）与私人捐赠的关系。[⑤] 研究发现，政府补贴的非营利组织中政府拨款对健康和人类服务机构的积极影响很大，而对艺术和教育部门没有相关影响。

---

① ［美］彼得·德鲁克:《非营利组织的管理》，吴振阳译，机械工业出版社 2009 年版，第 23 页。

② Jody Blazek, *Financial Planning for Nonprofit Organizations*, New York: John Wiley & Sons, Inc., 1996.

③ Edward J. Mcmillan, *Non-for-Profit Budgeting and Financial Management*, Hoboken: John Wiley Sons, Inc., 2010.

④ Okten C., Weisbrod B., “Determinants of Donations in Private Nonprofit Markets”, *Journal of Public Economic*, Vol.75, 2000, pp.255–272.

⑤ Frumkin P., Kim M. T., “Strategic Positioning and the Financing of Nonprofit Organizations: Is Efficiency Rewarded in the Contributions Marketplace?”, *Public Administration Review*, Vol.61, No.3, 2001, pp.266–275.

学者斯坦伯格在研究中发现，美国政府对非营利组织支持 1 美元便会产生 5 美分到 35 美分的“挤出效应”。[①] 布鲁克斯（Brooks A.）曾在文献综述中指出，有 22 个研究表明政府对非营利组织补贴私人捐赠具有挤出效应，4 项研究认为政府补贴对私人捐赠具有“挤入效应”，5 项研究认为政府投资与私人捐赠之间没有任何关系。[②] 布鲁克斯在文献中就政府对非营利组织补贴产生挤出效应还是挤入效应的争论中做出了自己的回应。他认为政府对非政府组织的补贴与捐赠有挤出效应，原因如下：首先，政府若对非营利组织的发展承担过多的经济责任，势必会影响私人捐赠的意识和热情。其次，政府补贴非营利组织会使这些组织降低获取私人捐赠的意愿。最后，由于政府的支持是以税收为基础的，越高的经费支持越会导致民众的收入降低，捐赠也就随之减少。

另外，一些学者认为政府支持非营利组织也可能导致挤入效应的发生，也就是政府的公益事业的发展可能给捐赠者和接受者带来更多的利益，并且政府对非营利组织的投入有时也是吸引捐赠者的一个信号。沃尔克文和马利克（Volkwein J. F. & Malik S. M.）的研究增加了政府的支持和项目服务税收模型，并利用这一模型分析不同行业对非营利组织捐赠的决定因素。[③] 波斯内特和桑德勒（Posnett J. & Sandler T.）的研究表明，政府拨款对卫生健康、社会福利等部门都会产生积极的影响。[④] 布鲁克金和西迪基（Bruggink

① Steinberg R., “Does Government Spending Crowd out Donations?”, *Annals of Public and Cooperative Economiscs*, Vol 62（4）, 1991, pp. 591–612.

② Brooks A., “Is There a Dark Side to Government Support for Nonprofits?”, *Public Administration Review*, Vol. 60, No.3, 2000, pp.211–218.

③ Volkwein J. F., Malik S. M., “State Regulation and Administrative Flexibility at Public Universities”, *Research in Higher Education*, Vol.38, No.1, 1997, pp.17–42.

④ Posnett J., Sandler T., “Demand for Charity Donations in Private Non–Profit Markets: The Case of the UK”, *Journal of Public Economics*, Vol.40, 1989, pp.187–200.

& Siddiqui）通过合并截面和时间数列数据方法比较了捐赠者特征和国民经济状况因素（包括失业率、税率变化等）之间的关系。他们在研究中发现捐赠者与学校的距离，以及失业率与捐赠行为之间部存在负相关。

这些研究的综合结果表明，政府补贴能否对非营利组织产生挤出效应的问题不能泛泛而谈，个案分析能够说明不同组织可以产生不同的结果，而且这还需要继续深入分析和探讨。

3. 关于组织层面的研究

一些学者对非营利组织的捐赠代理行为展开了讨论。尤金·F. 法马（Eugene F. Fama）和迈克尔·C. 詹森（Michael C. Jensen）认为，非营利组织的生存与捐赠行为的代理问题有很大关系，其核心在于所有权和控制权的分离，尽管无法用剩余索取权来解释捐赠人的行为和管理者的策略，但是捐赠者为了保护非营利组织活动所带来的正外部性，有可能采取对组织发展有利的行为和策略。[①] 格拉泽（Glaser）认为，在所有的经济组织中，即使管理者本身是志愿者，也不会最大化地满足捐赠人的目标。因为捐赠人不可能找到一个完美的代理人完全按照其意愿行事，所以所有权与控制权分离带来的问题不可避免。代理人和捐赠人之间的利益冲突是非常明显的，这意味着代理问题不可能通过向人们灌输利他行为的思想观念来得到解决。面对消费者市场和筹资市场的约束，非营利组织管理者必须向捐赠人保证其投入的资源没有被侵占，捐赠人事前选择捐赠给哪一个非营利组织意味着捐赠人关心其捐赠的使用情况。

大量文献集中讨论捐赠人的捐赠偏好，结果显示，捐赠者在选择接受捐赠的非营利组织过程中有最大化行为的倾向。为了保证捐赠资源得到有效利用，

① Fama E. F., Jensen Michael C., "Agency Problems and Residual Claims", *The Journal of Law and Economics*, 1998, p.10.

完全依靠捐赠人的监督是不够的，而且也不能假定管理者是利他行为主体。因此，必须考虑什么样的约束控制机制可能对非营利组织的绩效产生影响，且这些机制是如何产生影响的。[①] 拉尔夫·克雷默（Ralph Kramer）等人的统计表明，20 世纪 70 年代以来，非营利组织研究成果甚至比过去 50 年的总和还要多。韦斯布罗德和多明格斯（Weisbrod B. A. & Dominguez N. D.）运用新古典主义经济学理论中的消费需求理论去研究非营利组织捐赠的影响因素。[②] 研究表明，组织的行政效率对捐赠有显著的影响。20 世纪 90 年代初，萨拉蒙等学者组织的约翰·霍普金斯大学非营利部门比较研究项目在当时引起了较大的反响。该项目研究对象覆盖的国家从 1991 年的 13 个增加到 2000 年 40 多个，将非营利组织的筹资渠道按照政府或公共部门支持、收益收费和慈善捐赠这三类进行了统计。[③] 萨拉姆还就各国文化历史对筹资现状差异的影响进行了解释。随后，古马瓦和戈登（Khumawa S. B. & Gordon T. P.）在研究中发现，组织的目标在非营利组织获取捐赠的因素中具有显著性。[④] 布莱克也认为，非营利组织在保证其目标实现的前提下是可以营利的，并且认为组织目标和财务目标是可以相互促进的。[⑤] 波斯内特和桑德勒扩展了韦斯布罗德和多明格斯的模型，利用“政府支持”和“自主收入”（非营利组织的租金和投资收入等）变量去测量私人捐

---

① Fama E. F., Jensen M. C., “Organizational Forms and Investment Decisions”, *Journal of Financial Economics*, 1985, p.3.

② Weisbrod B. A., Dominguez N. D., “Demand for Collective Goods in Private Nonprofit Markets: Can Fundraising Expenditures HeIp Overcome Free-Rider Behavior?” *Journal of Public Economics*, 1986, p.83.

③ ［美］莱斯特·M. 萨拉蒙等:《全球公民社会——非营利部门视界》，贾西津、魏玉等译，社会科学文献出版社 2002 年版，第 45 页。

④ Khumawala S. B., Gordon T. P., “Bridging the Credibility of GAAP: Individual Donors and the New Accounting Standards for Nonprofit Organizations”, *Accounting Horizons*, 1997, Vol.1, No.3, p.45.

⑤ Jody Blazek, *Financial Planning for Nonprofit Organizations*, New York: John Wiley & Sons, Inc., 1996.

赠的“挤出效应”。在对英国的300家大型非营利组织样本进行统计后，他们发现，“政府支持”变量不会产生挤出效应，而“自主收入”变量会产生显著的挤入效应。卡伦（Callen）继续利用波斯内特和桑德勒的模型对72家加拿大的健康福利机构进行测量，卡伦得出的结论与他们的发现基本一致。但是他们在模型中增加了“技术效率”和“义工数量”两个变量，并发现这两个变量都与非营利组织的捐赠存在显著的相关。

（二）国内关于非营利组织社会捐赠的研究

国内对非营利组织筹资问题的研究不少，主要从筹资渠道、营销管理、会计税收等角度出发，但对非营利组织捐赠问题的研究数量有限。目前国内的研究与国外的研究文献相比，多偏重于宏观层面的讨论，而微观的且有针对性地提出一些建议的研究较少。

对非营利组织来说，营利行为是一把“双刃剑”。太弱，运转资金不足，可能有生存危险；太强，则易偏离非营利目标，改变组织性质。我国非营利组织融资脆弱性直接影响它们的独立性和组织安全，具有显著的负外部效应。脆弱性主要表现为过度依赖政府拨款、民间捐赠或投资意愿不强、债务结构失衡、服务收入比例极低四大方面。[①] 一些学者认为非营利组织的筹资渠道主要包括政府的资助和项目资金、会费及其他经营性收入、募捐收入三个方面。对政府或公共部门依赖性大是我国非营利组织存在的主要问题之一，它们主要依赖政府的财政拨款和补贴，而不是以项目为导向的经费支持。张纯认为，政府为非营利组织提供资助，导致非营利组织的建立与成长对政策产生依赖。政府可能在多方面经常性地进行干预，非营利组织在决策

① 王锐兰、刘思峰：《我国非营利组织融资“脆弱性”及相机治理》，《审计与经济研究》2005年第3期。

和行动上不同程度地失去自主权。[①] 李晓明也提到，国内学者倾向于认为非营利组织的资金不能主要依赖财政拨款，而要依靠私人和企业捐助、自身经营等[②]，因为主要依赖政府可能形成与政府间的不正当关系，如索捐、搞摊派等。因此，规范非营利组织的营利行为，有利于增强其财务独立性，更好地为社会公益目标服务。[③] 张晓军和齐海丽介绍了美国非营利组织在资金筹集方面的先进理念。国外非营利组织的资金来源主要有四个渠道：民间捐赠、服务收费、政府补贴和外国援助。[④] 民间捐赠虽然是非营利组织理想的收入来源，但事实上在非营利组织的收入中所占比例很小，“慈善不足”是世界非营利组织发展中的普遍现象。在我国，慈善捐赠比重同样存在较低的问题。许多学者就此问题进行分析。崔执树认为其原因是公众平均收入不高，捐款的意识不强。[⑤] 刘清认为我国属于总体性社会，公民社会发展不充分，慈善捐赠没有良好的环境，因而也就没有成为我国非营利组织重要的资金来源。[⑥]

上述研究对我国教育捐赠事业的发展起了一定的推动作用，有助于进一步对高等教育社会捐赠进行更加深入和全面的研究。但是，从国内外已有的文献资料来看，相关的研究也存在一些缺憾，主要表现在以下四个方面。第一，整体上缺乏系统的建构和理论阐释，缺少多学科、多视角的分析研究。第二，对中外高等教育社会捐赠历史缺少系统的梳理，缺乏跨文化视域下的

① 张纯:《非营利组织理财》，上海财经大学出版社 2007 年版，第 51 页。

② 李晓明:《国内外非营利组织研究述评》，《西北大学学报》2007 年第 5 期。

③ 徐旭川:《非营利组织营利行为的成因与规范》，《现代财经（天津财经学院学报）》2006 年第 3 期。

④ 张晓军、齐海丽:《中国非营利组织筹资能力建设思考》，《时代金融》2006 年第 4 期。

⑤ 崔执树:《我国非营利组织筹资现状及对策研究》，《北方经济》2007 年第 23 期。

⑥ 刘清:《论非政府组织（NGO）的资金筹集机制》，硕士学位论文，中国政法大学，2005 年。

观照，论证根基不扎实，难以管窥教育捐赠的历史并从中发现可借鉴的经验与教训；比较研究薄弱，大多停留在表层定性的思辨层面，缺乏立体型的研究。第三，实地调查和实证分析较欠缺，国内的定量研究相对缺乏，研究成果创新性和应用性有待强化。随着研究方法日渐多样化，在传统的逻辑分析法、文献法等定性研究方法的基础上，调查法、统计法等实证研究方法逐步引入，为高等教育社会捐赠研究注入了活力。尽管如此，但教育捐赠研究以定性研究方法为主的格局仍未改变，经验判断多，个案实证分析较欠缺，定量研究相对缺乏，研究成果创新性和应用性有待强化。第四，缺乏在当前社会背景下的本土化研究，对教育社会捐赠的政策性研究不够，比如：税收优惠政策、引导与激励手段等促进社会捐赠的研究不多；对教育捐赠文化少有涉及。

总体来讲，国内相关研究呈现出这样的趋势：充分利用国内外丰富的理论研究和多样的实践研究，使国内研究和国外研究相得益彰。既不盲目跟风，简单照搬国外的成功经验，又不墨守成规，而是以宽泛的眼光观照世界教育发展的总体趋势，并植根于本国国情，对我国教育捐赠问题进行系统梳理。通过分析史料、中外比较、剖析动因、借鉴先进经验、实证考察、分析现状困境、提出对策等步骤，研究者们正采用多学科视角，从不同层面、不同维度对教育捐赠问题进行研究，以构建我国较为完善的教育捐赠理论体系和发展我国独具特色的教育捐赠文化。

Chapter 03 | 第三章

中外高等教育社会捐赠的历史

第一节　美国高等教育社会捐赠的发展及特点

追溯各国大学募捐的历史和对比当下各国大学社会捐赠的业绩，我们不难发现，尽管美国大学的募捐历史比中世纪时期的欧洲大学发展相对较晚，但当今美国大学募捐的业绩确是无与伦比的。美国大学募捐的成功主要体现在三个方面：开展社会募捐的大学数量最多、规模最大、经验最为丰富。社会捐赠极大地促进了美国高等教育的发展，是美国各大学的重要经济来源。美国学者米勒（Miller M. T.）等人把世界大学募捐的历史基本分为中世纪时期、殖民时期、资本主义扩张时期和二战以后四个阶段。[①] 但是美国大学的社会捐赠相比欧洲起步较晚，始于殖民时期。因此，笔者将美国高等教育的社会捐赠历史划分为：殖民时期、“两战”时期、“莫里尔法案”到“二战”时期、“二战”之后到20世纪末及21世纪以来五个阶段。

一、美国高等教育社会捐赠的历史发展

（一）殖民时期的高等教育社会捐赠——支撑大学创建的“第一桶金”

1638年，约翰·哈佛在临终前将自己一半的遗产和全部图书捐赠给了剑桥学院，开启了北美殖民地私人助学的先河。为永久纪念哈佛先生，学院更名为哈佛学院。1718年，英格兰巨商伊莱休·耶鲁向1701年建立的教会学

① Miller M. T., And Others, “Overview of Literature Related to the Study and Practice of Academic Fund Raising”, Lincoln: University of Nebraska, Department of Vocational and Adult Education, 1994.

校捐赠价值 200 磅的货物和 417 本图书，学校因此而更名为耶鲁学院。1740 年，本杰明·富兰克林捐资 1000 英镑成立了一所慈善学校，这所学校就是宾夕法尼亚大学的前身。这些新成立的大学不但成为美国研究性大学的先驱，而且促使哈佛、耶鲁、哥伦比亚等老牌院校纷纷转型，可以说社会捐赠支撑了美国高等教育的诞生和发展。

殖民时期的高等教育社会捐赠始于哈佛大学，已是一个不争的事实。[①] 17 世纪初至 18 世纪中期，这时的北美洲还是一片蛮荒之地，自然条件恶劣。然而，大批的英国清教徒为了躲避英王室和国教的迫害，远渡重洋来到北美新大陆。为了宣扬宗教信仰，培养传教士和信徒，新教教会开始在各殖民地大量兴建教堂和学院，可以说，宗教是美国成立之前教育事业发展的主要动力源泉。1636 年，马萨诸塞议会通过一项议案，决定资助 400 万英镑来创办一所学院。随后，马萨诸塞湾区三名神职人员威廉·希本斯（William Hibbens）、海·彼得（High Peter）和托马斯·韦尔德（Thomas Weld）被派往英国，为当时的“剑桥学院”筹集资金。[②] 募捐的理由是：美国居住着很多印第安人，他们没有皈依基督教。因此，提供高等教育有利于印第安人信仰基督教。为了募捐，他们还制作了介绍剑桥学院和新英格兰的宣传册，名为《新英格兰的初步果实》（New England's First Fruits）。它也是美国第一份针对大学筹资的市场推广材料。[③] 不过，三位筹资官员的命运完全不同：韦尔德留在英国，再也没有回到新大陆；彼得因为触犯了刑律而被绞死；只有希本斯回到了美国，给学院带来了 500 英镑的捐款。两年后约翰·哈佛的慷

① Rudolph F., *The American College and University: A History*, Athens: The University of Georgia Press, 1990.

② Morison S. E., *The Founding of Harvard College*, Cambridge: Harnard University Press, 1995.

③ Michael J. W., *Educational Fund Raising: Principles and Practice*, American Council on Eclucation/ORYX Press, 1993, pp.19–20.

慨捐赠以及为纪念他而对学院的更名，带动了当时民众的助学热情，自此拉开了美国高等教育捐赠的历史序幕，也开启了社会各界人士参与美国高等教育发展的优良传统。正是从这一时期开始，“哈佛精神”成为美国慈善文化事业的奠基石，并一直传承至今。

文献记载了当时的捐赠盛况：

> “我们看到了一个人赠一群绵羊，另一个人捐献了 9 先令的棉布，第三个人捐赠一把锡纸制酒壶，值 10 先令，另一些人捐赠一些精致的碟子，一把汤匙，一把上端镶银的大水壶……这些捐赠或遗赠的价值，从 5 先令、9 先令到 1 镑、2 镑不等。”①

1649 年，曾经担任哈佛大学教师的哈佛校友约翰·巴尔克利（John Bulkeley）和乔治·唐宁（George Downing）以及两位校友萨缪尔·温思罗普（Samual Winthrop）和约翰·阿尔科克（John Alcock）向哈佛学院联合提供了地产捐赠——将种植着苹果树的养牛场捐给母校。随后，养牛场被易名为“教授兰花园”。今天的韦德纳图书馆就坐落在当年的养牛场。②1716 年，英国东印度公司高层官员埃里胡·耶鲁（Elihu Yale）向康涅狄格具有浓厚教会性质的“大学学院”捐赠了 417 本图书和国王乔治一世的肖像及纹章。为感谢耶鲁先生，“大学学院”更名为“耶鲁学院”，以示纪念。17 — 18 世纪，哈佛、耶鲁、威廉玛丽学院等一些高等学府纷纷建成，急需大量的财力支持。由于招生人数不断增加，许多大学难以支撑教学、校舍、董事会日常开支所需的费用，开始受到财政赤字的困扰。它们之所以能够存活下来，“主

① 夏之莲:《外国教育发展史料选粹》(上)，北京师范大学出版社 1999 年版，第 446 页。

② Lawrence E. *Kochard*, *Foundation & Endowment Investing: Philosophies and Strategies of Top Investors and Institutes*, John Wiley & Sons Inc., 1992, p.4.

要仰仗那些有能力并自愿给学员提供小额捐赠的且受过教育的市民的广泛支持”。[①] 在美国独立战争前的殖民时期，各个大学仅有 6 个捐赠教授职位，其中有 4 个都在哈佛大学。相比之下，威廉玛丽学院获得的捐赠微乎其微。[②] 当时，这种捐赠的不平等遭到了殖民时期新兴学校的反对，这些学校的校长强烈呼吁捐赠者考虑捐赠的适度平等问题。

值得一提的是，在这些大学兴建之初，其创建者或校长的重要使命就是为自己的大学“乞捐”。他们不遗余力地宣传高等教育对人类的价值，竭尽全力地与其他学府结盟，共同弘扬大学精神，从而为大学求得更多的善款。“他们发行州彩票以支持办学，在宗教集会上募集资金，在成功的商人或虔敬的、富有的农场主中间广交慷慨的朋友。”[③]

> “当乔治三世呼吁英国的捐赠者关注美国高等教育的发展时，他对高等教育发展有着一系列的想法：为了减少来自世界不同未受教育群体给美国所带来的困扰；为了减少文盲；为了灌输宗教信仰，忠诚于我们的教义；为了传播知识；为了培训教员到众生中去，到印第安人中去……”[④]

当时的大学校长把国王发展高等教育的这些目的作为大学筹资的主要

---

① Sears J. B., *Philanthropy in the History of American Higher Education*, New Brunswick: Transaction Publishers, 1990.

② Rudolph F., *The American College and University: A History*, Athens: The University of Georgia Press, 1962, p.23.

③ ［美］乔治·凯勒:《大学战略与规划：美国高等教育管理革命》，别敦荣译，中国海洋大学出版社 2005 年版，第 4 页。

④ Rudolph F., *The American College and University: A History*, Athens: The University of Georgia Press, 1962, p.89.

说辞，以此建立大学与殖民慈善者的联系。一段时期之后，对英国殖民者来说，向当时的各大学院捐赠已成习以为常的事情。但他们的捐赠只占当时大学募捐额的一小部分，绝大部分还是来自教会中的慷慨之士。美国和英国的捐赠者中很多是虔诚的宗教信徒，宗教信仰是促使他们捐钱的重要原因。殖民时期，英国人是北美高等教育的主要捐赠者，尤其是与教会联系甚密的大学经常可以获得大手笔的捐赠。北美各殖民地的大学也会继承基督教的慈善传统，资助那些贫困的年轻人读书。[①] 从殖民时代后期到美国的独立战争期间，又有一批学院纷纷建成，如达特茅斯学院、罗得岛学院（现名布朗大学）、国王学院（现名哥伦比亚大学）和新泽西学院（现名普林斯顿大学）等。“18 世纪末，美国政府并没有能力支撑上百所学校的开支”[②]，幸运的是，各大学还可以依靠“英格兰强大的经济基础和慈善传统”[③]。为了回报基督教的施舍，北美殖民地各大学也开始帮助那些贫困的年轻人读书。但英国教会捐赠新大陆这些大学的目的并没有想象的那么单纯，它们的善心主要是出于当时的政治和历史需要。正如麦克艾尔所言：“英国人设法通过捐赠高等教育来巩固殖民地的团结，但又为之后美国大学学术自治打下了基础。”[④]

根据对以上文献的总结，殖民时期的北美高等教育社会捐赠主要存在以下特点。首先，美国大学在建立初期接受了大量来自英国殖民者的捐赠，他们的捐赠在一定程度上促进了美国高等教育的发展。英国给予了北美殖

① Rudolph F., *The American College and University: A History*, Athens: The University of Georgia Press, 1962, p.46.

② Rudolph F., *The American College and University: A History*, Athens: The University of Georgia Press, 1962, p.68.

③ [美] 弗兰克·H. 奥利弗：《象牙塔里的乞丐——美国高等教育筹款史》，许东黎、陈锋译校，广西师范大学出版社 2011 年版，第 3 页。

④ McAnear B, “The Raising of Funds by the Colonial Colleges”, *The Mississippi Valley Historical Review*, Vol.38, No.4, 1952, pp. 591–612.

民地极大的援助，特别是在教育发展方面。因为，当时英国人认为教育是对殖民地最理想的教化方式。此外，英国也有着悠久的教育捐赠历史，这也使得英国的大批捐赠者愿意支持殖民地学院的发展。正是在这样的历史条件下，殖民时期创办的院校才得以生存下来，也正是从这一时期开始，慈善捐赠奠定了其在美国高等教育事业发展历程中的重要地位。第二，教会在殖民地大学筹资活动中扮演了重要的角色。从上文中，我们可以看出，教会在美国高等教育早期筹资中扮演重要的角色，也为其高等教育的发展提供了重要的经济保障，是美国大学获得社会捐赠的重要来源。第三，捐赠数量和额度相对较少。美国高等教育社会捐赠在殖民时期虽然占比很小，但对美国高等教育的兴起和发展起到至关重要的作用。捐赠多以实物为主，如食品、土地、牲畜等，但捐赠者没有限定其捐赠物品的明确用途。第四，当时各殖民地的大学为获得捐赠资金，积极前往英国等欧洲国家寻求捐赠力量，这也使得美国高校早期就关注筹资的科学性、计划性与组织性。这一时期，各高等院校别出心裁地吸引社会捐赠的方式，也对后期慈善事业的发展产生了重要影响。

随着美国独立战争取得胜利、英国殖民统治在北美的结束，美国的大学也失去了英国的捐赠支持。“美国革命切断了殖民各州与母国一脉相承的联系，这场战争基本终止了来自英国市民的大笔慈善捐助。”[①]

（二）“两战”期间，社会捐赠的艰难发展时期

从独立战争爆发到南北战争结束，即“两战”时期（1775—1865 年），一股民主的热浪席卷美国大地，社会经历了一场巨变。1776 年，北美殖民地

---

①［美］弗兰克 · H. 奥利弗：《象牙塔里的乞丐——美国高等教育筹款史》，许东黎、陈锋译校，广西师范大学出版社 2011 年版，第 8 页。

宣布独立，成立了美利坚合众国。建国初期，美国正处于百业待兴、开疆辟土的重要时期，需要具备各方面技能的专业人才。当时，英国教会对美国高等教育的影响力也在慢慢减弱。由于缺少教会的支持，美国成立后新建立的每一所学院都“捉襟见肘”。此外，英国等欧洲国家对殖民地的援助也开始大幅减少。因此，国内公众对高等教育的诉求，开始成为教育慈善捐赠的主要动力。在这样的社会背景下，在南北战争爆发之前，美国国内在私人资助下，新成立了约 800 所学院。

比起殖民地时期教会对高等教育的大量捐赠，这一时期的大学“是从接受不起眼的小额捐赠悄悄做起的”[①]，最小的捐赠金额甚至只有两美元。威廉姆斯学院、鲍登学院、艾姆赫斯特学院、汉诺威学院等都是在那一时期依靠小额捐助建立起的大学。值得一提的是，随着民主、平等的意识在美国兴起，女子教育作为一项新的社会实践在这个国家悄然展开。美国早期倡导女子高等教育的旗帜式人物玛丽·莱昂（Mary Lyon）在达特茅斯大学校长等人的帮助下，四处筹集资金创立了美国历史上第一所私立女子大学——蒙特霍利约克大学。这一时期女子学院的建立对美国高等教育的发展产生了深远的影响，而这些学校的建立资源大都源于社会捐赠。

1861 年南北战争的爆发，为经济的发展铺平了道路，也进一步推动了美国高等教育的进步。这一时期，在独立战争和南北战争的影响下，美国国内涌现出一批富有的企业家、实业家，他们拥有大量的资产，愿意将自己的巨额财产投入美国高等教育事业的发展中。许多捐赠者根据自己的意愿，设立了众多实用教育学科，或创办新型大学来完成实用主义教育。

一方面，在巨额私人捐赠的资助下，一批注重学术研究的新型大学相继

① ［美］弗兰克·H. 奥利弗：《象牙塔里的乞丐——美国高等教育筹款史》，许东黎、陈锋译校，广西师范大学出版社 2011 年版，第 13 页。

成立。1873 年，约翰·霍普金斯（John Hopkins）去世时留下了 700 万美元的遗产。1876 年，遵照其遗嘱，用其中 350 万美元创建并以他名字命名的约翰·霍普金斯大学正式成立。这不仅标志着美国大学时代的开启，也使得美国有了真正意义上的研究生教育，约翰·霍普金斯大学是美国研究生教育发展史上不可磨灭的里程碑。此外，这一时期创办的芝加哥大学、斯坦福大学等高等院校，也均受益于巨额私人捐赠。另一方面，《莫雷尔法案》与《第二莫雷尔法案》等一系列法案的推行，促进了美国赠地学院运动的发展。州政府纷纷通过赠地和拨款来资助机械、农业等教育学院的创办。这一系列法案不仅推动了美国政府对高等教育事业的资助，也激发了众多私人慈善家的参与热情。例如，1865 年成立的康奈尔大学就是依据《莫雷尔法案》成立的公私合营性质的赠地学院，并受到西方联合电报公司创始人埃兹拉·科内尔（Ezra Cornel）的私人资助。

在工业化和英国技术革命影响下，美国出现了一批私人产业和财团。由于受到美国宗教慈善文化的熏陶，以及富人阶层为了实现自己对高等教育的诉求，众多富有的捐赠者开创了一种新型的慈善捐赠机构——基金会。准确地说，这一时期创建的许多慈善基金会是现代基金会的前身，它们对日后美国慈善基金会的蓬勃发展起到了积极的示范作用，也使得基金会捐赠成为现代美国高等教育经费的主要来源之一。这一时期成立的有代表性的慈善基金会包括 1910 年成立的洛克菲勒基金会和 1911 年成立的纽约卡内基基金会，它们对美国高等教育的捐赠力度已逐渐超越了政府的教育拨款。

在美国的“两战”期间，校友会和教育学会开始渐渐兴起。早在 1792 年，耶鲁大学的一群毕业生自发地建立组织，搜集本校已毕业同学的联系方式并召集同学聚会，倡导他们为学校募捐。该组织成了当时校友会的萌芽。[①] 美国第一个校友会于1820年在威廉姆斯学院成立。[②] 它的诞生意味着美国的学院或大学筹资战略的转变，即从只专注少数富有慈善家的大笔捐赠转向关注本校毕业生的小额赞助。两年后，布朗大学创建了美国大学历史上第一笔校友基金。1890年，耶鲁大学第一个校友基金会正式建立，当时，学校从不足400名的耶鲁校友中募集资金11000美元，创下了耶鲁大学校友捐赠纪录。[③] 校友会的发展成为当时为高等教育筹资的新途径。从19世纪开始，校友会在美国大学的筹资中扮演了重要的角色，美国的行政官员称“校友是大学用之不尽的财富”。[④] 校友会的职责之一就是为学校筹资，但当时的筹资工作还是无组织的、自发性质的。在那个年代，比校友会更重要的筹资组织是各教派的教育学会，教育学会最早成立于19世纪初，其初衷是为教育牧师和传教士筹集经费。[⑤]

“两战”时期，美国高等教育逐渐实现了多样化、学术化、专业化的发展，这与该时期高等教育捐赠事业的发展有着直接的联系。“两战”时期美国高等教育社会捐赠包括以下三个特点：第一，由于教会支持力度的锐减，美国许多大学在创建初期面临财政困难，主要是依靠个人遗产、土地、建筑

① Webb C. H.,“The Alumni Movement: A History of Success”, *Excellence in Advancement: Applications for Higher Education and Norprofit Organizations*: Gaithersburg: Aspen Publishers, Inc., 1998, pp.213-228.

② Miller M.T.,“Historical Perspectives on the Development of Academic Fund Raising”, *Journal of Instructional Psychology*, 1993.

③ Brittingham B. E., Pezullo T. R.,“The Campus Green: Fund Raising in Higher Education”, The George Washington University, School of Education and Human Development, 1990.

④ Worth M. J., *New Strategies for Educational Fund Raising*, Westport: Praeger Publishers, 2002, pp.24-35.

⑤［美］弗兰克·H.奥利弗:《象牙塔里的乞丐——美国高等教育筹款史》，许东黎、陈锋译校，广西师范大学出版社2011年版，第21页。

材料等社会捐赠维持学校的开支，而后慢慢发展起来；第二，女子学院是当时美国高等教育发展的一项尝试，而社会对其的捐赠也成了 19 世纪教育筹资的典范；第三，校友会在这一时期纷纷建立，但在成立初期，还没有形成自身的运作方式。

（三）从“莫里尔法案”到“二战”时期，以宗教为主导转向大众捐赠

南北战争之后，在工业革命的鼎盛时期，企业家和一些社会精英纷纷热衷于高等教育慈善事业。美国的高等教育社会捐赠开始从以宗教为主导转向以功利的、大众的捐赠转变。如斯坦福大学、康奈尔大学、约翰·霍普金斯大学、芝加哥大学和杜克大学都是由当时热衷于社会福利事业的慈善家创建的。慈善在美国高等教育组织由旧式的私人机构向“新式教育”（强调通过调查、管理和职业培训促进知识的增长）的大学转变过程中起到至关重要的作用。

在 19 世纪之后，美国政府已经没有能力支撑百所大学运营所需的经费。19 世纪前期和中期，各大学依靠城市议会的议员和拥戴者、州政府、房地产开发商以及雄心勃勃的宗教团体为其买单。① 一些校长会学习商界或教会的筹资策略，采用推销员的方法宣传自己的学校以支撑学校的生计。许多大学都会选出一名募捐者，其职责是向公民中的领袖人物和公众谋求资助。教育史学家大卫·波茨（David Potts）发现，多数 19 世纪的大学从宗教团体所获资助比人们想象的要少：“学院创办中的一个基本要素是，学院创办人和一个特定的镇或县的联合。实际上，创办人要愿意将学院落户在社区，以换取从社区所募集的一定数量的经费。” ② 但是，尽管当时的大学接受了大量的金钱

① ［美］乔治·凯勒:《大学战略与规划 : 美国高等教育管理革命》，别敦荣译，中国海洋大学 2005 年版，第 4 页。

② Potts D. B., “American Colleges in the Nineteenth Century: From Localism to Denominationalim” , *History of Education Quarterly*, 1971, p.367.

捐赠和遗产捐赠，但大学校长和教师依然寄希望于国家的财政支持，仍没有通过募捐为学校筹得经费的习惯。

随着1862年《莫里尔法案》的颁布，美国高等教育的扩张时期到来。当时，许多大学面临着财政危机的困扰。[①] 此时，大学校友会成为大学筹资的新渠道。校友会定期向自己的大学毕业生募款，捐赠的校友们也于19世纪70年代在大学董事会中获得席位。在19世纪末，一些大学开始利用体育赛事吸引更多校友的关注，增加校友的认同感。[②] 1908年，得州基督教大学举行了美国历史上第一次有组织、有计划的筹资活动之后，美国的大学筹资活动日益频繁。1914年，匹兹堡大学率先运用募捐技巧举办了一场筹资活动。该大学决定筹资300万美元，建设世界上最具特色的教学大楼。项目计划在学校内部设立世界各国学校不同类型的教室，这就是今天矗立在匹兹堡奥克兰区的“大教堂”，外表威严如教堂，内部则是各国教室博览馆。为实现这一巨大的筹资目标，匹兹堡大学从华盛顿基督教青年总会（YMCA）挖来了著名的募捐“大师”沃德（Ward）。沃德来到匹兹堡后，主要做了三件工作：第一，招兵买马，组建筹资队伍；第二，沃德将他在华盛顿期间的筹资方法应用到了匹兹堡大学，诸如制定捐款对象清单、捐赠者分级分类以及为筹资活动制定时间表（比如募捐沙漏法）等；第三，沃德首次创建了筹资公司，为高校提供专业咨询服务。[③] 此外，沃德还采取了募捐领导培育、募捐资金匹配、寻找名人代言以及为捐赠创建档案等策略。可见，沃德所进行的探索已经明显区别于传统自发式的募捐和筹资活

① Miller M. T., “Historical Perspectives on the Development of Academic Fund Raising”, *Journal of Instructional Psychology*, Vol. 20, No. 3, 1993, pp.237-242.

② Miller M. T., “Historical Perspectives on the Development of Academic Fund Raising”, *Journal of Instructional Psychology*, Vol. 20, No. 3, 1993, pp.237-242.

③ Michael J. W., *Educational Fund Raising: Principles and Practice*, American Coundil on Education / ORYX Press, 1993, p.19.

动。正因为这些特点，沃德本人被誉为“现代筹资之父”。当然，沃德的很多经验是从美国基督教青年会积累而来的。从这一点来看，高校的筹资事业应该是开始于社会，而非直接起源于高校内部。沃德虽然在其筹资事业中发明了很多筹资策略，但最大的贡献还是他对大学筹资目标和项目的设计。沃德本人不直接参与募捐，而是为大学相关人员提供设计，他的设计只有通过大学的执行和实践才可以实现。他认为，这是同一件事情的两个环节，应该由不同的人来完成。他们负责的是设计，而设计好的计划则由大学相关领导和志愿者来落实。随着筹资范围的扩展，“税负优惠”的理念也在捐赠中逐渐生根，最终美国的高等教育社会捐赠由社会精英开始向普通大众扩展。高等教育组织也开始采用职业筹资人并更关注对于捐赠者的研究。此外，19 世纪末至 20 世纪初，一些富有的慈善家，诸如安德鲁·卡内基（Andrew Carnegie）、约翰·洛克菲勒（John Rockefeller）开辟了美国教育筹资的新纪元。通过他们建立的基金会，越来越多具有为美国社会服务意识的慈善人士和企业家向高等教育伸出了援手。①

在战争的影响下，美国人开始意识到教育、科技的重要性，开始大力推动高等教育的发展。这一时期，无论是政府、企业、社会组织还是私人基金会等机构，都积极将大量的人力、物力、财力投入高等教育的建设中，并且政府开始出台一系列的政策法律，以此刺激社会各界对高等教育的资助。进入 20 世纪，美国的社会经济得到了快速发展，富人阶层对高等教育的慷慨解囊仍然是教育经费的主要来源，特别是慈善基金会成为美国大学募集资金的主要来源。它不仅缓解了单个捐赠者资金数量有限且资金无法得到充分有效利用的问题，而且还带动了许多规模大、目标多元的基金会出现；不仅有效

① Miller M. T., “Historical Perspectives on the Development of Academic Fund Raising”, *Journal of Instructional Psychology*, Vol. 20, No. 3, 1993, pp.237–242.

缓解政府压力，也使得社会财富得到了有效利用，使慈善捐赠文化在美国得到进一步发扬。

（四）“二战”之后到20世纪末，捐赠制度化时期

第二次世界大战以后，美国高等教育社会捐赠事业呈现出以下三个发展趋势。首先，高等教育社会捐赠呈现制度化、专业化发展的趋势。由于两次世界大战尤其是“二战”的影响，政府财政赤字严重，因此对大学的财政拨款十分有限。对此，美国许多大学很快开展了筹资运动。例如，1946—1947年，史密斯大学和纽约大学分别启动了一场目标为700万美元和2200万美元的筹资运动。为了争取更多的办学资金，许多大学纷纷加入了向社会筹资的运动中。由于筹资运动规模不断扩大、参与学校不断增多，由此引发了一大批筹资专业机构的发展。例如，教育资助委员会、基金会中心、全国筹资执行官协会、全国校友委员会、美国大学公共关系协会在“二战”以后纷纷兴起，它们促进了美国大学筹资事业走向制度化、正规化，这些专业组织的建立又进一步影响了美国大学筹资运动的发展。随着筹资事业越来越重要、越来越精细、越来越复杂，大学开始认识到了聘请专职筹资人员的必要性，光凭沃德等人的咨询已经不够。1949年，根据美国大学公共关系协会的调查，只有两所大学设有发展办公室主任之职。1952年，发展到了13所大学。[①] 1958年是筹资事业发展的关键一年。全国校友委员会和美国大学公共关系协会在西弗吉尼亚的格林布瑞尔饭店召开了一次会议，其目的是促进两个协会的融合，以更好地促进学院“募捐事业”的发展。会议报告称：“新成立的募捐协会要致力于学校发展事业的协调，要减轻校长的负担，将加速校友、筹资和

① Michael J. W，*Educational Fund Raising: Principles and Practice*，American Council on Education / ORYX Press，1993.

公共关系职能的整合。”[①]1974 年，两大协会合并为教育发展与支持理事会，这一举措标志着大学募捐专业化发展的新阶段。理事会每年仅学术研讨会已经发展到了 90 多个。教育发展与支持理事会和全国筹资执行官协会都会提供系统的培训，大大提高了高等教育筹资从业人员的专业技能。实践表明，美国大学的筹资事业在大学管理过程中已经成为非常稳定且显要的部分。

其次，公立大学和私立大学并行成为向社会筹资的主力军。在 20 世纪 70 年代以前，由于政府支持公立大学的资金相对充足，成立相对较晚的公立高校既没有能力也没有动力去获得私人捐款。然而在 70 年代以后，公立大学或学院由于教育财政支持的不力和自身开销的成倍增长，它们也慢慢开始寻求社会捐赠。美国公立大学在 1971—1972 财年所得社会捐赠共计 35.6 亿美美元。1988—1989 财年所得社会捐赠共计 440 亿美元，而到 1998—1999 财年所得到的社会捐赠猛增至 990 亿美元。[②]2000—2001 年度，捐赠收入占公立高校收入总额的 5.8%，仅次于联邦政府的财政资助，超过地方政府的资助水平。

最后，美国大学筹资活动的目标不断增加，大型的筹资活动不断筹建。“第二次世界大战以后，大学发现了另外三大施惠者：大慈善基金会、作为企业法人或实体的商行和联邦政府。它们将数以百亿计的美元投向了高等教育，尤其是高等教育的研究和新设施，还资助贫穷学生和黑人学生，使他们也能入学接受高等教育”。[③] 实力雄厚的募捐对象不断被发掘，这刺激了大

① Michael J. W, *Educational Fund Raising Principles and Practice*, CASE Publications Order Department, 1993, p.23.

② Hsien Hong Lin, “Why Taiwanese Companies and Foundations Donate to Public Colleges and Universities in Taiwan: an Investigation of Donation Incentives, Strategies, and Decision-Making Processes”, Ph. D . Dissertation, Kent State University, 2009, p.85.

③［美］乔治·凯勒:《大学战略与规划：美国高等教育管理革命》，别敦荣译，中国海洋大学出版社 2005 年版，第 7 页。

学筹资项目的增多和筹资目标的扩大。例如，1904—1905年，哈佛的筹资目标是250万美元，筹资的目的在于解决教授的工资。1919—1920年，哈佛的筹资目标提高到了1400万美元，到了1955—1960年，哈佛的筹资目标已经提高到了8278万美元。2004年，筹资目标已经被提高到了40亿美元。此时，美国大学募捐事业的迅速发展主要归结于20世纪80年代到90年代初的良好经济状况。良好的经济状况不仅为高校发展提供了充足的资源，也对高校的学术发展、科学研究和人才培养等提出了更多更高的要求。与此同时，政府提供的拨款速度增长缓慢，而大学内部教师工资和福利上涨、实验设备需要更新，这一切对资金的需求都越来越大。正是在这种情况下，筹资逐渐成了高等教育管理的重要组成部分。只要能够有助于筹资，大学就会不惜一切代价。20世纪80年代至今，美国公立高等教育的经费基本源于（州或地方）政府、学费、基金收入和私人捐赠，并且每个经费来源在数量上都有所增长。[①] 而这些经费来源渠道构成了一个零和博弈，即一方资金的减少势必会导致其他方面负担的增加。在20世纪90年代，高等教育经费来源的增长总体高于通货膨胀的速度。因此，在当时高等教育经费可以支撑不断增长的入学率和为社会提供更多的服务。[②]

（五）21世纪以来，社会捐赠步入成熟与繁荣时期

进入21世纪以后，美国高等教育捐赠的发展呈现两个特点：一是社会对高校的支持力度越来越大，二是大学发展部门的筹资项目设计水平越来越高。与此同时，公立高校也和私立大学一样，纷纷设立基金会。学者豪普特

① Johnstone D. B., Marcucci P. N., *Financing Higher Education Worldwide: Who Pays? Who Should Pay?*, Boston: Pearson Custom Publishing, 2001, p.67.

② Hauptman A. M., "Financing American Higher Education in the 1990s", *New Directions for Insitutional Research*, 1997, Vol.24, p.98.

曼（Hauptman）认为，捐赠收入在21世纪掀起了美国大学筹资的新浪潮。[①] 进入21世纪以后，高等教育所获得的州政府的财政支持虽然在高等教育所获资源中仍占有主要份额，但是不断减少的高等教育投入已经把这种危机慢慢转嫁到家长和学生身上。[②] 美国州政府对承担巨额的高等教育开支已经不堪重负，各州的教育组织所需的教育资金由原来的“州政府支持”（state-aid）改为“州政府辅助”（state-assisted）。被誉为美国三大公立高教系统的加州、纽约州和弗吉尼亚州几乎都在下调高教拨款。在加州政府做出削减教育经费20%的决定后，学校怨声载道，抗议声连绵不断。然而，濒临破产边缘的加州财政已经无暇顾及高教发展了。加州的情况并非个案，类似的情况还有很多。30年来，美国公立高校来自政府的拨款虽然有所增加，但是占学校财政收入的比例却在大幅度下滑。

2011年，高等教育投入较高的美国那13个州共削减超过10%的高等教育经费。其中，亚利桑那州削减最多，接近22%。[③]2017—2018财年，政府赤字额较上一财年扩大17%，达到了7790亿美元，占其GDP比重升至3.9%。2019财年，据国会预算办公室预测，美国政府财政赤字可能扩大至9730亿美元，2020财年甚至可能超过1万亿美元。[④] 于是，大学的管理者认为州政府的拨款远远不能满足高等教育所需的经费，只有募集大量的社会捐赠才是缓解这一危机的唯一渠道。[⑤] 尤其是私人捐赠和校友筹资已经成为大学管理

---

① Hauptman，A. M，*Financing American Higher Education in the 1990s*，ASHE Reader Series，Pearson Custom Publishing，2001，Vol. 9，pp.19-35.

② Jane W.，“The Tuition Puzzle: Putting the Pieces Together”，Institute for Higher Education Policy，1999 .

③《美国各州削减高等教育经费》，《世界教育信息》2011年第3期。

④ 任泽平:《特朗普景气终结 美国经济或已见顶》，凤凰网2018年10月25日。

⑤ Johnstone，D. B.，Marcucci P. N.，*Financing Higher Education Worldwide: Who pays? Who Should Pay?*，Boston: Pearson Custom Publishing，2001.

者最重视的核心所在。截至 2015—2016 财年，哈佛大学共获得高达 376 亿美元的捐赠基金，被公认为当今世界最顶尖和最富有的大学。哈佛管理公司最新公布的 2019—2020 年捐赠基金报告显示，哈佛大学净资产同上一年相比增加 23 亿美元，捐赠基金市场价值达到 493 亿美元。过去 20 年，该基金的年化回报率超过了 10%。值得一提的是，2019 年哈佛大学捐赠基金的分配为哈佛大学提供了重要的资金来源。该捐赠基金在 2019 财年分配了 19 亿美元，占全年总收入的 35%，另外 9% 的收入来自当前的社会捐赠（见图 3–1）。①

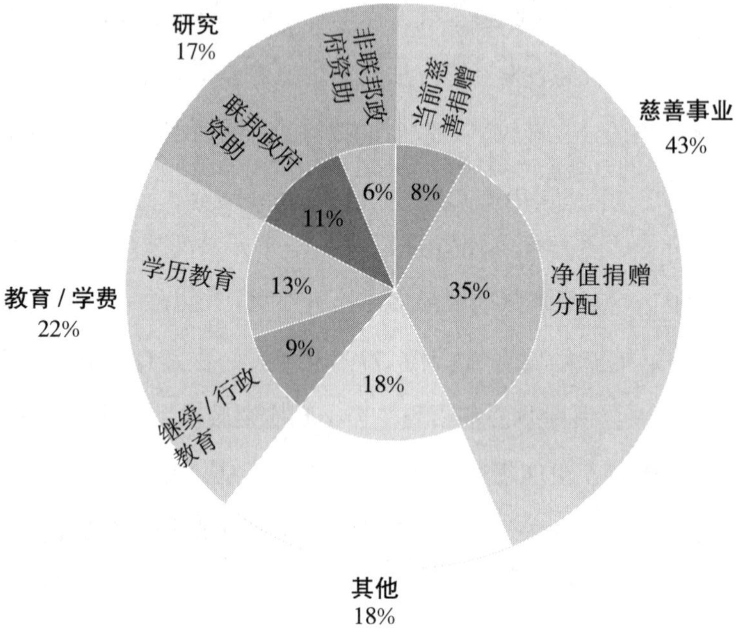

图 3–1　2019 财年哈佛大学收入来源

作为美国的“学术重镇”，密歇根大学拥有全美最高的研究预算、浓厚的学术气氛、优良的师资，以及顶尖的法学院、医学院、工学院、商学院、艺术学院和文理学院，在美国公立大学捐赠基金排名中居第三位，在美国大

① Harvard University Financial Report Fiscal Year 2019［EB/OL］.https://finance.harvard.edu/files/fad/files/fy19_harvard_financial_report.pdf.

学捐赠基金排行榜中居第九位。在密歇根大学的收入来源中，患者护理收入在其 2018 年营业收入总量中占到了半壁江山（51%）。其财政年报中写道："密歇根大学最大的优势之一就是多样化的收入来源，与此同时，学校将继续致力于寻求符合其使命的所有可能的资金来源（见图 3-2）。"①

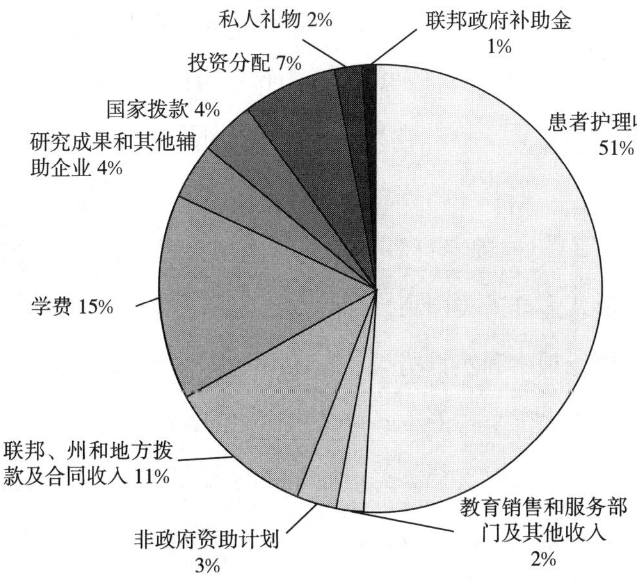

图 3-2　2018 财年密歇根大学收入来源

此外，据美国国家教育统计年鉴近三年的数据显示，2013—2014 财年，美国公立大学的财政总收入是 3531 亿美元，其中捐赠收入约 184 亿美元（占总收入的 5.22%）、捐赠基金投资收益 266 亿美元（占 7.54%），此两项之和占总收入的 12.76%；美国私立大学的财政总收入是 2288 亿美元，其中捐赠收入为 258 亿美元（占总收入的 11.29%）、捐赠基金收益 571 亿美元（占

① Michigan University: University of Michigan 2018 Financial Report［EB/OL］.http://2018.annualreport.umich.edu/wp-content/uploads/sites/56/2018/01/02-2018-UM-Financial-Report-financial-statements-complete-statements.pdf.

24.98%），此两项占总收入的 36.27%。2014—2015 财年和 2015—2016 财年，无论是公立大学还是私立大学，虽然捐赠基金投资收益受市场大环境的影响有较大幅度下降，但捐赠收入占总收入的比例呈不断增长趋势，一些顶尖的私立大学捐赠收入和捐赠基金投资收入占大学财政收入的 50% 以上，其中哈佛大学 2017 年的这一比例高达 63%。[①]

在美国，任何一所私立大学都能在政府以外机构获得大量资金。美国的高校不仅有日常性的年度筹资活动，还有为特定目的举行的巨额筹资活动。开展大规模筹资活动的学校越来越多，各大学特别是一流大学获得捐赠的资金数额也越来越大。它们募捐的特点集中表现为以下三个方面。首先，范围广阔。美国高校的募捐范围不局限于本地和本国，现已扩大到全世界。其次，手段规范、形式多样。美国高校接受捐赠的形式手段多样化，有现金捐赠、证券捐赠、信托捐赠和实物捐赠。实物捐赠又分为不动产所有权捐赠和有形资产捐赠。美国大学募捐的方式也是多样化的，最常见的是例行年度募捐和大额捐款。最后，政府支持。美国如此多的个人与企业愿意把巨额财富直接捐赠或设置基金会资助高等教育，一方面是因为校友对母校的回报或对高等教育事业的热爱，另一方面是因为美国政府制定了许多鼓励私人捐赠教育事业的相关法律。为鼓励更多的企业、组织与个人把巨额财富捐赠给高等教育机构，美国政府提出免税等优惠政策。教育捐赠逐渐成为与政府投入、学费、销售与服务收入等并列的重要的经费来源，有效地缓解了教育经费的紧张。表 3–1 列举了美国 20 所大学 2007—2008 财年至 2017—2018 财年年度捐赠收入的变化表。其中，绝大多数学校的捐赠收入都呈现出了快速增长的趋势，捐赠收入已经成为美国高校的重要来源。

① National Center for Education Statistics，*Digest of Education Statistics*［EB/OL］.［2020–01–20］，https://nces.ed.gov/programs/digest/.

表 3–1　美国大学捐赠收入变化表

学校名称	2018—2019 财年金额（万美元）	2017—2018 财年至 2018—2019 财年增减幅度（%）	2007—2008 财年至 2018—2019 财年增减幅度（%）
哈佛大学	128000.0	14.0	96.7
斯坦福大学	122620.0	8.4	56.2
康奈尔大学	77564.7	4.3	89.4
南加州大学	73542.1	10.0	79.7
麻省理工学院	72815.3	8.2	133.5
约翰·霍普金斯大学	73215.9	7.9	88.5
宾夕法尼亚大学	72200.0	15.2	51.7
纽约大学	69420.0	22.4	79.1
耶鲁大学	66280.0	11.1	36.2
杜克大学	65557.6	12.8	69.9
哥伦比亚大学	63987.3	6.0	29.2
芝加哥大学	63706.8	31.8	123.5
华盛顿大学	62132.5	12.2	105.2
圣母大学	59278.4	31.3	138.5
俄亥俄州立大学	55129.2	37.2	95.7
加州大学伯克利分校	52718.6	20.3	84.8
加州大学洛杉矶分校	53366.7	−3.1	16.9
印第安纳大学	51064.7	28.2	102.4
加州大学旧金山分校	44600.0	5.6	21.8
密歇根大学	44599.4	7.4	33.8

美国的高等教育除了要面对政府经费支持的不足、金融危机的影响外，还要面对一系列国际化的竞争，例如教授的流动、对优秀生员的吸引、新学

科的发展等。以加州政府为例，2000—2001 学年的高等教育拨款总额是 101 亿美元，而 2008—2009 学年为 125 亿美元。虽然数量上有所增加，但是扣除物价上涨因素，全日制学生的生均拨款额却从 9100 美元下降到了 7225 美元。加州大学圣迭戈分校校长玛丽·安妮·福克斯（Marye Anne Fox）指出，1992 年，该校来自州政府的拨款占到 20.5%，但今天已经下降到了 12%。于是，她提出了 10 亿美元的募捐目标，但这在筹资专家看来，目标显然过大，但该校别无选择。如果不去募捐，学校声誉会日趋下降；如果不去筹资，如果不提供更多的奖学金，优秀的学生就会流失到私立大学。面对一系列的资金困境，美国大学筹资目标（见表 3-2）节节攀升，这一现象不仅让美国人感到吃惊，也使世界各国高教同行感到恐慌。因此，大学要招聘到最好的教授、引进一流的实验设备、建造让同行垂涎的橄榄球场，依靠的不是学费，也不是州政府的拨款，而是学校的自我筹资。只有自筹资金才是大学得以持续发展的唯一出路。

表 3-2　美国大学募捐目标一览表

学　校	提出年份	预计年限（年）	筹资目标（亿美元）	目标陈述
耶鲁大学	2006	5	30	为了耶鲁的明天
莱斯大学	2006	6	10	学校将利用这笔善款进一步发展本科生教育，重视尖端科学研究并加强学校与地方社区的关联和合作
麻省理工学院	1997	7	15	目标提前两年实现，2004 年的募捐成果达 20.2 亿美元
	2018		10	解决普惠计算及人工智能崛起带来的全球机遇和挑战
威廉玛丽学院	2000	7	5	善款将用来改善学校的教学和科研条件，为更多优秀学生提供奖学金，也将通过讲座教授的设立选聘到更多的著名教授，将利用募捐所得支持本科生教育和科学研究

（续表）

学　校	提出年份	预计年限（年）	筹资目标（亿美元）	目标陈述
斯坦福大学	2000	6	10	本科生教育，使他们有更多的机会参与科研
	2006	5	43	全方位提升斯坦福大学教学科研和人才培养的水平
加州大学伯克利分校	1985	5	1.7	用于计算机科学大楼、生命科学大楼、健康服务中心及商学院的建设
	1993	7	11	52% 用于资助学术研究，16.2% 用于增加理工科及艺术学领域的基金，12.6% 用于保持学术优秀，4.8% 用于支持教育机会公平项目，3.65% 用作校长基金
	2008	5	30	用于增加教师席位，引进高端人才；增加学生奖学金名额；支持教学、学术研究和设备更新
加州大学洛杉矶分校	2002	3	24	与私立大学竞争最优秀的教授和学生
	2014	5	42	用于学生资助和研究资助
康奈尔大学	1988	7	15	为了给贫困家庭的学生补发津贴
	2006	9	47.5	聘请更多优秀教师，支持学术研究，增加学生奖学金
宾夕法尼亚立大学	2007	7	35	用于学校建设以及对学生的资助
	2010	4	20	用于学生奖学金、科研和教师发展
密歇根大学	2004	4	25	聘请最优秀的教师，开展最优秀的科研，吸引最优秀的学生
	2013	5	40	用于提高学生奖学金资助；拓展全球学习经历，支持全球最具挑战性难题的攻坚

随着美国高等教育社会捐赠事业的蒸蒸日上，美国高等教育财政帝国开始诞生。当前，世界一流大学的座次基本定夺，尽管亚洲大学所占位次有所上升，但是美国高等教育强盛以及欧洲大陆的没落，却是世界顶尖大学图谱的显著特点。

二、美国大学募捐的特点

（一）世界一流大学的募捐特点

1. 一流大学集群带动筹资业绩

克拉克·克尔（Klark Kerr）认为："大学各研究中心具有一种聚合的倾向，学术高峰将是一幅以延绵的山脉为主的新图景……沿着这一脉系坐落的大学与实验室拥有46%的美国诺贝尔科学奖获得者和40%的全国科学院院士。"[①] 然而，大学的财富增长之路也惊人地相似。美国大学筹资业绩突出，源于一流大学集群。"集群"的概念最早源自区域经济学的代表人物迈克尔·波特（Michael E. Porter），是指在某一特定区域内的特别领域，由于企业之间的共性或差异性的关系，形成的一组区域位置相邻的相互作用的群体。[②] 大学集群是指一组自主独立的大学以拓展办学功能为本位，以实现创新为路径，以获取竞争优势为目标，在某一区域或特定领域依据内在关联因素联系在一起，并与周边环境整合的空间集聚体。美国大学的发展始终与高水平的大学集群相伴。大学集群又是如何给高等教育带来巨额的财富呢？大学为争夺有限的资源，如优秀的生源、知名的教授、与优质企业的合作、大额的社会捐赠等而引发的大学间的竞争与合作。特别是在"同一群落内的大学集群在为市场提供较为相似的教育产品或服务时，其间的竞争更为激烈"[③]。大学的发展是在一个无计划的系统内不断的竞争、效仿和

---

① [美] 卡拉克·克尔：《大学之用》，高铦、高戈、汐汐译，北京大学出版社2008年版，第52—53页。

② [美] 迈克尔·波特：《国家竞争优势》，邱如美、李明轩译，华夏出版社2002年版，第15页。

③ [美] 伯顿·克拉克：《探究的场所：现代大学的科研和研究生教育》，王承绪译，浙江教育出版社2001年版，第98页。

分道扬镳运行的过程，因为“市场竞争也会对大学产生影响，如优秀的生源、师资以及资源。”[①] 早在20世纪40年代，同在旧金山的斯坦福大学和加州大学伯克利分校就在争夺优秀师资、与企业合作方面存在竞争。匹兹堡大学的理论与应用力学专家斯蒂芬·蒂莫申克（Stephen Timoshenko）的到来，使得斯坦福大学的工科水平后来居上，其原因就是校长用高于伯克利双倍的薪水吸引了这位优秀的专家。[②] 没有大学在同一“领地”内可以独自养尊处优。最具代表性的是赫赫有名的大宗筹资运动。20世纪80年代以后，随着高等教育大众化的推进与政府的财政投入的逐渐下降，经费短缺成为世界高等教育面临的共同难题。为了保持自身的竞争优势，大学必须尽最大努力竞争有限的资源。迄今为止，高等教育史上的大宗筹资运动中最典型、影响最大、教科书式的运作流程多半产生于美国的大学。大宗筹资运动一般围绕特定主题展开，针对大学最优先发展的大型计划或特殊目的，设立特定筹资目标（一般数额巨大）并在限定时间内完成筹资目录。[③] 大宗筹资运动相较于其他筹资方式具有如下主要特点。第一，为了竞争有限的资源，特别是地域资源，大学会群起而动，无论是发起时间还是预期筹资金额，都相互较量，不甘示弱。地缘邻近大学——纽约湾区的哈佛与耶鲁，旧金山湾区的伯克利与斯坦福，20世纪90年代至21世纪初，几乎在这一时期或临近时期展开了大规模的筹资运动（见表3-3）。第二，筹资的主题突出、目的明确，比如针对大学的教学、科研以及国内外面临的重大现实问题的研究项目而进行大宗筹资。第三，限制时间。大宗筹资运动一般以

① ［美］詹姆斯·杜德斯达:《21世纪的大学》，刘彤等译，北京大学出版社2005年版，第31页。

② 孟照海:《世界一流学科是如何形成的——基于斯坦福大学和加州大学伯克利分校工程学科的比较》，《比较教育研究》2018年第3期。

③ 林成华、洪成文:《大宗筹资运动与大学发展——当代美国一流大学大宗筹资运动研究》，《教育学报》2005第3期。

5—8年为一个周期，但是基本提前1—2年就开始进行筹备工作。第四，数额巨大，且不断加码。总之，集群是大学竞争与合作的催化剂，也是大学吸金的助推器。

表3-3　美国大学的大宗筹资运动比较

学　校	活动名称	目标总额（亿美元）	实际募捐额（亿美元）	主要用途
哈佛大学大宗筹资运动	1994—1999年大宗筹资运动	21	26	缓解财政赤字，促进教学改革，资助前沿研究，增加教授席位
	2013—2018年大宗筹资运动	65	—	45%用于支持教学改进和神经科学、干细胞及能源领域的研究，25%用于金融及学生服务，20%用于固定资产翻新，10%用于扩大哈佛全球影响力和其他活动
耶鲁大学大宗筹资运动	1992—1997年大宗筹资运动	15	17.02	校园整修建设，设备更新
	2006—2011年"为了耶鲁的明天"大宗筹资运动	30	38.8	支持医学院的医学学科发展，支持基础设备更新和前沿科学研究，为音乐学院免费教育提供资金，拓展国际合作与影响力
加州大学伯克利分校大宗筹资运动	1993—2000年"迎接新世纪"大宗筹资运动	11	14.4	52%用于资助学术研究，16.2%用于增加理工科及艺术学科领域的基金，12.6%用于保持学术优秀，8%用于支持教育机会公平项目，3.65%用作校长基金
	2008—2013年大宗筹资运动	30	31.3	用于增加教师席位，引进高端人才，增加学生奖学金名额，支持教学、学术研究和设备更新

（续表）

学　校	活动名称	目标总额（亿美元）	实际募捐额（亿美元）	主要用途
斯坦福大学大宗筹资运动	2000—2006 年“本科教育行动”大宗筹资运动	10	11	用于本科生奖学金和资助政策，提高本科教育，为本科生提供更多研究资源
	2006—2011 年“斯坦福挑战计划”大宗筹资运动	43	62.3	全方位提升斯坦福大学教学科研和人才培养水平

资料来源：表中数据由各大学官网及各大学基金会网站整理所得。

2. 区域间体育联盟为大学“吸金”助力

美国大学之间最早的联盟就是以大学筹资为目的而建立起来的，初期的合作形式是 19 世纪末的体育竞赛联盟。其初衷是通过竞技比赛这种公众娱乐的形式，吸引民众特别是大学周边的社区成员对大学的关注，从而达到筹集社会资金与吸引更多生源的目的，常春藤联盟与美国太平洋十二校联盟就是比较典型的代表。位于纽约的常春藤联盟最早是由《纽约先锋论坛报》记者于 20 世纪 50 年代提出的，成立之初主要以美式足球及竞技类体育比赛为主要内容。联盟建立的初衷是以体育比赛的形式加强大学间的交流合作，以此提升各自的影响力，从而赢得社会更多的支持。哈佛大学与耶鲁大学的第一场比赛就争取到了波士顿铁路局与英格兰铁路公司的赞助，两校的运动队获得了相当数量的免费车票，以吸引运动爱好者搭乘火车前往比赛地观战。[①] 总部位于旧金山的太平洋十二校联盟，最早发起于旧金山湾区，为联盟校利用自身体育赛事的优势，通过转让赛事的转播权、赛事品牌的使用权及在校内开设体育商品特许店等方式提高大学的知

① 赵俊芳、李国良:《美国大学商业化寻理》,《江苏高教》2011 年第 3 期。

名度，由此吸引了企业的赞助以及捐赠者的关注。2011 年，太平洋十二校联盟与知名媒体 ESPN（娱乐与体育节目电视网）和 FOX（福克斯广播公司）达成 12 年 30 亿美元的合约，向 ESPN 和 FOX 提供橄榄球和男子篮球的赛事转播权。联盟把来自电视媒体版权的营收全部返还高校，以此支持它们发展更多的体育项目。①2016—2017 财政年度，联盟总收入首次突破 5 亿美元大关，比上年增长 4%，其收入分配（利息、所得税和净利润）等同比增加 68%，从 2.28 亿美元增至 3.71 亿美元。② 太平洋十二校联盟成员加州大学洛杉矶分校在 2000—2016 年间凭借竞技体育筹集到 23 亿美元。③ 南加州大学校长兼太平洋十二校联盟首席执行官小组主席马克斯·尼卡斯（Max Nikias）认为，大学体育联盟财政的优异表现为联盟成员的发展提供了宝贵的资源。④ 除此之外，大学运动队的成员也是助力大学财富的重要力量。学者南森（Nathan D. A.）的研究表明：在校友群体为母校捐款最多的是那些参加过学校运动队的学生，“他们无论在学校读书时还是在毕业后，都具有团队精神和集体荣誉感”⑤。美国大学区域间的体育联盟筹资兴起于湾区，随后向全国壮大。这些大学借力湾区的经济优势扩大声誉，吸引赞助和捐赠，打造体育强队以赢得更高的商业价值。

---

① Pac-12 Media Rights: ESPN, Fox Deal May Reach $3B [ER/OL].(2011-05-03)[2018-11-12]https://www.adweek.com/tvnewser/breaking-pac-10-to-announce-media-rights-deal-with-espn-fox/88616.

② Pac-12 Reports Revenues Topping $500M [ER/OL].(2018-05-03)[2018-12-04]https://www.bendbulletin.com/home/6214413-151/pac-12-reports-revenues-topping-500m.

③ 王永盛、王超:《美国大学竞技体育强势发展的三大因素解析》,《北京体育大学学报》2017 年第 9 期。

④ Pac-12 Announces Record Revenue; Campus Payouts in Line With Estimate [ER/OL].(2018-05-03)[2018-12-11]https://www.mercurynews.com/2018/05/03/pac-12-announces-record-revenue-campus-payouts-in-line-with-estima tes/amp/.

⑤ Nathan D. A., *Rooting for the Home Team: Sport, Community, and Identity*, University of Illinois Press, 2013, Vol.1, pp.358-359.

如此良性循环，带动了大学筹资事业的发展，培养优秀体育运动队也为大学赢得了声望，一举多得。

3. 大学与地缘产业“联姻”

高水平大学的发展为所在地区的经济增长提供了智力支持，同时，大学的财富滚动也与其所处地域血脉相惜。地缘产业是支撑美国大学资金筹措的重要来源。美国大学如何从地缘产业中获取大学发展所需的支持呢?

第一，大学专业设置促进当地经济发展，技术转移引得企业“众星捧月”。良好的经济发展空间带动了大学与地缘企业的合作与共赢。如斯坦福与“硅谷”、麻省理工学院与“128 公路”等。在大学的筹资活动中，公共关系显得尤为重要。筹资过程也就是大学公共关系的展开过程，因为“成功的大学筹资也是成功公共关系职能的实现”。[①] 如表 3-4 所示，除清洁能源和旅游业外，加州大学 10 所分校的专业设置覆盖了加利福尼亚州最主要的八大产业，且每一大产业在 10 校中的开设率均超过了 50%。而当地的一些新兴产业，如信息技术、生物制药和教育及卫生服务产业的相关专业，开设率达到了 100%。由此，20 世纪 90 年代以来，加州大学发明专利和技术转移许可的数量逐年增加，直接由当地企业竞争“消化”。如表 3-4 所示，2008—2012 财年加州大学的技术转移收入明显，为 1.192 亿美元。[②] 以哈佛大学、耶鲁大学、普林斯顿大学、波士顿大学、哥伦比亚大学、东北大学等为代表的研究性大学极其注重与当地产业需求的对接，在基因组学、蛋白质组学和纳米技术等科研领域一直处于先进水平。

① Rooney Hall M.,“Fundraising and Public Relations：A Comparison of Programme Concepts and Characteristics”, *International Journal of Nonprofit and Voluntary Sector Marketing*, 2002，Vol.4，pp.368-381.

② UC Office of Technology Transfer，Annual Reports of the UC Technology Transfer Program［ER/OL］.（2011-10-20）［2018-10-11］http://www.ucop. edu /ott/genresources/annualrpts.html .

仅2015年，这6所研究型大学一共获得了近300项技术专利，签订了近400项技术许可，创办了近50家公司，为当地创造巨大财富的同时，学校也收获了巨额利润。以哥伦比亚大学为例，该大学自20世纪90年代以来技术转让收入平均每年以30%的速度迅猛增长，技术转让收入总额达到惊人的十几亿美元。①

表3-4　加州大学各分校围绕当地产业的专业设置情况

分　校	农业	信息技术	航空航天	生物制药	清洁能源	旅游业	影视制作	教育及卫生服务
伯克利分校	√	√		√	√		√	√
旧金山分校				√				√
洛杉矶分校		√	√	√			√	√
圣芭芭拉分校		√	√	√			√	√
河滨分校	√	√		√			√	√
戴维斯分校	√	√		√	√		√	√
圣迭戈分校		√	√	√			√	√
欧文分校		√	√	√			√	√
圣克鲁兹分校	√	√		√			√	√
美熹德分校		√		√				√

资料来源：据加州大学官网整理。

第二，科学缜密地设计筹资项目。美国经济是世界经济的领头羊，潜在的募捐者数量众多。对地缘企业与社区居民的募捐项目的设计、开发与实施，是大学筹资工作的重点。以斯坦福大学的募捐项目“斯坦福挑战计划”为例，该项目5年筹资62亿美元，打破了当时全球大学筹资的纪录。其中，有一半以上的筹资金额来自其所在的硅谷，包括雅虎创始人杨致远夫妇捐赠

① Chuffart S., *Technology Transfer and Dissemination Under the UNFCCC: Achievements and New Perspectives*. Arailable at SSRN 2294642, 2013.

的 0.75 亿美元，耐克创始人菲利普·耐特（Philip Knight）捐赠的 1.05 亿美元，硅谷投资者罗伯特·金（Robert King）夫妇捐赠的 1 亿多美元等。[①] 斯坦福大学这一筹资目标得以超额完成，主要应归功于其专业化的筹资团队。从筹资运动开始的前几年起，斯坦福大学就开启了针对“潜在资源诊断—组织开发—远景规划”的企业化筹资战略。计划分为三个步骤：第一步，潜在资源诊断，如怎样划分当地企业、校友、名人等的优先级；第二步，跟踪已有的与潜在的重要筹资对象，进行专项筹资项目设计；第三步，根据前三年的筹资业绩，对即将制定的筹资运动做出目标预测。

第三，风险投资。“卫星式”风投是美国大学的典型特点。美国是一流大学与高科技创新公司的聚集体，借力地域创新平台，许多美国大学从 21 世纪初开始尝试风险投资，主要是在高新科技领域。如 2015 年，加州大学校长珍妮特·纳波利塔诺（Janet Napolitano）设立 2.5 亿美元的风投资金融资，旨在将加州大学强大的科研能力转化为生产力，孵化更多的高科技生物技术公司，从而为加州大学创造更多的财富。经预测，这一风投资金的总额最终将达 10 亿美元以上。

4. 利用“地理优势”吸引国际学生

据美国国家经济研究局 2016 年 12 月 28 日的报告，吸引国际学生成为美国大学应对国家公共高等教育资金不断减少带来的经费短缺的重要手段。据统计，国际学生为美国经济的发展做出了巨大的贡献，每年在全美的消费共超过 270 亿美元。[②] 2018—2019 年，美国国际学生人数前十大州及其对经济

① Stanford Challenge Raises $6.2B [EB/OL] (2012-02-08) [2018-11-12] https://www.stanforddaily.com/2012/02/08/stanford-challenge-raises-6-2-billion/.

② Institute of International Education, Data on International Students Studying in the United State [EB/OL]. (2016-12-28) [2019-2-19] https://www.iie.org/Research-and-Insights/Open-Doors/Data/International-Students.

的影响如表 3-5 所示。如果留学生选择继续在美国深造或就业，那么他们与大学、当地社区建立起来的长期经济往来，将为美国高等教育的发展带来极大的“留学红利”。如上文数据显示，国际学生对美国大学优异的筹资业绩做出了不可忽视的巨大贡献。

表 3-5　2018—2019 年十大州的国际学生人数和经济影响①

州　别	学生人数	学费（美元 / 年）	创造的经济收入（亿美元）	对美国总体经济影响（%）
加利福尼亚州	161693	29173	68.18	15.25
纽约州	124277	21662	53.11	11.88
得克萨斯州	81893	24937	22.12	4.94
马萨诸塞州	71098	29774	32.13	7.18
伊利诺伊州	53724	28618	19.46	4.35
宾夕法尼亚州	51818	27129	20.69	4.62
佛罗里达州	45957	18241	15.85	3.54
俄亥俄州	37314	24098	12.77	2.85
密歇根州	33236	37600	11.93	2.66
印第安纳州	29083	28805	9.85	2.20

美国大学吸引留学生的数量长期保持优势的原因有以下两个方面。第一，充分利用所处的区域优势，如国际化的大都市、宜人的风光、深厚的历史文化底蕴、多样的就业机遇以及相对集中的优质教育资源等。第二，利用教育资源优势，抢占生源。加州和纽约州是国际教育领域最大的参与者，它们总共占美国学生市场份额的 27% 左右。例如，旧金山地区的国际学生每年

① Institute of International Education / Open Doors 2019［EB/0L］.(2019-11-18)［2020-4-17］https：//www.iie.org/Research-and-Insights/Open-Doors/Open-Doors-2019-Media-Information.

为该地区带来10亿美元的直接经济收入。[①]2018年，加州大学与加州社区大学两大系统达成协议，从2019年秋季学期开始，在加州社区大学就读的国际学生只要成绩（GPA）达标、学分修满，就可获得转入加州大学继续深造的机会，不会再因其他情形而被拒绝。[②]再如，在纽约州，为了缓解日益紧张的州财政拨款，州政府对大学的资助经费每下降10%，当地大学本科层次的国际学生人数就增加12%—17%，近10年间一直如此。

（二）中小型大学或学院的募捐特点

1. 筹资意识由重视大额捐赠向关注“长尾效应”转变

“长尾”这一概念最早产生于互联网领域，是由美国《连线》（*Wired*）杂志主编克里斯·安德森（Chris Anderson）于2004年提出的，用于描述如亚马逊和奈飞等公司的网络商业模式。该理论一经提出，便成为该杂志史上被引用最高的词汇。安德森于2006年出版的《长尾理论》也随即成为商业领域的畅销书。该理论认为：“只要存储和流通渠道的空间足够充分，随着营销成本的降低，市场销量低、需求少的冷门商品可能与热门商品创造的市场利润大体相当，甚至更多。”因此，该理论就提供了一个新的营销视角，即在一定条件下，小众产品可以创造更大的市场份额。用亚马逊的商业模式可以更好地解释长尾效应。该公司有近400万种的图书

① Douglass, J., Edelstein R., Hoareau C., “A Global Talent Magnet:How a San Francisco/Bay Area Global Higher Education Hub Could Advance California’s Comparative Advantage in Attracting International Talent and Further Build US Economic Competitiveness, *Research & Occasional Paper Series*, 2011, Vol.6, p.25.

② Qualifying CA Community College Students Guaranteed UC Admission [EB/0L].（2018-04-12）[2018-12-10] https://gooddaysacramento.cbslocal.com/2018/04/12/qualifying-ca-community-college-students-guaranteed-uc-ad mission/.

存货量（相当于大型实体书店的 10 倍），而销售量排名在第 10 万名之外的图书占总销量的 1/4，且一直呈上升态势。如图 3-3 所示，横轴为商品品种，纵轴为商品数量，曲线为产品销售的热度。主体部分代表热销商品（横坐标短而纵坐标高），长尾部分代表冷门商品（纵坐标短且横坐标长）。从图中可以看出，长尾部分的面积并不小于主体部分的面积。这就表明，小众商品虽销量低，但汇集起来所创造的市场份额和利润空间足以抗衡少数热门产品。长尾理论的应用使更多研究领域开始关注曲线中尾部的作用，即加长尾部效应，使尾部发挥出可以与头部相等甚至更大的效果。

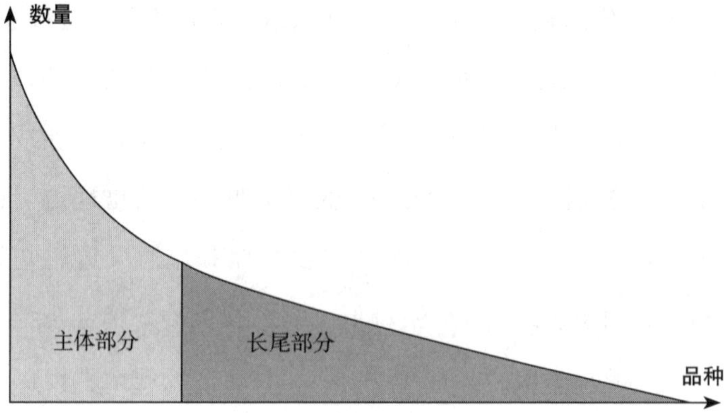

图 3-3 “长尾”示意图

美国社区学院的筹资营销战略很好地诠释了教育筹资中的“长尾效应”。社区学院从产生之初就是筹资竞争中“失败者”的角色，即使其功能逐步得到扩展，美国政府对它们的定位也依然是安抚社会下层人士以及缓解社会矛盾的润滑剂。正因其性质与地位的特点，社区学院没有得到精英大学的支持和资助也是情理之中。社区学院经费来源主要有学费、当地税收（地方政府拨款）、联邦政府以及州政府拨款。自 20 世纪 80 年代起，政府就开始减少对社区学院的资金支持。美国社区学院协会的数据表明，随着国家经济衰退的威胁，在 2008—2012 年 5 年间，政府拨款占大学总收入的比重由 44% 下降到 37%，这使得社区学院更加渴望社会补偿。但是，在美国的高校筹资大战中，社区学院由于其自身综合实力、历史、校友基数等原因而难以与美国一流大学匹敌，筹资额相差甚远，尤其是单笔大额捐赠明显不足。因此，许多社区学院越来越重视扩大小额捐赠的覆盖面，开始设计多种小额募捐项目（小额的认定标准为单笔捐赠金额 10 万美元以下）。西雅图中央社区学院专门设计了名为“毕业生礼物”的筹资项目，其目的是倡导毕业生关心母校、回报母校。该项目以学生的毕业年份作为捐款的最低参考值，如 2015 届毕业生最低只需为母校捐款 20.15 美元，不设上限。此举一方面培养学生对母校的认同感，另一方面为学校争取更多的小额捐赠。再如伊利社区学院的“信用卡捐赠项目”，该校为在校生、毕业的校友及家长颁发了印有该校标识的银行联名信用卡。该信用卡的特别之处是，用此卡消费时消费额度的 0.3%—0.5% 会转给母校，在校生及五年内毕业的校友捐赠额为 0.3%，家长以及毕业超过五年的校友为 0.5%。这个项目设计的初衷是为校友捐赠提供一个“随时随地、无时无刻”的便捷平台，并充分发挥了长尾效应的作用。为了降低筹资成本，诸如圣芭芭拉城市学院、加拿大学院等开始大量利用社交网站、论坛、微博等自媒体将捐赠项目推广开来，取得了极其显著的效果。帕洛玛学院自 2014 年建校以来利用微博、脸书、社交平台、App、论坛等各种媒体手段进行宣传，在捐赠日当天就收到 5078 份校友捐赠，其中 84.5% 的捐赠源于网络。一位社区学院的校长表示：“互联网平台减少了筹资的成本，我们对小额捐赠项目的开发效果已经显现。”

表 3-6 为 2011—2014 年美国排名较高的社区学院接受的小额捐赠的数额所占捐赠总收入的百分比。该表显示，多数学院基金会小额捐赠的比例呈现出逐年上升的趋势，特别是布雷瓦德社区学院、圣莫妮卡学院、阿肯瑟州立大学－毕比分校的小额捐赠业绩几年来呈成倍增长趋势。这些社区学院

小额筹资业绩增长的主要原因有以下三点：第一，各方的支持逐年减少使得社区学院不再贪恋对大型筹资项目的设计与实施，小额募捐意识增强，这不仅为学院的发展增添了信心，也确实为机构长远发展积累了更多的财富；第二，新媒体对传统筹资手段的颠覆，筹资成本的降低致使长尾效应显现，这是许多社区学院更关注小额捐赠的主要原因；第三，金融危机后，美国大学的捐赠基金亏损严重，危机意识的加强使得许多学院开始意识到多元筹资对稳定资金增长和缓解捐赠基金波动风险的重要性。

表 3-6　10 所社区学院基金会小额捐赠的数额占年接受捐赠总额的百分比（单位：%）

学院名称	2013 年	2014 年	2015 年	2016 年
布雷瓦德社区学院	8.69	11.66	10.56	16.43
圣莫妮卡学院	15.55	21.30	22.35	22.34
圣芭芭拉城市学院	4.35	6.18	4.56	8.56
加拿大学院	13.98	24.54	17.55	25.33
奥龙尼学院	3.13	12.98	14.35	—
西雅图中央社区学院	5.55	6.18	7.68	8.45
帕洛玛学院	7.34	11.76	15.25	12.65
绿河社区学院	7.86	9.69	12.35	13.46
阿肯瑟州立大学 - 毕比分校	7.92	15.46	24.36	17.56
伊利社区学院	6.95	10.33	15.35	—

2. 筹资手段由“量身式”服务向“购买式”服务转变

美国大学极其重视与当地经济发展的联系，这也是其兴起和发展的初衷。由此，基于当地经济发展和劳动力需求的社区学院产教合作制度在美国社会备受推崇并发展至今，也成为世界其他国家社区学院以及职业技术院校效仿学习的蓝本。这种制度主要指社区学院根据当地企业、商会、行业协会或个人的需要提供人才，同时获得对方贡献的资金、设备等以达到自身发展的目的。这是一种企业主导型的一对一服务的筹资模式，也可称为“量身式”服务筹资模式。这种模式主要是指为筹集资金，由企业主导社区学院并为其发展提供服务。但学院筹资活动往往陷于被动迎合的尴尬局面，有时甚至违背了自身的办学宗旨与办学方向。这种模式虽然在某种程度上为学校赢得了筹资对象，但是会逐渐导致学校盲目地依赖市场，动机倒置，只注重短期效益而忽视了长期的发展定位。眼界决定发展，高校亦是如此。21 世纪初，美国的部分社区学院开始设计并实践“购买式”服务的筹资理念。“购买式”服务筹资主要是指社区学院为了筹得资金，主导产教合作中的利益相关者，在满足学校与企业共同发展愿景的前提下为其提供服务。该理念的核心是变被动筹资为主动筹资，同时引领与带动当地经济的发展。

2006 年，哥伦比亚乔治社区学院意识到，随着发电风车的发明和推广，其所处地区的风能源产业正快速兴起并亟须新能源技术的相关人才。正处于筹资困境中的该校很快决定与新能源产业的代表合作开发可再生能源的相关课程，以此获得相关企业的赞助。学校派出相关专业的教师专门去涡轮场驻扎，在考察学习后设计出了一年制和两年制专业课程项目，直接向学生传授技能，为其今后进入可再生能源领域工作奠定基础。推出两年后，该项目就获得了市场认可，每年有近百名学生申请入学。2010 年，有 160 名学生获得了毕业证书，78 名学生获得了副学士学位，并有 80% 的学生希望进入当地的风能源部门工作。由此，该学院在风电产业界的声望越来越高，生源的增加为学校带来了更多的收益。同时，该项目还为业界提供了大量急需的人才，这不仅吸引了业内企业近 500 万美元的投资，还争取到了当地劳动部门的拨款，取得了比兄弟院校更大的经济回报。三年后，哥伦比亚乔治社区学院就掌握了与企业合作的主动权，其学生的就业率达到了近 90%。哥伦比亚乔治社区学院筹资取得巨大成功的原因主要有三个方面。一是主动的筹资意识。哥伦比亚乔治学院比其他社区学院对当地经济发展走向的“嗅觉”更敏锐，能够为自己设计与当地企业合作的机会。二是严谨的筹资态度。学院愿意尽一切可能花费人力、财力为企业设计更有针对性的课程资源。三是灵活的筹资技巧。常规筹资项目的对象往往比较单一，而该案例中筹资对象不仅仅是一个企业乃至行业中的多个企业，还包括相关政府部门以及学生。其中的技巧是充分利用了产教合作中的多利益主体需求，并为其提供服务。

"购买式"服务筹资的另一典型案例是，美国肯塔基州的大都会学院为挽留当地知名的 UPS（美国联合包裹公司）而设计的筹资项目。UPS 公司坐落于美国肯塔基州的路易斯维尔市，业绩排名全美前三位，是当地最大的企业。该公司苦于夜间快递员流失率高而严重影响公司绩效，即将被迫搬离。位于该市的大都会学院了解到这一信息，随即联系当地政府并提出以下解决方案：只要可以得到 UPS 公司与政府的财力支持，大都会学院愿意鼓励本院学生成为公司的兼职夜间快递员，学院不仅为他们减免学费、书费、提供奖助学金，还愿意提供必要的职业指导和培训。由于大都会学院可以使自己的业务在当地起死回生，UPS 公司愿意提供 650 万美元来"购买"该学院所提供的服务，州政府和地方政府也因为此举可以挽留大型物流公司而愿意提供 262 万美元的补助。除了该校获得了大量的收益以外，截至 2010 年，UPS 公司夜间快递员的流失率由原来的 100% 降至 18.8%，其收益也成倍增加。这一多赢案例的成功主要有两个原因。一是与上一案例相似，大都会学院具有高度的筹资敏感性，并通过兼顾利益共同体的需求，投其所好进行筹资。二是从筹资伦理的角度，大都会学院没有违背教育筹资的原则。教育筹资不同于其他筹资的重要原因是，关注学生发展而不是利益的最大化。该项目不仅为全日制在校学生减轻了经济负担，还为他们提供了职业实践和接受技术指导的机会。

表 3-7 更进一步分析了"量身式"服务筹资与"购买式"服务筹资的不同。第一，在两种筹资理念的指导下，学校与企业的合作共识亦有区别。"量身式"服务筹资的条件是因为企业与学院属同一地区，有可以合作的地域优势；而"购买式"服务筹资的企业与学院，既可以属同一地区也可以属

同一行业，这种筹资模式旨在引领市场或满足区域发展的优势，其筹资空间相对广阔。第二，对比两者的项目宗旨，“量身式”服务筹资与“购买式”服务筹资都是立足当地的经济发展，但后者比前者更关注通过利益共同体共赢的方式多对象地筹集资金。第三，从项目特点与范围来看，“量身式”服务筹资往往针对单一企业设计项目，筹资行为相对被动；而“购买式”服务筹资的方式力图符合单一行业或多种行业的发展需求，并以其优质的教育服务与培训服务择优选择行业中的多家企业合作。通过比较，我们不难发现“购买式”筹资服务在未来有更大发展空间，它不仅可以凭借自身的优势引领行业的发展和创新，同时筹资的范围由原来的单一企业扩展到行业中的多个企业，由原来的被动迎合变为择优合作。

表 3–7 “量身式”服务筹资与“购买式”服务筹资的特点比较

筹资模式	合作条件	项目宗旨	项目特点	项目范围
“量身式”服务筹资	属同一地区	为地区发展服务	迎合企业，满足企业现有需要，被动筹资	单个企业
“购买式”服务筹资	属同一地区或同一行业	为地区发展服务，关注资金共赢与多赢	长期战略眼光，发现行业未来发展需要引领行业，择优合作	行业中的多个企业

3. 筹资项目由“传统”向“特色”转变

美国的社区学院在发展历史、办学目标以及人才培养方式上都不同于其他四年制普通院校。一直以来，社区学院都在效仿普通大学的筹资思路，但是因为社会知名度不高、校友规模不大、杰出校友不足等一系列问题，筹资收效并不显著。“我们在筹资工作中应该找到自身的特点。”圣芭芭拉城市学院的校长这样讲道。为了缓解资金压力，一些社区学院另辟蹊径开发了新的筹资方案以填补由于公共经费减少带来的缺口。

思路一：通过为企业提供培训服务筹资。传授实践技能是社区学院的特色，也是资金筹措的突破口。近年来，许多社区学院开始寻找可以对接的企业，通过提供教育培训与资源共享获取报酬及政府资助。如邦纳社区学院为当地的爱达荷医院提供师资、实验室及医学护理等方面的培训课程，由医院提供相应的资金支持。再如，在奥巴马政府的倡导下，学徒制项目在美国日渐兴起且效果显著，为许多社区学院提供了长期筹资的合作伙伴。学徒制兴起于法国，但是近些年来被美国社区学院效仿。其中比较成功的是福特社区学院与辛辛那提社区学院，它们分别为新能源汽车企业与西门子公司提供高级学徒制项目，这些项目不仅由企业提供学习与培训经费，也得到了政府“学徒制竞争性拨款”专项资金的资助。

思路二：教育的受益人可以转化为投资人。该案例的代表学校为圣芭芭拉城市学院。该学院成立于 1901 年，是美国加州成立较早的社区学院，在全美社区学院中排名前十位，每年向加州大学输送的毕业生人数排名第一，是加州地区口碑不错的社区学院。为了吸引更多的资金，圣芭芭拉城市学院在 2009 年开展了新的筹资项目“加入我们”。该项目是针对那些想申请该校但成绩不达标的学生家长提出的。具体内容为：家长愿意通过投资购置土地、兴建校舍或赞助教学设备等方式使其子女有机会在该校就读。家长由教育资源的消费者转化为投资人并以这种方式成为学校新增资源的股份持有者，他们既可以分享部分投资回报，又可以在其子女毕业后变卖或转让股份，继续由新的申请者或学生家长来接管。具体方式如下：第一，由投资委员会管理投资基金、设置投资项目并负责股权转让等投资管理事务，投资委员会由校方与其他参与学校投资的人事代表组成；第二，学校每年制订发展规划，其中包括基本建设的投资预算并将其等额划分，以此作为吸引外来投资的项目；第三，投资资金以高于学费 4 倍的价格入股（该学院每年的学费约为 5000 美元），定期可以获取投资回报；第四，与投资者签订协议，明确其子女入学期间投资人拥有的权利和义务，以及毕业后股权转让或继续持有的权利。这种筹资思路为社区学院募集资金提供了新的视角：一是教育的受益者在一定条件下可以转换为投资人，二是投资资金可以根据受教育者个人的意愿变卖或转让。

思路三：通过远程教育利用社会资本筹资。远程教育也是美国社区学院的一大亮点，目前 95.6% 以上的社区学院已经开设了远程职业技术教育学分课程，41.1% 的学院开设了远程技能教育非学分课程。从筹资的角度来看，庞大的校友群体为美国的社区学院提供了极其有利的社会资本，而且校友多半是成人，已经具有一定的经济基础，筹资潜力巨大，筹资效果不具备长期的、滞后的特点。如美国的明尼苏达州和艾奥瓦州的数据表明：2011—2012 财年社区学院从远程教育学生中获得的捐赠经费，分别比五年前的增长了 3.5% 与 4.6%。由此可以判断，社区学院若重视与开发校友群体的“边缘性参与”，利用其授课对象多元的社会关系进行理性的市场定位，那么它们必将大大提高筹资效率。

第二节　欧洲高等教育社会捐赠的发展及特点

一、英国高等教育社会捐赠的历史与发展

（一）中世纪时，教会为高等教育的主要捐赠来源

在中世纪时，教会控制着欧洲的文化。学校也由教会所建，而文化的传播及人们接受教育等亦是通过教会的牧师来进行的，教育是从属于宗教的一个存在。在英国慈善教育发展的历史上，来自宗教的影响占有相当大

的比重。慈善教育的发展与宗教是分不开的，英国宗教本身带有对教育捐赠的思想，如主张教育无偿原则，以及知识是上帝赠予人类的，是不允许被出售的。此外，宗教主张将捐赠看作救赎灵魂的一种方式，这对教育捐赠行为的产生起到了积极作用，故而英国慈善教育的发展有着浓厚的宗教色彩。根据基督教的教义，知识是上帝赋予的，不能被买卖，只能相互传授。因此，教会不允许人们脱离它传播知识，而是派遣牧师无偿向学生传授知识，它有义务向教师提供必要的物质保障。师生双方通过签订契约，确定教师的授课内容和时间，规定学生支付的报酬，教师的生活来源主要依靠学生上缴的各项学杂费。中世纪时期，大学本质上是学者行会，即教师与学生组成的学人共同体。但是，大学诞生之初的世俗化倾向很快就遭到了教会的抵制。

1179 年，第三次拉特兰会议召开，教皇亚历山大三世提出教会应秉持无偿教学的原则，鼓励贫寒子弟入学，同时要求各级教会必须足额发放教师的圣俸。教皇在颁布的教谕中强调，教会应该像慈母一样，“有义务为贫困的人既提供与保养身体有关的必需品，而且也提供有益于灵魂的必需品……每个大教堂都将把充足的俸禄给予教师，他将免费教同一个教会的职员和贫穷的学生”[①]。14 世纪至 15 世纪初，教会对大学的教育捐赠逐渐减少，英国大学向教会递交圣俸申请卷的次数也随之下降。1430 年，英国大学完全终止了圣俸的申请。与此同时，世俗社会的教育捐赠日益增多，大学经费来源日趋多元化。15 世纪 30 年代，英国教会的捐赠日益甚微。根据西方学者的研究，15 世纪末期到 16 世纪上半叶，英国大学迎来了第一次社会捐赠的高潮。

① Cobban A. B.,“English University Benefactors in the Middle Ages”, *History*, 2001, pp.288–312.

世俗的捐赠包括王室的捐赠、贵族的捐赠以及其他社会阶层的捐赠。王室捐赠源于教会的没落导致大学无力独自支撑所需费用，其主要措施是国王赐予大学一定的经济特权。1534年7月20日，亨利八世向剑桥大学颁布敕令，剑桥大学有权雇用三名文具店商、抄书者和书商，所产生的费用一律由国王承担。① 宗教革命之后，亨利八世留给剑桥和牛津两所大学一个致命问题，即从13世纪开始，教皇颁布的教谕、特许状和地契等文件是否依然有效。为了解决这一问题，国王决定在巡视大学的第二年，对教皇的特权重新赐予一遍。② 根据宗教改革颁布的法案，所有教会机构都需要缴纳赋税，亨利八世对两所大学予以赋税减免的优惠。1545年，国王派遣亲信再次巡视英国的大学，他们忠实地记载了大学的经济情况。亨利八世在了解到因遣散修道院而使大学的经济每况愈下后，下令免除了牛津大学和剑桥大学更多的经济上的义务。③

（二）16世纪到18世纪中叶，高等教育社会捐赠走向制度化

16世纪到18世纪中叶，是英国社会发展的转型时期。15世纪末期到16世纪上半叶，英国大学迎来了第一次社会捐赠的高潮。1560年之后又开启了另一个持续的社会捐赠发展期，1611年至1630年大学社会捐赠高潮达到顶点。16世纪至17世纪初，各种教育慈善机构陆续成立，大学社会捐赠逐渐向专业化、制度化方向发展。在这一时期，人们对教育慈善捐赠的热情空前高涨，慈善捐赠急剧增加，主要分为钱和物两大类。钱分为一次性的捐赠和

① Clark J. W., *Endowments of the University of Cambridge*, Cambridge: University Press, 2009, p31.

② Logan F. Donald, "The First Royal Visitation of the English Universities, 1535", *The English Historical Review*, 1991, Vol.106, No. 421, p.865.

③ 王建妮:《亨利八世宗教改革对英国大学地位的影响》,《北方论丛》, 2007年第3期。

持续性的经营利润捐赠。

在转型时期，英国社会捐赠的行为主体包括贵族、工商业者、乡绅和农民几个阶层。贵族以国王为代表，在教育捐赠中起到了表率的作用，引领着社会的捐赠风尚，使得社会各界人士纷纷效仿。亨利八世身先士卒，将宗教改革中没收教会的财产部分投入教育领域，用于学校的建设完善等，在一定程度上缓解了由于教会势力的衰败及政治斗争对教育领域造成的不良影响。在伊丽莎白时代，贵族之间的竞争不仅表现在政治领域和教会方面，而且体现在对社会各领域的赞助上。各个时期的国王都对教育投入了一定程度的关注，身体力行地推动着教育慈善捐赠的不断发展，并引领着其他社会阶层的争相效仿，推动了英国教育的发展。早期的社会捐赠虽然促进了大学的发展，但也面临着许多问题。这其中最大的问题是，捐赠者干涉受益人的选择。捐赠者在选择受益人时，往往会根据自己的偏好，例如教会或者修道院多向神学专业、教会法专业的学生提供捐赠。到 16 世纪之后，这种捐赠已经与大学的发展路径不相容了。[①] 因此，1545 年颁布的《学院解散法案》开始对大学社会捐赠产生的问题做出某些补救。该法案规定，捐赠者所捐赠的府邸、庄园、土地、房屋和其他世袭的财产，牧师、学监、教师、管理员和其他相关人员均不得直接占有，所有捐赠物品必须通过第三方机构，由该机构负责接收、管理和分发捐赠物。[②]

① Cobban A. B., "English University Benefactors in the Middle Ages", *History*, 2001, p.288–312.

② Robbins L. H., "The Foundations of Education: Charity and the Educational Revolution in Tudor and Stuart England, 1560–1640", Ph.D Thesis, Northwestern University, 2013, p.199.

（三）19 世纪至二战前，高等教育社会捐赠的世俗化阶段

在英国教育世俗化的过程中，其受到宗教与王室影响的减少，导致学术与政治的紧密程度降低，从而为学术的发展提供了更多自由的空间，促进了教育独立性的发展。在这一发展过程之中，英国政府所扮演的角色起到了至关重要的作用。随着政府的建立，教育不是作为政府着重关注的对象而存在的，“政府拒绝教育作为国家经营的事业，学校皆由私人捐助或创办而成”[①]。而在社会私人慈善捐赠行为发展的过程中，“对国家来说，最主要的责任是保护慈善信托的有效运行”[②]。故而，在教育领域以及教育的慈善行为的发展过程中，政府在这一时期都没有扮演决定其发展的重要角色，直到“1833 年，英国国会才决定每年从国库中拨出 20000 英镑作为教育专款，首开政府通过拨款形式间接干预教育的先河”[③]。在教育发展的早期，政府并未在其中扮演重要的角色，从而使得政府对教育事业的干涉力度也是相对较小的。

（四）二战后至 20 世纪末，引入市场化办学

二战后，《罗宾斯报告》出台及由此展开的教育改革，奠定了现代英国高等教育的基本结构。《罗宾斯报告》系统论述了高等教育的现状、发展目标与原则，提出了发展高等教育的预测与设想，并就管理体制、经费投入等问题提出了建议。《罗宾斯报告》建议扩大高等教育的招生人数，增加高等教育经费，创办新大学，成立全国学位授予委员会，为不属于大学的高等院校的学生颁发学位或其他资格证书等。随着《罗宾斯报告》的出台，高等教育规模不断扩张，面向公立大学的财政经常性拨款显著增加，对大学的财政

① E.H. 赖斯纳：《德法美英教育与建国》，上海民智书局 1933 年版，第 180 页。

② 谢锟：《英国慈善信托制度研究》，博士学位论文，华东政法大学，2010 年。

③ 吴式颖主编：《外国教育史教程》，人民教育出版社 1999 年版，第 535 页。

支持维持在 75% 左右的水平，这一情况持续到 20 世纪 70 年代末期。数据显示，1952—1953 年经常性拨款占收入的比例为 69.6%，1962—1963 年为 70.9%，1972—1973 年为 76.4%，这种状况一直维持至 1977—1978 年。[①] 20 世纪 80 年代以前，英国的办学经费主要来自政府的直接拨款。之后，根据供给学派的理论，撒切尔保守党政府实行了大规模的市场化改革，如水、电、气、通信等许多公共设施被拍卖给私有部门，并由政府制定必要的规则以维护消费者的利益。对于教育、卫生以及其他社会服务部门，完全市场化是不适宜的，因此准市场的概念被引入。[②]

这一时期高等教育在社会发展中逐渐表现出三个方面的突出问题。一是中央政府对高等教育的宏观调控不力。一方面，英国具有大学独立与自治的传统，政府通过大学拨款委员会对大学施加的影响有限。另一方面，部分多科技术学院和教育学院主要由地方政府管理，中央政府宏观调控难度较大。二是高等教育缺乏活力，主要体现为院校在招生、教学和科研方面缺乏竞争的环境及机制，与社会联系不够密切。三是单一的筹资渠道。长期以来，英国高等教育经费主要来自公共资金渠道，通过相对独立于政府的大学拨款委员会分配经费，导致了学校对政府拨款的依赖，加重了政府的财政负担。与此同时，20 世纪 80 年代初英国正面临严重的经济衰退，政府采取了公共开支的办法。1981—1982 财年及 1983—1984 财年，英国大学经费总共削减了 13%。[③] 为此，英国国会于 1988 年 7 月 29 日通过了《教育改革法案》，强调改革高等教育体制，加强中央政府统一领导，完善经费分配办法，鼓励多渠道筹集资金，增加

① Sizer John, "An Analysis of Trends Impacting Upon the UGC and British Universities: 1961–May 1979", *Financial Accountability & Management*, 1987, pp. 9–28.

② 詹鑫:《八九十年代英国高等教育的市场化与大众化改革》,《外国教育研究》2000 年第 4 期。

③ 王承绪:《战后英国教育研究》，江西教育出版社 1992 年版，第 323 页。

学校董事会及学校作为法人团体的权限等。1988—1989 学年，英国大学经常性总收入中来自各种捐赠的比例平均达 15%，从牛津大学 5.5% 到其他大学约 0.5% 不等。[①]20 世纪 90 年代末以后，教育领域引入了市场经济理论，政府鼓励高校筹集办学资金。各个高校积极争取民间捐赠，逐步拓宽筹资渠道，增加非政府的经费收入。高校筹资的渠道主要有以下四种。

一是采取准市场的措施，由国家代表消费者的利益，向大学与多科技术学院购买服务。其中较为重要的举措是改革高教经费分配的办法，成立了多科技术学院基金会取代全国咨询委员会，成立大学基金会并由其代替大学拨款委员会。基金会的人员组成中增加工商和财政等方面成员的比例，使其管理具备更多的商业经营的特点，分配给各大学的经费必须有"财政备忘录"，以使资金的使用符合工商财政方面的要求。

二是加强与工商业者的联系。英国大学与工商界建立广泛联系是从 20 世纪 80 年代开始的。1987 年 4 月发表的《英国高等教育白皮书》指出，政府及其主要提供资金的机构将竭尽全力去鼓励和赞助高等院校采取使自己与工商界更加接近的措施。政府也将相应地促使工商界认识到同教育界密切合作对它们的益处。据《泰晤士报高等教育副刊》报道，1991—1992 年度英国高等教育从工商界获得的各种资助包括研究费用、教学费用、捐赠的学生奖学金等合计 3 亿英镑。[②] 例如，剑桥大学从科技成果转让中获得的收益十分可观，1997—1998 年度剑桥大学总收入为 2.93 亿英镑，其中科研收入为 1450 万英镑，从工商界获得的科研资助 1.45 亿英镑，专利知识产权转让收入也有数百万英镑。

---

① 中国驻英国大使馆教育处:《剑桥大学科技成果转让的基本实践及其启示》,《中国高校技术市场》2000 年第 2 期。

② Tasker Mary, Packham David, "Industry and Higher Education: A Question of Values", *Studies in Higher Education*, 1993, p.127–136.

三是互惠式捐赠。互惠式捐赠是英国高等教育社会捐赠的一大特色。如曼彻斯特校友基金会自1994年以来从6500名校友处筹集资金240万英镑。1998年成立的曼彻斯特北美校友基金会是一个独立的非营利性组织，其主要活动是发展和促进曼彻斯特驻美国校友之间的联系，为曼彻斯特大学的教育、教学和科研等提供慈善捐助。捐赠者往往以获取某些研究成果或共享某项知识产权为条件。

四是以创业带动筹资。在这方面，最具代表性的是英国沃里克大学。20世纪90年代中期，英国沃里克大学的特色办学之路享誉欧洲。政府资助在沃里克大学总收入中所占份额比较小，该校则积极寻求其他资金来源。在1980—1995年间，沃里克大学的第三种资金来源渠道（主要包括国际学生学费，职业、短期课程学费，管理培训中心、供应伙食和会议及校区零售业务等获取的经费）在总收入中的份额从20%增至近50%。大学的教学人员大胆地走出课堂，将科研成果转化为经济收入，这不失为一种新型的创业之举。第三种渠道与来自政府科学研究委员会的第二种渠道所获得的收入约占总收入的2/3。由于沃里克大学创业集团领导层同业界人士保持着良好的关系，他们本身具有非凡的领导能力和创造性，300多个公司同该大学建立了联系并逐步成为对学校创收贡献最大的机构。身为一个校办企业，该集团创业的思路、凝聚的智慧、牵涉的人际关系、产生的效应及影响都远胜于同类企业。其优势是：必须发挥、利用大学特有的资源和优势，动用广泛的人脉关系实现创收。

为了反思英国高等教育，制定面向21世纪的高教改革与发展战略，英国政府于1996年成立了以迪林爵士（Sir Dearing）为主席的高等教育调查委员会。委员会提交了《学习社会中的高等教育》的咨询报告，又称《迪林报告》。该报告就英国高等教育的目的、模式、结构、规模、拨款面临的问题以及未来20年的发展，做出了详尽的说明、规划和预测。在

《迪林报告》中，有22项建议是针对高等教育的经费问题提出的，其中最重大的改革建议有四项：第一，政府进一步加大对高等教育的投入，大学拨款的增长比例要跟上GDP的增长比例；第二，为吸引工业部门的经费资助高等教育，政府应立即成立一项工业合作发展基金；第三，结束英国学生免费接受全日制高等教育的历史，按照受益者分担教育成本的原则，自1998年起向学生收取学费（1000英镑/每人每年）；第四，加强政府拨款机构、质量保证署、大学以及科研机构之间的密切合作，通过立法评估等手段来调节经费流向，改革资助条件与项目管理方式，提高高等教育经费的使用效益。

（五）21世纪以来，全面推行高等教育多元化筹资办学

1997年5月，布莱尔的工党政府上台，随之在经济模式、福利制度和教育体制等领域进行了大刀阔斧的改革，试图在新右翼的撒切尔主义和老工党的民主社会主义之间寻找一条通向全球化的新路，即“第三条道路”。在教育问题上，“第三条道路”强调教育的特别优先地位，把增加教育投入、改革教育体制、提高教育质量作为政府首要目标。布莱尔政府吸收了《迪林报告》的主要观点，主张强化市场意识，加强高等教育与产业部门的合作和与社会的联系，以及多渠道筹措高等教育经费。随着相关政策的实施，英国高校筹资渠道发生了重大变化，多元化的融资格局逐步形成。

然而，英国经济现状此后一步步变差。英国政府对教育的投入逐年下降。2014—2015年度，在接受英格兰高等教育拨款委员会拨款的130多所英国大学中，有90所高校获得的政府拨款仅占其全年收入的15%或更少。2008—2009财年至2015—2016财年，政府对高等教育机构资助拨款所占比

重从 34.8% 下降至 14.8%，而学费占比从 28.7% 升至 48.4%。[①] 这一时期，英国高等教育机构都在为筹措经费绞尽脑汁、各显神通。其中，最有成效且业绩最好的两所大学当属牛津大学和剑桥大学。

牛津大学和剑桥大学中的各学院经费主要来自大财团和社会各界的捐赠。剑桥大学被评选为世界最佳大学，同时因其出众的募款能力（总基金达59亿英镑）也是英国最富有的大学。牛津大学以44亿英镑紧随其后。2015年，剑桥大学发起总额为 20 亿英镑的筹资项目，旨在与美国常春藤高校竞争。宣布这一目标时，剑桥大学已筹集 5 亿英镑，捐赠者多为已毕业的剑桥学生。同年，牛津大学宣布获捐款 20 亿英镑，当年获慈善捐款超过 2 亿英镑，在欧洲大学中增速最快。对牛津大学和剑桥大学来说，要想与美国高校持平，它们面临的压力仍然巨大——哈佛大学获捐赠基金高达 375 亿美元（240 亿英镑），耶鲁大学则为 256 亿美元（165 亿英镑）。[②] 剑桥大学副校长博里塞维奇教授称："慈善事业对剑桥的未来至关重要，它支撑我们在学术及科研领域处于最前沿，给予我们创新的空间，不受政治和经济变化的约束。此外，剑桥将有能力应对世界在能源、食品、医疗、教育和不平等方面的多项挑战，慈善事业可保证我们在这些重要领域做出重要贡献。"

除此之外，英国两所大学对捐赠基金的管理也值得学习。大学捐赠基金是指由捐赠者成立的永续运作的基金，其本质是让学校能够通过对这部分基金运作创造更多的收入以供学校发展之用。捐赠基金收入一方面源于捐赠者的注资；另一方面源于大学对基金运作的收益，即大学将捐赠基金投资于国内外股票、债券、不动产和其他营利性资产所获取的收益。

相比美国的一流大学，如哈佛、耶鲁、普林斯顿，牛津大学和剑桥大

① 马万华、匡建江：《英国高等教育政策改革趋势》，《中国高等教育》2018 年。

② 宋丹：《剑桥欲筹资 20 亿英镑，叫板美国常春藤名校》，环球网 2015 年 10 月 21 日。

学的捐赠基金具有自身的运行特点。第一，捐赠基金资产配置范围广泛。牛津大学与剑桥大学捐赠基金资产配置虽然各部分比例不尽相同，但是它们的资产配置均涉及传统资产和另类资产，而非单一地集中投资于一种或两种资产类别。这有利于两所历史悠久的大学至今仍能有效地控制风险，同时获得稳定的收益。第二，更倾向于投资传统资产。由于传统资产作为投资组合的基本组成部分，具有投资范围广、流动性强、运用灵活等特点，所以牛津大学与剑桥大学捐赠基金更加侧重于对传统资产的配置。牛津大学对股票、固定收入和现金的平均配置比例分别为 55%、12% 和 9%，即对传统资产配置占总资产的 76%；剑桥大学对股票、固定收入和现金等传统资产的配置比例与牛津大学类似，分别为 52%、12%、5%，合计占总资产的 69%。由此可见，牛津大学和剑桥大学更倾向投资于传统资产。第三，股票类资产配置显著且英国股票配置高于海外股票配置。牛津大学与剑桥大学的捐赠基金投资组合具有显著的股权投资特征，所有学院的投资组合均包含股权类资产，且平均配置比例分别高达 55% 和 52%，都占全部资产配置总额的一半以上。牛津大学最高比例的股权分配占总资产的 80%，最低为 10%，其中对英国股票的平均配置是海外股票平均配置的 2 倍还要多，分别为 38% 和 17%；剑桥大学各学院对股票类资产的配置比例更加悬殊，最高配置的是 90 %，最低为 10%。与牛津的情况相似，各学院英国股票的平均配置比例同样高于海外股票，且差异更为明显，分别为 39% 和 14%。第四，另类资产配置较少。相较于股票的高配置，另类资产的配置比例则显得很逊色。在牛津大学超过三分之一（35%）的学院没有另类资产投资，其中 52% 的学院没有私募股权投资，55% 的学院没有对冲基金的投资。无论是私募股权还是对冲基金，牛津大学的总体配置比例均很低，仅为 1%，另类资产的平均配置比例为 2%。与牛津大学相比，剑桥大学的另类资产配置更少，有 77% 的学院没有私募股权，更为显著的是，有 85% 的学院没有对冲基金，另类资产的平均配置比例仅为1%。如此看来，相比剑桥大学，牛津大学更加注重多元化的资产配置。第五，将不动产资产视为核心资产。实践证明，高品质的不动产作为拥有潜在长期资本收益的资产，可以为捐赠基金的发展提供稳定的租金流并抵御通货膨胀带来的风险。与此同时，其投资回报率要高于平均水平。牛津大学和剑桥大学的捐赠基金投资历来就包含一定比例的不动产配额。如今，由于此类资产具有分散风险且收益稳定的特点，牛津大学和剑桥大学的各学院依然坚持对不动产的高份额配比，并在各自的财务报表中对其进行单独列支。牛津大学和剑桥大学的不动产平均配置比例分别为22%和30%（见表3-8，见图3-4）。

表3-8　牛津大学和剑桥大学资产配置概况

学　校	极值与均值	传统资产					另类资产			
		股票			固定收入	现金	另类资产			不动产
		英国	海外	合计			私募股权	对冲基金	合计	
牛津大学	最高配置	62	33	80	32	35	5	9	14	75
	最低配置	16	3	10	3	1	1	1	1	2
	平均	38	17	55	12	9	1	1	2	22
剑桥大学	最高配置	76	28	90	46	19	3	2	6	90
	最低配置	5	2	10	4	1	1	1	1	6
	平均	39	14	52	12	5	0	0	1	30

资料来源：数据整理自Acharga，S.，Dimson *E.*，*Endowment Asset Management: Investment Strategies in Oxford and Cambridge*，Oxford University Press on Domand，2007.

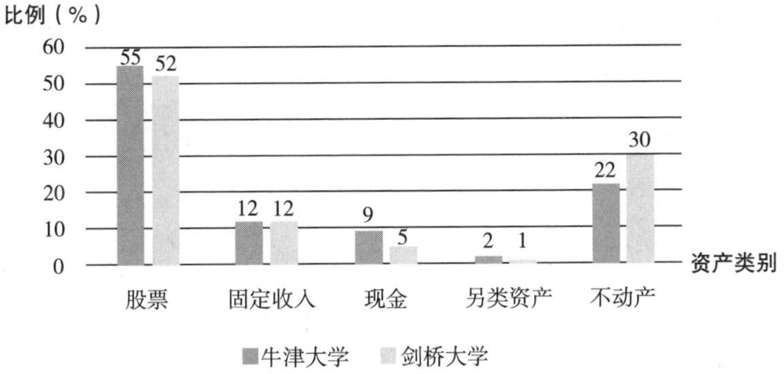

图 3-4　牛津大学和剑桥大学捐赠基金资产配置平均比例图

从以上牛津大学和剑桥大学的资产配置概况中，我们不难总结出其资产配置的如下五个特点。第一，具有完备的资产配置程序。牛津大学和剑桥大学设有专门的投资委员会以及投资办公室，并雇用专业的经理人员对资产配置做出决策。首先，根据基金会的投资目标对市场条件、资产的风险收益状况以及投资者的风格进行分析；其次，列出各种可选择的资产配置方案并构造出最优投资组合；再次，定期根据市场条件和风险收益状况对资产配置策略进行调整，即投资组合的再平衡要贯穿全过程；最后，对捐赠基金投资组合的投资业绩进行评估以便为做出审慎的投资决策打下良好的基础。每个步骤在资产配置过程中都是有方案、有步骤的，是一个缜密细致、螺旋上升的过程。由此可见，牛津大学和剑桥大学捐赠基金具有完备的资产配置程序，这使其能够做出科学合理的资产配置决策。

第二，对股票资产配置显著。由于股票类资产具有投资收益高、流动性强、能降低购买力的损失等特点，所以牛津和剑桥的股权文化盛行，各学院一直都热衷于在一定的风险水平下投资股票类资产。无论是牛津还是剑桥，其股票类资产的配置比例均占捐赠基金资产投资的半壁江山。首先，随着经济全球化的日益深入，英国很多大型企业都选择进行海外投资，而且其收入也越来越多地源于境外。所以，更多的学院选择对海外股票进行投资，牛津大学对海外股票的投资配置为 17%，剑桥大学为 14.1%。这里的“海外”是指美国、欧洲其他国家、日本以及新兴市场的股票。牛津和剑桥持有一定数量的海外股票，一方面显示出其投资的多元化，另一方面保证其所持有股票类资产具有良好的流动性，进而保证了一定风险水平下的高收益。其次，由于英国是最早完成产业革命的国家，有世界市场之称，所以英国股票市场具有明显的国际性和专业化特征。牛津大学对英国股票的投资配置为 38.2%，剑桥大学为 38.7%，由此可见，相比海外股票，牛津大学和剑桥大学显然更偏好于英国本土的股票。

第三，另类资产配置比例小。另类资产是指传统的股票、债券和现金之外的金融和实物资产。另类资产是为异常现象所设计的，主要是通过对冲股票市场和利率波动风险，借助传统的长期策略获取收益，与传统资产类别的相关性不大，主要是在全球资本市场敞口效率低下时所使用的动态交易策略。近些年来，另类资产市场一直是基金管理行业内规模增长最迅速的。根据全美高校经营管理者协会与共同基金联合发布的最新报告，在综合了全美 851 所高校的资产配置和表现后发现，投资能力最高的学府（耶鲁大学）捐赠基金的投资回报率高达 20.2%。而给耶鲁大学带来高回报的主力便是另类投资——在耶鲁捐赠基金投资中的占比达到了 57%。与之相比，牛津和剑桥两所英国大学的各大学院在这一资产类别上的风险敞口明显不足：在 2002—2003 财年，牛津和剑桥超过一半的学院（剑桥 59%，牛津为 44%）没有另类资产敞口；同年，牛津和剑桥各学院对另类资产的平均配置仅为 2%。[①] 究其原因，首先，捐赠基金的规模是另类资产投资的主要限制因素。由于受到流

① Acharya S., Dimson E., *Endowment Asset Management: Investrnent strategies in Oxford and Cambridge*, Oxford University Press, 2007.

动性的限制以及透明度不足的影响，当捐赠基金规模较小时，对另类资产进行配置被认为是在进行冒险。其次，缺乏对另类资产的相关专业知识同样是不对其进行投资的原因之一。最后，高度专业化的投资团队是大学捐赠基金有效管理和成功运作的关键。但是，由于在过去几十年间，牛津和剑桥与其基金经理的关系渐行渐远，因此缺乏合适的基金经理人逐渐成为投资另类资产的障碍。有研究发现，美国捐赠基金排名前 10 的院校中，投资委员会成员平均人数是 8.9 人，其中 4 人是投资专业人士，2.5 人有另类资产投资的经验，顶级院校拥有另类资产投资经验的平均人数高达 5.5 人。[①] 与之相比，牛津大学和剑桥大学在这方面稍显逊色，它们更多依靠外部聘用的委员而非投资委员会成员进行另类资产的配置决策。也正是基于上述原因，牛津和剑桥对于另类资产的配置很少。

第四，根据资产规模进行资产配置。捐赠基金规模是影响资产配置的重要因素，不同类型的资产与捐赠基金规模的关系也不尽相同。根据图 3–5 可以看出，以 4500 万英镑为界，我们将捐赠基金超过 4500 万英镑的学院定义为捐赠基金规模较大的学院，将捐赠基金不足 4500 万英镑的学院定义为捐赠基金规模较小的学院，较大和较小规模的捐赠基金对于资产配置的比例显著不同。首先是对传统资产类别，即股权类资产、固定收入以及现金的配置，显然捐赠基金规模较小的学院对传统资产的配置更为显著。其次，对另类资产的配置则呈现出不同的景象，无论是私募股权还是对冲基金，捐赠基金规模较大学院的配置比例均高于捐赠基金规模较小的学院；并且在另类资产领域，牛津大学的各方面数据都高于剑桥大学。毋庸置疑，牛津大学在另类资产方面要更胜一筹。这也说明，相比剑桥大学，牛津大学更加注重多元化投资。再次，由于作为实

① Acharya S. Dimson E., *Endowment Asset Management: Investment strategies in Oxford and Cambridge*, Oxford University Press, 2007.

物资产的不动产也属于另类资产的一部分，所以捐赠基金规模较大的学院对不动产的配置比例要高于捐赠基金规模较小的学院，且差别较大。捐赠基金规模较小的学院更倾向于配置传统资产，如股票、固定收入及现金；而捐赠基金规模较大的学院更偏好另类资产投资。这是因为从本质上说，传统资产的收益由市场产生，而另类资产的收益需要通过积极的投资管理来创造。相对传统资产而言，另类资产旨在固定风险水平下提高投资收益或者在固定投资收益水平下降低风险，所以捐赠基金规模较大的学院更有精力和能力进行积极的投资管理，进而提高投资收益或降低投资风险。

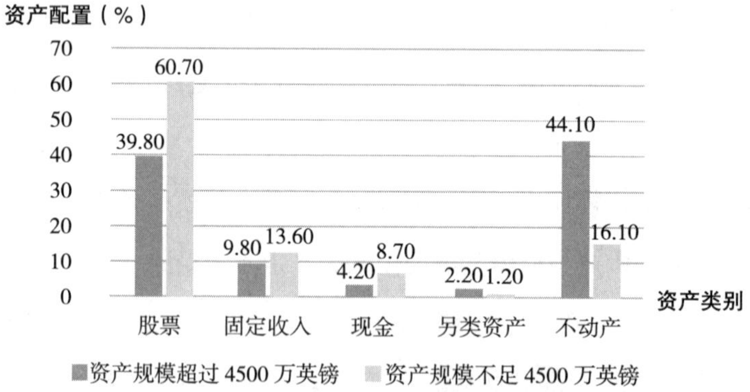

图 3–5 英美高校学院资产配置及捐赠基金规模

第五，及时调整资产配置策略。牛津和剑桥的大部分学院都有正式或非正式的再平衡政策，目的在于控制风险、实现长期投资目标，以便在市场大幅波动的环境下最大程度地降低风险。一般而言，投资组合的再平衡是指，当投资组合的当前资产配置与目标配置出现偏差时，及时调整各类资产的权重以实现投资组合的资产配置初始目标水平的策略。道富环球投资管理公司持续对 30 年的不同市场环境进行了研究（见图 3–6）。结果表明，再平衡的组合在较低的风险水平下实现了合理的回报率，与此同时，高波动期间再平衡组合实现的回报率较高。牛津大学和剑桥大学的捐赠基金每年会根据市场与估值的变化对不同类型和不同地区的资产进行评估，进而有意识地对资产配置策略进行调整，这使得其捐赠基金的投资组合可以更加灵活地应对市场变化，进而保证大学投资收益的稳定性。以牛津大学贝列奥尔学院为例，该学院过去直接持有大量的不动产资产，但是随着经济因素和市场状况不断发生变化，该学院不断削减其所持有的不动产资产，转而投资于更具流动性的资产，这使得学院在进行资产配置时更具灵活性。此外，学院的基金经理人会根据市场情况进行月度、季度或年度再平衡。

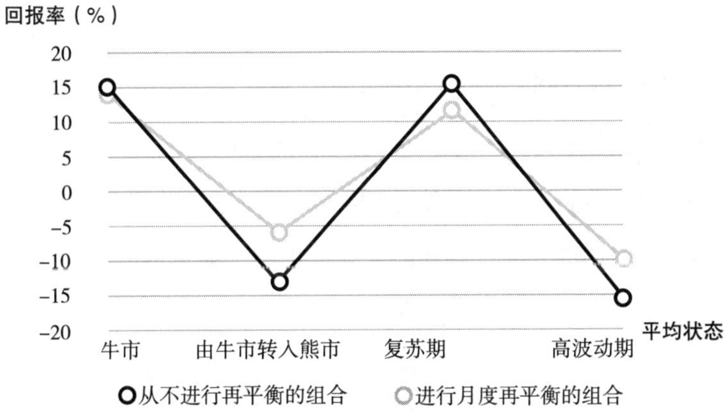

图 3-6　再平衡效果图

二、西欧其他国家高等教育社会捐赠的特点

以法国、德国为代表的其他欧洲国家一直将高等教育视为公共产品，其高等教育的规模扩张一直比较依赖公立大学。在过去的很长一段时间里，这些欧洲国家的高等教育实行的是免学费政策，教育经费以财政拨款为主。后来，由于严重的财政危机，许多欧洲国家对其高等教育制度进行改革，即拓宽高等教育的筹资渠道，改变单纯依靠政府财政投入的局面。欧洲国家高等教育社会捐赠主要表现为以下四个特点。

（一）推行捐赠跨国联盟，出台各项捐赠鼓励政策

为了扩大捐赠范围，欧洲一些国家组成了捐赠联盟，彼此之间免税，如欧洲跨国捐赠联盟就表示，捐赠者如果属于联盟的 15 个国家之中的任何一个，那么向其他国家捐赠不会影响其享受在自己国家的税收减免福利。此外，为激励个人和企业向高校捐赠，欧洲各国提出并制定了许多相关的政策举措。第一，税收减免政策。税收减免政策是指在一定比例内，个人或企业向大学进行捐赠，能够获得免税的资格。每个国家对此的规定都不同。比如法国，其税收减免政策为“个人捐赠不超过个人收入 20% 的部分，按照 66% 的税率进行税收抵扣；企业捐赠不超过企业营业额的 0.5% 的部分，按照 60% 的税率进行税收减免。并且，这个范围不局限于大学，只要是向高等教育捐赠的，包括一些研究机构等，都可以享受此优惠税率”。而德国的税收减免政策则规定：“个人向大学进行捐赠，对其收入的 10% 进行税收抵免。”第二，出台高比例配比支持政策。在挪威，政府于 2015 年设立了以 1 : 4 的比例配套社会捐赠资金的计划。此外，欧盟对提高大学的社会捐赠能力也提出了相关的政策举措。2008 年，欧盟发表的《大学从慈善财源融资 : 发展大学与私营捐赠者伙伴关系》工作报告中指出，启动国家捐赠运动计划，创建国家和欧洲区域研究彩券，为捐赠者提供国家奖励计划或公共认可计划。[①] 这为大学社会捐赠提供了良好的环境支持。通过制定相关的政策举措来激励社会捐赠，用国家力量向捐赠者提供实际福利，是国家资源向高等教育领域转移的表现。这种做法让捐赠者不仅能够赢得社会声誉，还减少了一部分的经济支出，有利于激发社会的捐赠动力，让更多的人参与到高等教育的建设中来。

---

① 杨晓斐:《欧洲大学科研捐赠模式与保障措施》,《高教探索》2014 年第 1 期。

（二）大额小额，来者不拒

欧洲大学接受捐赠的类型多样，包括现金捐赠、支票捐赠、股票证券捐赠、不动产捐赠、资料捐赠、设备仪器捐赠、遗产捐赠、信托捐赠等。捐赠方式最常见的是冠名捐赠、校友捐赠和基金会捐赠，还有创始人捐赠、校址招标等。这些捐赠方式并不会单一使用，而是会根据实际情况来灵活运用。为了获取大额捐赠，学校可以让渡更名权。比如，德国的不来梅国际大学，2007 年改名为不来梅雅各布大学，它曾经获得了欧洲大学历史上单笔捐赠金额最高的校友捐款。不来梅国际大学是一所创办于 1999 年的规模较小的私立大学，在进行一次筹资活动时，当时的校长卡吉所领导的募捐委员会选择了由校友创办的雅各布基金会（Jacob Founds）作为募捐对象。这是经过综合分析的结果：一是其创始人、瑞士富商雅各布对母校感情深厚，并且在基金会决策层中拥有最高话语权；二是雅各布基金会的发展愿景和目标与不来梅国际大学较吻合；三是以改名作为回报，该大学获得了此基金会 2 亿欧元的捐赠。当然，大额捐赠一般都出现在一些富豪校友身上，而那些对母校同样怀有深厚感情的普通校友，欧洲大学也非常欢迎他们的小额捐赠。毕竟，这种积少成多的持续捐赠，其总额可能不比大额捐赠少。比如，位于瑞典哥德堡的查尔姆斯理工大学就非常重视小额捐赠。查尔姆斯理工大学是瑞典乃至欧洲最优秀的理工大学之一，该大学专门在学校里成立了小额捐赠办公室，负责小额捐赠事宜。不负所望，在 2014 年，查尔姆斯理工大学的小额捐赠办公室就成功募集到了 0.28 亿欧元捐赠，充分说明了小额捐赠的潜力。灵活运用多种捐赠方式来吸引社会捐赠，一方面有利于扩大社会捐赠的资金来源，让高校和捐赠者拥有充分的选择空间；另一方面有利于提高社会捐赠的成功概率，让高校拥有越来越多的可支配资金来建设和发展学校。

（三）鼓励建立多种形式的捐赠机构

欧洲国家将筹资捐赠视为一项重要工作，鼓励设立基金会和专门的捐赠机构，通过这些专业机构的广泛宣传，寻找到有捐赠实力和捐赠意向的个人和企业。如法国 2007 年颁布的《综合大学自由与责任法》，其中就允许大学组建不设法人的大学基金会和合作基金会，这无疑是最好的政策支持。因此，欧洲许多大学建立了相应的筹资机构，比如大学基金会、校友会、校友办、发展委等，由一些专业人员来开展捐赠活动。欧洲基金会中心也在欧洲各地设立了大量的基金会组织，这些基金会组织可以分为独立基金会、公司基金会、政府基金会和社区基金会等，它们共同为高校捐赠出力。这些专业的组织机构拥有丰富的筹资知识和筹资经验，会开展多种多样的捐赠活动来吸引捐赠者。它们并非盲目行动，平时这些机构就会细心地策划许多活动来联络与捐赠者之间的感情，以保证捐赠活动在一定的情感基础上进行。比如，德国的慕尼黑大学之所以在过去几年能够获得可观的校友捐赠，就是因为其组织机构策划了许多校友活动，这些活动主要包括四个方面：第一，通过各种方式向校友展示学校的最新研究成果与变化，与校友保持长期稳定的联系；第二，定期邀请校友，特别是参与过捐赠的校友回校参观，联络感情；第三，设立校友俱乐部并时常举办活动，为校友提供交流交友平台，同时设立等级制度，即捐赠数额不同、身份不同，参加的俱乐部活动也不同；第四，设立配比计划，大学对一些项目的捐赠资金按照一定比例给予配比支持，以推动项目进度。再如，一些捐赠机构以改善学生宿舍和专业教学为由而专门面向学生家长设立的家长捐赠计划，以呼吁学生为母校再尽一份力为由向应届毕业生设立毕业生捐赠计划。诸如此类的捐赠计划都是经过机构的严密计算，被认为是获得捐赠可能性最大的项目。由于欧洲的大学普遍都很重视校友网络建设，像校友会、校友办等机构基本都是围绕校友服务的，它们经常与捐赠者打交道，也就更容易获得捐赠。通过建立专门的、规范的捐赠机构，开展多种多样的捐赠活动，有利于加强大学筹资的专业性，增加获得捐赠的机会，同时有利于强化大学的理财意识，促进高校的完善与发展。

（四）政府助力，创建有价值的捐赠项目

一个有价值的捐赠项目，就像一块闪闪发光的金子，不管在哪，都能吸引人们的目光，让人们主动来问询。欧洲许多国家的政府都认识到了这一点，它们通过推动优质项目，以提高捐赠组织对大学捐赠的积极性。比如，法国政府启动的鼓励基金会资助大学建立卓越实验室网络的“法国大学捐赠事业”计划，激励捐赠组织对大学科研资助的“大学科研捐赠事业财政改革”和“科研基金会特别行动计划”[①] 等，都是以法国政府为媒介，彰显捐赠项目的价值，以刺激个人和企业进行捐赠，提高法国大学的学术能力，增强国际竞争力。再如，德国政府 2005 年开启的以提高大学整体水平为目标的“大学卓越计划”，一共有三部分内容，它面向德国所有大学进行资助投入（见表 3–9）。该计划为德国大学创建捐赠项目提供了参考，为社会潜在捐赠者进行教育捐赠提供了捐赠指南。[②]

---

① 杨晓斐:《欧洲大学科研捐赠模式与保障措施》,《高教探索》2014 年第 1 期。

② 孙华:《德国“卓越大学计划”评析》,《教育发展研究》2009 年第 1 期。

表 3-9　德国“卓越大学计划”主要内容

名　称	具体内容
研究生院计划	目标在于培养年轻的科研人员。它为学生攻读博士学位提供条件，联合当地的校外机构，非常具有跨学科特色。主要对象为天赋异禀的优秀博士生。意义在于：一方面，为年轻的科研人员提供广阔的平台，促进其能力的提高；另一方面，为博士研究生的培养创造良好的外部环境，使他们能够心无旁骛地学习、研究
卓越集群计划（顶尖研究的精英集群团队）	在现有的顶尖科学成就的交叉学科联合体基础上，在一定的经费支持下，与校外机构进行合作，建立一些必要的基础设施、科研设备、研究项目等
大学未来战略	目标在于提高德国顶尖大学强势学科的国际竞争力，强化德国大学的科研特色，进而在国际竞争中突显优势

第三节　亚洲高等教育社会捐赠的发展及特点

一、日本高等教育社会捐赠

（一）日本高等教育社会捐赠的历史

1. 早期雏形阶段（18 世纪）

早在 18 世纪末期，日本就出现了现代捐赠的雏形。1843 年，小田原的商人们建立了小田原“报德社”，“报德社”后在日本著名思想家二宫尊德的指导下演变为一种具有公益性的社会慈善和救助组织。其原始资金主要是由富豪、有志之士和入社者的捐助构成的，这一组织的目的在于鼓励人们扶贫助弱、为困难人群提供捐赠援助。[①]

2. 初步发展阶段（1877—1962 年）

明治维新时期，日本近代公共教育制度逐渐形成，开始出现真正意义上的高等教育捐赠。日本效仿美国开展了一系列教育活动，做出设置私立高等教育机构的政策，并且允许民间资本参与设立国立高校。例如，1886 年吸收社会捐赠设立第四高等学校；1906 年，日本政府准备设立九州和东北两所国立大学，但由于经费问题难以推进，后来政府接受了来自民间总额约为 100 万日元的捐赠，两所大学才得以顺利成立。[②]

日本大学分为国立、公立和私立三类。国家的办学重心这一时期主要放在官学上，即政府开办的国立大学和公立大学。因此，教育资源都向官学倾斜，从而导致私立学校不论是教育经费还是教育政策方面都落后于官学。因此，私立学校的首要问题就是如何筹措支撑学校运转的经费。例如福泽谕吉创办于 1858 年的庆应义塾大学，在 1878 年出现了严重的财务危机。学校向国家提出了贷款申请，但并没有得到进一步的答复。福泽谕吉四处奔走筹资，并发起了以毕业生为中心的校友筹资捐赠，最终帮助学校度过了最困难时期。此后，庆应义塾大学成立了日本最早的大学同窗会，并将其校友会命名为“三田会”，毕业生、教师以及在读学生均可入会。1880 年 5 月，三田会议首次举办，当时有 300 多名校友到场并由福泽谕吉做了精彩演讲。从此，庆应义塾大学延续了学生为母校发展而捐款支援的风气。每逢周年纪念、学校建设新工程，校友捐赠都起到了巨大作用，并且已然成为支撑大学发展的一股重要力量。[③]

日本国立大学接受社会捐赠最早可以追溯到 1886 年。第四高等学校是国

---

① 吴思瑶:《文化视域下日本高等教育捐赠研究》，硕士学位论文，哈尔滨师范大学，2019 年。

② 同上。

③ 同上。

立金泽大学的前身，它是借助旧封建主、官员以及教师的“一般社会捐赠”建立起来的。1890年，日本颁布了《国立学校及图书馆会计法》，其中第四条特别规定：“对学校、校图书馆的捐赠以及指定捐赠用途的捐款将受指定用途的约束”“所获得的奖学捐赠资金可以委托大学校长经营管理”。这对日本高校捐赠具有积极的意义。在此之前，日本国立大学是国家直接管理的机构，其资金来源是以国家预算拨款为主，且法律规定国立大学获得的社会捐赠要全部上缴国库，不允许私自经营和管理。大学接受社会捐赠后得不到实在的好处，争取的捐赠资金不能被自己支配管理，同时对于上缴国库后的社会捐赠资金，国家在使用和支配时将不再考虑捐赠人的意向，这打击了高校社会捐赠的积极性，因此有为大学捐赠想法的个人或团体逐渐变少。针对这一状况，《国立学校及图书馆会计法》规定对国立大学所筹得的以奖学为目的的社会捐赠资金做了特别处理。这对高等教育捐赠起到了一定程度的推动作用，带动了高等教育捐赠文化氛围的发展。①

3. 大众化阶段（1963—2003年）

日本的企业法人捐赠始于20世纪60年代。1964年4月，日本颁布了《国立学校特别会计法》，同时又在该法实施令第八条规定的基础上制定了《奖学捐赠委托经营管理事务处理规则》。其中规定，各国立大学校长在审查捐赠目的及条件的基础上，有权决定是否接受以学术研究、学生奖学金和对其他教育活动的奖励为目的的社会捐赠资金。社会捐赠要以现金或国债等有价证券的形式进行捐赠，若以股票形式进行，一般要先将股票套现后再进行捐赠。国立大学接受捐赠后，所得资金应作为年度收入上缴国库，后由中央政府在对各国立大学年度支出预算时下拨相同数额资金给大学校长，这进一步完善了奖学捐赠委托校长经营管理的制度。同时在税收方面，政府依据捐赠个体不同，对国立

① 刘牧：《日本国立大学社会捐赠研究》，《高教探索》2011年第6期。

大学社会捐赠开始实行不同的优惠政策。税收优惠政策分别如下：对于法人实体捐赠，把捐赠金额全额作为企业资金计入；捐赠金额在5000日元以上的个人捐赠者，在其个人捐赠应纳税所得额中扣除。该政策有助于促进小额捐赠者的积极性，这种旨在鼓励捐赠的优惠税收政策一直延续至今。[①]

4. 普及化阶段（2004年至今）

这一阶段，日本国立大学可自主接受社会捐赠款项，可根据捐赠者的意愿进行支配使用。日本在2005年1月的中央教育审议会决议《日本高等教育未来发展趋势》中指出："高等教育经费来源不应仅是学生学费、国家及地方公共团体的支援，还要积极争取和确保来自民间企业及个人的教育捐赠等大学自主财源，要使大学财源多样化。"这表明了日本开始重视高等教育捐赠的作用，国立大学也从以前对社会捐赠不作为的态度转变为开始逐渐重视募集社会捐赠、重视校友会等吸收募集社会资金机构的作用。[②] 截至2018年，日本国立大学的捐赠收入已成为学校财政来源的重要部分，排名第一的东京大学年度捐赠收入达到132.42亿日元，约合人民币8.6亿元（见表3–10）。捐赠收入通常用作科研与奖助金，丰厚的奖助金能够吸引更多的学生前来求学。

表3–10　2018年日本国立大学捐赠排名

排名	学校	捐赠收入（亿日元）
1	东京大学	132.42
2	京都大学	116.89
3	鹿儿岛大学	91.93
4	大阪大学	73.36
5	名古屋大学	57.64

① 刘牧:《日本国立大学社会捐赠研究》,《高教探索》2011年第6期。

② 陈武元:《日本高校三大职能与其经费筹措能力的关系研究》,《现代大学教育》2019年第2期。

（续表）

排名	学校	捐赠收入（亿日元）
6	东北大学	50.67
7	九州大学	46.71
8	筑波大学	32.80
9	北海道大学	30.60
10	神户大学	24.69

（二）日本高校社会捐赠类型①

1. 基金捐赠

日本部分学校设有自己的基金，高校在法人化改革后对设立基金的态度比较积极。日本大学把基金作为社会捐赠资金的“蓄水池”，将筹集到的资金用于经营和投资，所获得的收益用来支援大学的教育和研究。以日本国立大学基金规模最大的东京大学基金为例。2005 年 4 月，东京大学设立了负责基金筹集、经营和管理的专门机构，其工作人员来自不同背景，各有分工和职责。截至 2010 年 3 月，东京大学基金共集到 217.15 亿日元社会捐赠资金，扣除其中用途指定的 129.68 亿日元捐赠和筹资工作人员开支及活动经费 9.12 亿日元，剩余的 78.35 亿日元作为基金积累金额。在这些捐赠款中，来自东京大学毕业生的只占 6.26%；而 2007 年美国大学共募集社会捐赠 297 亿美元，其中来自毕业生的捐赠超过 27%，远比日本的大学校友捐赠多。

2. 奖学捐赠

在国立大学进行法人化改革前，日本对奖学捐赠实行的是文部科学省委托校长经营管理的制度，学校没有自主权。法人化改革后，这种国家层面的委托管理制度便不再存在，各国立大学开始制定新的规章对奖学捐赠进行

① 周贤日：《国外高校社会捐赠制度研究》，中国法制出版社 2015 年版，第 18 页。

管理。国立大学把获得的奖学捐赠作为实施“产学研”合作政策的一部分，鼓励通过捐赠方委托研究的方式来接受他们的奖学捐赠。以个人和研究室名义接受的社会奖学捐赠要严格遵守各大学制定的规章并承担相应义务，大学则以研究助学金的方式拨付给受捐赠的个人、研究团队或者研究室。法人化改革后另外一个显著的变化就是，各大学开始实行按一定比例对奖学捐赠收取管理费作为间接收入来补充大学经费的制度，而且收取比例有不断上升的趋势。例如，东京大学在 2008 年就宣布将管理费的比例大幅度提高，由原来的 10% 提高到了 30%。其他国立大学大都维持 10% 的水平，也有极少大学仅扣除 5% 作为管理费。

3. 讲座捐赠

讲座在日本私立大学中开设较多，因而讲座捐赠被众多私立大学广泛采用。在法人化改革前，只有少数国立大学利用社会捐赠开设讲座，而在法人化改革后，国立大学开始重视这种吸收社会捐赠设置讲座的方式。讲座捐赠是指学校接受来自社会的捐赠开设讲座，讲座人员经费和研究经费也多由捐赠企业承担。但讲座开设时，大学作为讲座的提供者，对讲座的内容等要进行非常严格的审查。国立大学中开设捐赠讲座最多的是东京大学，自 2008 年以来总共开设了 84 个讲座。其中医学、工学两学科占了半数，政治、语言文化等文科专业也设置了讲座，但数量较少。讲座的设置都有一定期限限制，但特殊情况下也可以申请更新。目前，这种捐赠方式在日本国立大学中还处于探索发展阶段，规模较小，东京大学的 84 个捐赠讲座，相对于该校讲座总数来说还仍然偏少。

（三）日本高校募捐的特点

1. 募捐比例不高，经费来源以中央政府主导的拨款为主

日本《学校教育法》第五条规定 :“学校的设置者除法令特别的规定以外，应负担其学校的经费。”这是学校经费来源的基本规定。因此，日本国立高

等院校的经费由国家财政负担，列入国家财政预算。公立高等院校的经费由地方政府财政负担，国家依据地方交付税制度等采取必要措施使其保持一定的水平。学校法人负担私立高等院校的经费，学费是主要经费来源，还有一些收益性事业的收入。此外，国家和地方政府通过财政补助性拨款资助私立高等学校健康发展，同时对于向私立学校提供捐款、贷款、奖学金的财团和企业等实行免税措施。在日本高等教育经费来源中，除了政府拨款、学费收入外，其经费来源还包括校产收入和捐赠收入等。在日本的现代高等教育发展过程中，中央政府从一开始就介入高等教育的发展，自此以后，日本的高等教育发展都是在中央政府的主导下进行的。中央政府中主管教育的文部科学省，是在日本的第一所大学诞生之前建立的。文部科学省从一开始就直接参与高等教育的发展和管理，是日本高等教育的一个重要特点。“二战”后，私立大学得到迅速发展，当它们在日本高等教育中的作用日益显得重要时，中央政府也开始向私立高等学校提供补助，支持私立高等学校的发展。[①] 同时，日本还以国家的名义逐渐加强对教育的投资，在国家对教育的投资中采用了国库负担制度、国库补助制度以及地方交付税制等。[②] 这些制度不仅保证了义务教育制度的落实，而且弥补了经济落后地区的教育经费的不足，平衡了地方教育财政开支。

2. 立法保障筹资，激励机制健全

日本在教育财政方面，还有《地方财政法》《地方交付税法》《义务教育国库负担法》《市镇村立学校教职员工资负担法》《私立学校振兴法》等法律。根据这些法律，日本还制定了各种财政制度和补助措施。总之，各种立

① 吴思瑶:《文化视域下日本高等教育捐赠研究》，硕士学位论文，哈尔滨师范大学，2019年。

② 东北财经大学经济发展研究院课题组:《高等教育财政拨款体制的国际比较》2004年第60期。

法既保证了教育投资的顺利进行，又保证了教育经费的合理分担与分配。

3. 通过捐赠提升“软实力”

大学能够募集到丰厚的数额不仅仅得益于浓厚的社会捐赠氛围，还与大学本身的办学水平、学校知名度和声誉有莫大的关系。大学获得的社会捐赠数额在一定程度上也反映了社会上（包括企业以及个人）对该学校的认可程度。在日本私立大学中，庆应义塾大学凭借着其不错的学校声誉，每年都会筹集到数额不小的捐赠。日本大学通过筹集到的社会捐赠资金以及大学运营资金等，依托学校的办学精神（“学问独立”“学问创新”“造就模范国民”）来不断地进行学校改革和治理。

4. 尊重捐赠者意愿，激励机制健全

日本大学募集社会捐赠基于捐赠者的意愿，给予捐赠者充分的自由选择权。捐赠者可以根据自己的喜好和意愿来选择社会捐赠的种类。同时，日本大学还创设了多种捐赠形式，为捐赠者方便快捷地进行捐赠提供了广阔的空间。例如，捐赠者可以进行现金捐赠、网上捐赠、银行卡转账、信用卡捐赠、遗产捐赠和实物捐赠，此外还可以进行讲座捐赠。由此可见，日本大学也在不断拓展捐赠方法和渠道。

5. 重视校友在社会捐赠中的作用

首先，校友捐赠能够缓解高校财务危机，补充高校办学经费。其次，校友捐赠有助于提高高校自主性。再次，校友捐赠有助于提高高校办学水平。最后，校友捐赠有助于提升高校凝聚力，充分整合各种社会资源。日本大学通过校友会的运作不断加深校友之间以及校友与母校的联系，大大提高了对母校和母校后辈们的支持。同时，校友会也在不断提高和充实对校友会会员的各种服务，达到校友捐赠与获得相得益彰，不断寻求两者的共赢。在提高对校友会员服务方面，日本大学不遗余力地提供新福利来吸引校友成员。如日本的早稻田大学，通过发行校友期刊并将其免费邮寄给缴纳校友会费的校友成员们；对缴纳了校友会费的校友在国内的住宿、出行、食宿给予一定的优惠。通过举办校友活动，不断提高对校友会员的服务及福利补贴来加深校友与母校的联系，激励校友为母校积极进行捐赠。

二、印度高等教育社会捐赠

（一）印度高等教育社会捐赠的历史

印度是中国的近邻，两国同属文明古国及人口大国，历史源远流长，在经济、文化、社会状况很多方面有相似之处，尤其是高等教育发展及其管理体制也有类似。目前，印度高等教育规模位居世界第四位，随着20世纪90年代印度社会、政治、经济政策的调整以及高等教育自身的发展，印度对高等教育的投入发生了显著的变化。印度政府高度重视高等教育的投入，而高校自筹经费及国际援助等渠道则成为其高等教育经费来源的重要补充。

1950—1983年，印度高等教育经费严重依赖于政府投入。然而，随着印度高等教育迈向大众化、高校和入学人数大幅增加、教育规模迅速扩大以及政府财政投入比例的下降，高等教育财政来源不得不由一元化向多元化过渡。政府鼓励高校引入市场机制、推行新的政策并实施制度改革，以拓宽高等教育经费来源渠道，使高校由严重依赖单一的政府投入转向多元的资金获取。20世纪90年代末，印度政府开始实施教育捐赠税收优惠政策，促使捐赠更广泛地流入高等教育领域。印度政府宣布各高校自筹资金不再从政府拨款中扣除以及大学科研机构所获捐赠100%免税等一系列制度与政策，为高校筹资提供了动力。目前，已形成政府投入、学费分担、高校自筹及国内外社会捐赠等多元化经费来源渠道。[①]

不仅如此，印度高等院校通过开办远程教育、出售出版物和信息咨询服务、转让科研成果和专利等方式获得利润，还向社会提供实验室、计算机等研究设施并收取费用，这成为高等教育经费的又一来源。随着印度高等教育开放程度的提高，高校与社会及企业的合作日益紧密，高校自筹经费呈现上涨趋势。此外，印度的部分私立高校是完全依靠自筹资金运营的，这种高校因此被称为“非政府资助型私立高校”。总之，学校自筹经费已成为印度高等教育经费来源的重要渠道。[②] 随着国家政策的激励及印度富人的增多，印度个人及企业向高校捐助的意愿有所增强。尽管印度高等教育经费中来自私人捐赠的数额仍然有限，但是近年来得到了较大的发展。21 世纪以来，印度继续大力推进国际合作。2010 年印度内阁通过的《外国教育机构法案》，为印度教育国际化、印度高等教育资金的筹措提供了更好的政策支持。

（二）印度高校募捐特点

1. 有较为深厚的捐赠文化积淀

印度的教育捐赠在很大程度上受到宗教文化的影响。印度是宗教大国，三大宗教都有提倡积德行善的思想，主张拿出自己的一些所得用于慈善事业，从而根深蒂固地影响着人们的行为习惯，促进了公益事业的发展。

2. 设立筹资机构，规范捐赠资金的管理和运作

保障社会捐赠资金的吸纳与合理使用，是形成教育捐赠文化的基础。在这方面，印度也有过失败的案例。2003 年，一位印度商人向他的母校捐赠 1000 万美元，却遭到印度人力资源开发部的拒绝，不得已，他把这笔钱

① 王凤秋，吴思瑶:《印度高等教育捐赠文化的发展与启示》,《黑龙江高教研究》2018 年第 10 期。

② 郭宏:《中印高等教育经费来源比较及启示》,《教育评论》2017 年第 3 期。

捐给美国的麻省理工学院。在这之后，印度人力资源开发部成立教育基金会，用来管理教育捐赠事务，但由于没有向社会公众说明教育基金会的运行机制和捐款用途，没有得到社会的继续支持。直到政府调整了政策，允许捐赠者直接向高校进行捐赠，政府不再干预，印度高校的教育捐赠方才逐步兴起。

3. 通过外部制度环境的改善来培育教育捐赠文化

在教育捐赠文化的形成过程中，制度文化既承载了精神文化，也规制了精神文化的变迁。因此，每个国家应重视教育捐赠的制度文化建设，通过制定和完善有助于教育捐赠的政策法规使教育捐赠活动更加规范化、合理化，形成有组织的捐赠规范体系，从而促进教育捐赠文化的发展。在这方面，印度曾经有过痛苦的教训。直到 20 世纪 90 年代，印度政府意识到高校所筹社会捐赠资金急剧下滑，在调整国家有关政策的同时，出台了相应的免税政策，从而使捐赠数量有所提高。

4. 鼓励高等教育的国际合作，争取海外教育支持

印度在 1957 年就与联合国教科文组织合作，共同建立了合作委员会，在孟买建立印度理工学院孟买分校。1958 年，与德国签订协议，次年建立印度理工学院马德拉斯分校。与此同时，还与美国、加拿大等进行项目交流与合作，通过这一系列的国际合作来获取教育设备、教育资源、教育技术以及资金上的援助。

三、韩国高等教育社会捐赠

（一）韩国高等教育社会捐赠的历史

韩国有着历史悠久的重视教育的传统，二战后民间和政府对高等教育的投入，使韩国高等教育迅速发展，形成了与美国相媲美的世界第二高的高等

教育入学率，这无疑是韩国经济在战后迅速发展并成为亚洲“四小龙”之一的重要因素。

在韩国，高等教育既不完全是社会福利事业，也不完全由市场机制自动调节。由政府设立的高等院校的绝大部分教育经费由政府财政负担，即使是私立学校，许多也从政府支出中获得了相当程度的投入。在韩国高校资金的来源构成中，来自政府财政支出的公共教育经费就占了全部教育经费的三分之二，其余三分之一左右的经费则来自向民间筹集。国立大学、公立大学主要靠韩国各级政府解决经费问题。私立大学的资金主要依赖于学费、各级政府给予的支持以及学校财团，但从政府那里获得的还不足其全部办学经费的5%。而由于韩国高校中私立高校占有较大比重，韩国高校资金的绝大部分依靠于政府以外投资。①

韩国高校主要有两种融资模式：一种是以政府资金和企业资助为主体的公立院校融资模式，另一种是以学生个人学杂费和企业资助为主体的私立院校融资模式。由于韩国高等院校普遍与企业建立了合作关系，企业给予的资助在公立、私立院校融资额中的占比分别为 36.1% 和 26.2%。②

政府为了增加教育经费，一方面，通过《教育税法》自 1971 年起每年向纳税者征收其税额 10% 的教育特别税；另一方面依靠地方财政上缴经费，1980 年修订的《地方教育财政交付金法 》使该项制度更加制度化，大大充实了教育经费的财源。韩国政府还积极鼓励企业财团捐资办学，以解决教育经费不足问题。在韩国教育中占重要地位的私立学校，就是主要由一些实力雄厚的大企业为满足本企业对专门人才的需求直接兴办或直接投资的。例如，世界闻名的大企业三星集团、现代集团、韩进集团等都拥有独资创办的企业

① 张新生:《国外高等院校融资实践及其借鉴》,《企业家新天地》2010 年第 6 期。

② 王敏:《我国高等院校融资渠道多元化问题研究》，硕士学位论文，南京农业大学，2004 年。

大学和研究生院。大宇、三星企业集团每年用于培养人才的经费高达 6000 多万美元，人均投资相当于美国、西欧等大中企业的 2 倍。在农村，一些大土地所有者自愿捐出土地，创办农业院校，培养专门人才。韩国政府大力提倡企业不断增加高等教育投资，还作出规定，凡职工超过 200 名的企业，都必须对其职工的 15% 进行强制性的职业培训。[①]

（二）韩国高校的募捐特点

1. 财政拨款是高校经费的主要来源

韩国政府对高教投入占其高校收入的三分之二。由政府设立的高等院校的绝大部分由政府财政负担，即使是私立学校，许多也从政府支出中获得了相当程度的投入。教育负担着生产力中最活跃因素——劳动力扩大再生产的任务，它不是消费事业，而是高产出的建设事业。高等教育最根本的职能是培养符合社会需要的高层次人才，同时它还承担服务社会的功能，成为促进国民经济发展、实现民主政治理想的工具。作为高等教育最大的受益者，按“谁受益谁付款”的思想，政府应承担为高等教育提供主要经费的职责。对国家而言，高等教育是一种“社会服务”，国家对高等教育具有“社会责任”，教育应该是政府对人们的一项公共服务。

2. 将企业作为融资对象

韩国高校的特色也在于向外融资，但与美国不同的是，韩国在融资时的特色就是普遍与企业建立了合作关系，换而言之，韩国高校就是财阀支持下的院校。企业通过赞助方式可以挑到自己所需的优秀人才，高校也通过这一强有力的靠山发展自己的教育事业，两全其美。换个角度想，企业对高校

① 刘志军:《我国高等院校融资渠道多元化研究》，硕士学位论文，哈尔滨工程大学，2007 年。

的资助也相当于对今后使用高级人才提前付费，不会出现对国家公共资源的“搭便车”行为。

第四节　中国高等教育社会捐赠的历史发展

尊师重教、捐资助学、兴办教育在中国有着悠久的历史，历代王朝均有救助鳏寡孤独、贫病废疾和建学兴教的举措。从汉代的“常平仓”到魏晋南北朝时期的“六疾馆”，从唐朝的“普济堂”到宋代的“范氏义庄”，从明代的“同善会”[①]到清代的“育婴堂”等，我国慈善团体种类繁多且内容丰富。地方官学的经费除了朝廷拨付外，还有官员的筹集及亲自捐赠，民间对官学的教育捐赠情况也不胜枚举，在维持社会稳定和进步方面起到了十分重要的作用。“慈幼、养老、振穷、恤贫、宽疾、安富”的民本主义思想，“积善余庆”“积恶余殃”“向善”等佛教、道教伦理的盛行以及儒家的“仁义”学说共同奠定了中国古代慈善事业的思想基础。中国的教育捐赠、捐资助学也伴随着中国古代慈善事业的发展——从孔子等人募资兴办私学，到北宋时期由私人捐赠而设的“义学”，从官员筹集资金并亲自捐赠的地方官学到书院的办学传统。近代从中央到地方的各式专门学堂、实业学堂也不乏慈善教育，捐资办学事业发展蒸蒸日上。在现代史上，张伯苓广结善缘并白手起家创建南开大学、马相伯倾家荡产创建复旦大学及陈嘉庚捐巨资创办厦门大学

① 明末规模最大的慈善组织，以济贫为主旨。

和集美大学[①]等善举都广为后人传诵。

一、古代捐资助学的雏形——私学和书院的兴建

春秋战国时期，诸子烽起，私学盛行。以孔子首创的儒家私学，历时数十年，弟子数千之众，规模之大可谓空前。孔子曰“天子失官，学在四夷”。私学的办学经费没有固定的来源，除了学生缴纳一定的学费以外，主要靠教师和弟子多方筹集经费。私学获得捐助主要通过以下两个渠道。一是各诸侯与达官贵族的资助。《史记·孔子世家》记载，孔子到楚国，“(楚)昭王将以书社地七百里封孔子”；孔子到齐国游说，“(齐)景公说(悦)，将欲以尼溪田封孔子”。[②]此外，待到孟子办学时，经费收入就大为可观了。他带弟子来往于诸侯列国之间，到处都能得到丰厚的馈赠。[③]还有一些贵族个人的捐赠，孔子曰“自季孙之赐我千钟，而友益亲”。[④]二是富裕学生的赞助。《论语·述而》记载的“自行束修以上”，意思是学生自愿交纳财物，为拜师礼。加之孔子的子弟不乏贵族，包括春秋时期的巨富子贡，都是当时儒家私学的赞助者。

中国古代书院肇始于唐，成熟和完善于宋，元、明、清时期得到进一步

---

① 1921年，陈嘉庚提供100万元开办费，建立起了福建省第一所大学厦门大学。他认为：“民智不开，民心不齐，启迪民智，有助于革命，有助于救国，其理甚明。教育是千秋万代的事业，是提高国民文化水平的根本措施，不管什么时候都需要。”本着上述办学目的和动机，他不惜倾资办学。从1926年到1934年，陈嘉庚宁可企业收盘，也不使学校停办。为了厦门大学的生存，他放弃了企业复兴的机会，不惜变卖和出租家产来维持学校生存，并不遗余力帮助厦门大学向海外募集经费。厦门大学成为我国最早由海外华侨独立兴办的大学，在我国高等教育发展史上占有独特的地位，为企业家和社会人士捐资兴学提供了一个光辉榜样。

② 俞启定、施克灿:《中国教育制通史（第一卷）》，山东教育出版社2000年版，第129页。

③ 吴畏主编:《中国教育管理精览》，警官教育出版社1998年版，第11—65页。

④ （汉）刘向:《说苑疏证》，华东师范大学出版社1985年版，第484页。

发展并开始逐步转型。书院创建之初，主要的经济来源就是社会捐赠，主要包括朝廷拨款、地方拨款、地方官捐款、官民合助和私人捐助等多种形式。

官员出资办学，以拨款和个人捐款两种方式进行，拨款是书院特别是大书院的主要经费来源。清朝雍正、乾隆皇帝大力支持书院的发展，明令各级政府可以动用“公银”资助书院。最高统治者对书院的热心支持，对各级官员是极大的鞭策，他们利用手中的权力想方设法为书院筹措经费。“各地的总督巡抚、封疆大吏对省会的大书院均给以经费支持，地方政府也闻风而动，多途径筹措经费扶持书院。”[①] 由于拨款要受到官府规章的种种限制，地方官捐赠是常见的兴办书院的方式。如应天府士民曹诚，家境富足，捐银两 300 万修建应天府书院，史载：“祥符中，宋城富人曹诚者，独首捐私钱，建书院城中。前庙后堂，旁列斋舍，凡百余人。”[②] 在官学衰落之时，为官学教育补偏救弊，筹资捐田复兴书院，在当时已成为朝野的共识，官府也时常发动民众捐助和乡里募集。官员、乡绅的捐赠是书院办学经费的重要来源，甚至可以说是其最稳定、最重要的来源。官员捐献若干俸禄，以此倡导和带动乡绅百姓一起办款兴学。[③] 例如乾隆十三年（1748 年），湖北光化知县李飞云捐款办学，劝百姓相助，民众纷纷响应号召捐赠，一位妇人舒氏用纺织的报酬为书院购置《十三经》《二十一史》等书，很快建起了复文书院。[④]

在书院的资金来源中，商人捐资也是一条重要的渠道，其捐赠形式也十分灵活。其一，捐地建房。如乾隆十六年（1751 年），长芦盐商查为义捐地，盐运使卢建曾建房，创办天津问津书院。[⑤] 其二，捐银增加学生名额。例如

① 赵连稳:《清代北京书院经费筹措途径及演变》,《中国经济史研究》2009 年第 2 期。
② 陈谷嘉、邓洪波:《中国书院史资料》，浙江教育出版社 1998 年版，第 47 页。
③ 马镛:《中国教育通史（第五卷）》，山东教育出版社 2000 年版，第 248 页。
④（清）李正干:《复文书院记》，湖北《襄阳府志》卷一三，光绪十一年刊本。
⑤《问津书院》,《重修天津府志》卷三五，光绪刊本。

嘉庆十三年（1808 年），卤政阿克捐银为扬州梅花书院增加学生名额。[①] 又如始建于嘉庆二十二年（1817 年）、建成于嘉庆二十五年（1820 年）的铜峰书院，知县杨兆李前后斥俸 2100 两，购书若干卷，置田若干亩，还拟定章程，酌其经费，详刊册籍，以待稽核。[②] 其三，捐设课程。例如嘉庆十七年（1812 年），盐法道何金为云南五华书院捐银增设写字课。[③] 在书院创建之后，其后续的修复和投资也是有官民捐赠作为保障。例如，乾隆九年（1744 年），永宁县令单履咸为重修洛西书院而首捐百金，并撰文曰："凡吾永之绅民士，庶有愿襄义举者不限成数，不强人情，各随所愿。汇之公所，即烦首事，诸君掌之。设有未足，余当竭力补（口），以成盛事。维时邑人若士、若农、若商、若贾，无不欣然好施，乐输恐后。自四月（口）起（口），七月而登名入册者，已至二千余金。嗟乎！何人心之慕义若斯也。"[④]

值得一提的是，除了使用捐赠资金外，我国古代书院也开始经营捐赠基金，其经营所得可以确保书院相对稳定的资金来源。书院的捐赠基金经营方式包括学田的经营和租金、生息银（书院的放贷钱款）和利用捐赠经营印书和售书业务。这些形式是我国古代学校经营教育基金的雏形，也反映了当时社会商品经济的萌芽和发展给书院事业的影响。总之，"得天下英才而教育之"是人生的一大乐趣，捐资助学也成为封建士大夫自我实现的重要途径。一方面，教育捐赠表达了封建社会贤达人士的道德选择和价值取向；另一方面，其自身的价值也得到彰显。凡是地方官员出面创办或修复的书院，多为地方官员倡导和组织，且以自身的实际行动率先支付与带头捐赠来带动其他官员和民众踊跃出资，从而调动了社会集资办学的积极性。书院在中国古代

① 《梅花书院》，《重修扬州府志》卷一九，嘉庆十五年刊本。

②（清）倪明进：《沁阳县志・艺文》，道光八年刻本。

③ 《五华书院》，《昆明县志》卷四，光绪二十七年刊本。

④ 单履咸：《重修洛西书院碑记》，《张楷・永宁县志・书院》，乾隆五十五年刻本。

的盛行得益于大量官民的捐助，可以说书院是中国依靠社会力量筹资办学比较成功的典型。

二、近代捐资助学的发展——政府、校长、校友和慈善实业家共同支持

（一）政府大力倡导

20世纪初，清政府为鼓励捐赠办学颁布了一系列兴学章程。其中，政府规定了奖励私人捐资设学或助学的方式，如“或花红，或匾额；其学堂规模较大者，禀请督抚奖给匾额；一人捐资较巨者，禀请督抚奏明给奖”。[①] 清代北京书院经费筹措主要有官府拨付、民间捐输和书院自主经营三种途径。民国政府对相对滞后的高等教育给予了重点扶持，不仅在形式上赋予了私人自筹经费设立大学的合法性，而且在政策上给予各种鼓励。1913年民国政府公布了《捐资兴学褒奖条例》，该条例是中华民国成立后公布的第一个规范教育慈善捐赠的法规。此后，北京政府和南京国民政府对该条例进行了多次修订和完善，但是其鼓励民众捐资兴学的宗旨从未改变。为了推动条例的顺利施行，国民政府采取了一系列具体的实施办法。第一，政府设置捐资兴学的专门机构和人员。《捐资兴学褒奖条例》规定：“地方行政机关和地方长官负责褒奖案的登记受理，教育部为核准、颁发机构。”[②]1914年颁布的《教育部官制》就规定：“总务厅执掌褒奖及其统计等庶务。”1918年12月7日《教育部分科规程》公布后，“有关捐资兴学褒奖事项归总务厅秘书掌管”[③]。第二，

① 朱有瓛：《中国近代学制史料（下册）》，华东师范大学出版社1986年版。

② 宋恩荣、章咸：《中华民国教育法规选编（修订版）》，江苏教育出版社2005年版，第54页。

③ 宋恩荣、章咸：《中华民国教育法规选编（修订版）》，江苏教育出版社2005年版，第58页。

出台配套办法，进一步规范与鼓励捐赠行为。在《捐赠兴学褒奖条例》颁布之初，一些地方仅仅记录捐赠的具体案例，并在其中记录下捐赠者姓名及其捐赠额度，但并没有对其进行单独的统计，导致账目十分混乱。为了解决这一问题，政府专门设置了表格的形式，包括捐赠人姓名、年龄、机关、捐赠类型以及捐款额度等，并进一步规范了捐资助学应给予的表彰、匾额等。由此可见，《捐资兴学褒奖条例》的制定具有重要的示范意义。同时，其颁布实施的进程，也是民国教育捐资助学运作的典型代表。

（二）校长及校友们的亲力亲为

张伯苓“化缘”首创私立大学。素有“南开先生”之称的张伯苓，可谓中国高等教育史上为大学捐赠筹资事业做出贡献的典范。清政府实施新政以后，全国掀起了兴学热潮，各省不但建起了许多官立学校，而且还涌现出许多当地名流出资兴办的私立学校。受到清政府丧权辱国条例的极大刺激后，张伯苓深知要抵御外侮、复兴中华必须创办新式学校。于是，他辞去官职，投身教育事业。1919 年秋，在赴美国考察私立大学和实施情况并在哥伦比亚大学学习了一段时间后，他创建了天津第一所综合性大学，我国的首座私立大学——南开大学。

不同于国立大学，也有别于教会学校，南开大学所有经费都依靠社会捐赠。为了南开的生存，张伯苓校长的首要任务就是为南开“化缘”。本着与人为善、爱人以德的态度和精神，就像一个化缘的和尚一样，他用真诚、爱心和智慧唤起人们的爱心，感动社会各界为办学出力。张伯苓对募捐的对象和筹资项目的设置很有研究，他的主要“化缘”对象为当权者和民族资本家。对于当权者，他坚持两个理念：第一，不管谁当政，都不反对兴办教育；第二，当权者得权后，都想名扬天下或把自己的子女送入名牌学校，以得到良好的教育。张伯苓抓住了人的这两点心理同当权者打交道，获得他们的部分捐助。对于民族资本家，张伯苓认为他们大多具有比较开明的思想和长远的眼界，故经常游说他们为南开出资出力。除此之外，他还针对不同的募捐群体，精心设计募捐的项目。例如，为了吸引矿业巨子李组绅的捐助，他提出了为南大增设矿科的筹资项目，由此得到了李先生每年 3 万元的捐款。还有一些以“冠名”的捐赠项目，如美国落实基金团和河南企业家袁述之捐赠的科学馆——“思源堂”、教育家卢木斋捐赠 10 万元建立的“木斋图书馆”、陈芝琴捐赠的“芝琴楼”女生宿舍等。在张伯苓为南开大学筹资过程中，一些军阀、政客也为之所动，想慷慨解囊。例如，江苏提督李纯曾在遗嘱中决定，将其财产的四分之一（约 50 万元）捐赠给南开大学，但是，是否接受其捐赠一事在学校中产生了分歧。一派认为，教育是清高事业，不应接受军阀捐赠；另一方认为，只要用途正当，接受也未尝不可。两派各持己见，争论不休。张伯苓接受了李纯的捐款，同时指出：“美丽的鲜花，不妨是由粪水浇灌出来的。”由此可见，张伯苓先生为创办和发展南开大学把募捐作为学校重要的生存手段，他可谓中国大学募捐之典范。

集美大学校长陈嘉庚呼吁校友募捐。集美大学提出了“校友养校”的口号。1942 年，陈嘉庚先生避难印尼，集美大学经费处于空前的困境中。为了使集美大学能够办下去，广大集美校友开展了“校友养校”的活动。“我们养校的目的，是在永远维系学校运于弗坠。所有校友的养校运动，应该是永恒的、长久的，而不是短时间的、间歇的养校摆子。”1943 年 3 月，集美大学教师陈大弼提出“扩大校友养校运动”的倡议，倡导“奠定母校长久之基，使校主的伟大理想与母校的光荣历史永垂无疆”。校友纷纷响应倡议，踊跃捐资捐物。截至 1946 年 10 月，各地校友分会捐献母校的基金包括仰光的 372.4 万元、上海的 500 万元、重庆的 500 万元、福州的 1055.9 万元等，共计 3439.62 万元。

（三）商人捐资助学

随着西方慈善思想的不断引入和传播，人们对慈善尤其是慈善教育的意识逐渐加强，故有人提出“中国慈善事业要走向近代化，应该师诸泰西各国，重视慈善教育”[①]。此说立刻得到了当时商人、实业家等有识之士的认同。本着“开民智”“开商智”的信条，他们在提高国民素质和兴办教育两个方面做出积极的努力。近代商人捐资兴学的方式主要分为个人捐资助学和办学、以地缘为纽带的教育捐助和以业缘为纽带的教育捐助。

第一，个人捐资办学。近代的许多商人都有过资助学校或学生的义举。1897 年冬，经元善在慈善界同仁的支持下，率先捐资创办了中国第一所女子学堂，开创了近代中国高等教育捐赠的先河。该学堂设立了算、医、法、师范四科并教授纺织、绘画等技艺，为学生将来独立谋生做准备。随后，经元善又发动筹资建立了两所农工学堂，目的是推广中国已有之工艺和创设中国未有之工艺，注重培养学生的生存技能。因此，有学者称“此举不但恤贫，且以保富，不仅可变通赈济，亦可变通一切善堂”[②]。随之，1907 年慈善实业家张謇怀着“属于积极之充实者，最要为教育”的理念，利用企业分红的利润创建了通州师范学校，目的是资助贫困家庭子女完成学业。此外，他还捐资创建了聋哑学校、图书馆、博物苑等多项文化教育的公益机构。“烟草大王”简照南、简玉阶兄弟俩捐助复旦大学、南开大学、武昌大学、暨南大学等，并为复旦大学创建“简公堂”。中国化工实业家范旭东向南开大学化学系和经济研究所捐赠奖学金，鼓励优秀学生出国深造。

第二，以地缘为纽带的教育捐助。中国近代商人除了个人自发的捐资助学以外，同乡的力量也不可小视。在一些通商大埠中，商人们都以同乡关系

① 周秋光:《近代中国慈善论稿》，人民出版社 2010 年版，第 123 页。
② 虞和平编:《经元善集》，华中师范大学出版社 1988 年版，第 246 页。

结成“帮”，例如“宁波帮”“广东帮”等。在以“帮”的力量应对商战的同时，他们受到当时“教育救国”社会思潮的影响和洗礼，抱着“家国情怀”高举捐资兴国的大旗创办教育。例如名噪一时的宁波帮，他们对中国教育的每一项捐赠几乎都留下了那个时代的印记。宁波帮主要是指宁波籍商人、以埠外宁波籍商人为主体的宁波人、在外宁波籍人士及其后裔等三个部分。[①]宁波帮起源于宁波同乡会，从商人叶澄衷及后人[②]励精图治率先在上海创建了由中国人出资兴办并自行管理、自编教材的近代新式学堂；到旅日侨领吴锦堂归国创办职业教育学堂，丰富实业教育思想，捐资家乡教育事业；再到李霞城募资创办宁属县女子师范学校。宁波帮商人承前启后，源源不断地为中国教育的发展做出了自己贡献，为后人树立了榜样。[③]

第三，以业缘为纽带的捐助。随着近代中国商人、实业家捐资助学之风日上，加之中国近代社会经济发展的需要，以行业、企业为单位的捐助不断涌现。一些银行利用贷款和设立子女教育储备金等方式对教师和学生进行资助，例如上海商业储蓄银行各地支行为他们提供低息贷款。当时市面其他贷款利息高昂，加之通货膨胀、货币贬值，而助学贷款之低息足以抵偿货币贬值的损失，发放对象包括当时的金陵大学、金陵女大、齐鲁大学、燕京大学等10余所大学，受助者多达3000余人。[④]

这些新式商人或企业家既坚持近代经营的理念，又具有浓厚的同乡意

① 陈厥祥:《宁波帮与20世纪中国教育》，浙江大学出版社2007年版，第134页。

② 叶澄衷（1840—1899），镇海庄市人，创设了上海第一家华人五金商号，时称“五金大王”。他生前一心想建立中西式的储才学堂，弃旧科，立新学，注重学习西方科学技术知识。但令人遗憾的是，未及学校建成，他便与世长辞。后人为了帮他完成遗愿，捐资建立了近代新式学堂。

③ 李镜第，字霞城，以盐起家，1912年创办师范学校并任校董，该校学生最多时曾有200余人。

④ 赵云生主编:《中国大资本家传·十.江南富豪卷》，时代文艺出版社1998年版，第495页。

识，最重要的是具有“重教”的思想。他们不仅为本籍子女有机会接受教育和提高本籍商人的文化素质做出了贡献，同时也在客观上促进了中国近代教育的发展。

三、当代我国高等教育社会捐赠的发展——沉寂后的复兴

新中国成立之后，在计划经济体制的主导下，国家成为解决资源配置、收入分配以及个人消费问题的基本主体与手段。在这种意识形态和行政集权的推动下，私立学校不断被接管。1952 年高等学校院系大调整后，私立学校随私有经济一起淡出人们的视线，所有私立大学逐渐被转为公办，私立高等教育制度从此失去了生存的土壤。与之相伴的一系列调整，如高等教育的经费也走向均由国家财政拨款的单一渠道。长期的计划经济体制使得我国的教育长期依赖财政，因此，教育经费的多元化一直处于初步形成阶段。尤其是教育捐赠占教育总经费的比例，长期以来一直增长缓慢。自 1980 年以来，国家除增加教育投资外，经济制度也使人们的观念、意识发生了巨大的变化。国民一度认为发展教育事业是政府的责任，是提供给大众的教育福利，政府应该出面承担教育筹资责任。这种意识最终导致人们对社会责任一度迷失，致使社会捐赠文化出现断层，企业家和社会各界对教育的捐赠也屈指可数。直到改革开放以后，我国经济发展方式的转变、国家和社会对教育事业的重视以及非营利组织的发展，才使得我国高等教育社会捐赠事业重新起步。

（一）高等教育捐赠的组织机构逐步建立

随着大学接受社会捐赠的款项逐渐增多，捐赠活动逐渐发展壮大，高校意识到有必要建立专门的组织机构，这样有利于高等教育捐赠的规范化和制度化。随着 1986 年暨南大学在香港设立教育基金会办事处，1988 年安徽

大学校董会成立，我国高等教育一批教育捐赠管理机构逐渐发展起来。截至2011年10月，我国的大学基金会已经成立192家，原始基金总额为12亿元。其中109家基金会的原始基金规模都集中在200万元—400万元，原始基金在2000万元以上的大学基金会只有19家，但其基金总额占大学基金会原始基金总额的53%（见表3-11）。由此可见，我国大学基金会原始基金规模呈现出极其不均衡的局面。基金会的总资产可以从一定程度上反映出大学争取社会捐赠的成果。2008—2010年，我国大学基金会的资产总体状况随基金会数量的增加呈现明显逐年递增的趋势。大学基金会数量在3年内增长了59%，总资产增长了93%（见表3-12）。3年间，总资产在100万元—5000万元的基金会数量占总数的30%以上。2010年，1亿元以上的基金会由2008年的7家增加到17家。

表3-11 我国大学基金会原始基金规模分布

原始基金规模（万元）	基金会数量（家）	比例（%）	基金总额（万元）	比例（%）
200—399	109	56	22874	18
400—799	53	28	23590	19
800—1999	11	6	11205	10
2000以上	19	10	66046	53
合计	192	100	123715	100

资料来源：数据由基金会中心网（www.foundationcenter.org.cn）整理而得。

表3-12 我国大学基金会总资产规模分布

年 份	总资产（万元）	基金会数量（家）
2016年	4097900	488
2017年	4775900	537
2018年	5367500	549

资料来源：数据由基金会中心网（www.foundationcenter.org.cn）整理而得。

（二）社会捐赠的意识不断增强

20 世纪 80 年代初，一些爱国华侨、港澳同胞以基金的形式捐资我国的教育事业，如邵逸夫、曹光彪、包玉刚等。他们一掷万金，从留学生教育到国际交流，从建楼造馆到设奖捐基金，从希望工程到一流大学建设……他们成为我国 20 世纪下半叶捐资兴学的典范并促进了我国教育捐赠事业的发展。基金会中心网数据显示，2010 年我国大学基金会总收入为 46.56 亿元，总收入中 90% 以上都来自捐赠，其次是投资收入，占总收入的 5%。据统计，截至 2017 年 12 月 6 日，成建制的全国高校基金会已达 527 家。在 42 所世界一流大学建设高校中，仅国防科技大学、云南大学尚未成立大学教育基金会。在 95 所世界一流学科建设高校中，仅西北大学等 11 所高校尚未成立基金会。在地域分布上，除西藏自治区外，我国内地其他省份均有大学教育基金会组织，其中，江苏、浙江、广东、北京等省份数量较多。截至 2018 年底，全国高校基金会净资产超过 300 亿元人民币，超过全国非公募基金会净资产总量的 50%（见表 3–13）。

表 3–13　我国总资产排名前十位的大学基金会（2018 年）

排名	基金会名称	总资产（万元）
1	清华大学教育基金会	836743
2	北京大学教育基金会	571576
3	浙江大学教育基金会	277727
4	上海交通大学教育发展基金会	142714
5	南京大学教育发展基金会	126389
6	北京师范大学教育发展基金会	97695
7	复旦大学教育发展基金会	82499
8	中国人民大学教育基金会	78306
9	北京航空航天大学教育基金会	65217
10	武汉大学教育发展基金会	40317

（三）仍存在大量潜在的捐赠资源未得到开发

教育部、国家统计局、财政部曾发布了2017年全国教育经费执行情况统计公告。公告显示，2017年全国教育经费总投入为42562.01亿元，同比增长9.45%。2013年以来，我国政府在高等教育投入中的比例徘徊在61%左右，与绝大多数欧洲大陆国家相比是偏低的。相关研究表明，我国政府高等教育投入占财政支出的比例从2013年开始逐年下降，政府对高等教育投入的力度逐渐减弱。

近年来，随着我国高等教育规模不断扩大，高等教育入学机会大幅增加。2016年我国高等教育在学总规模为3699万人，毛入学率达到42.7%。与此同时，高等教育经费投入不断增加，2016年全国高等教育经费投入已达到10125亿元，为高等教育的发展提供了有力支撑。

除国家财政投入外，其他渠道的教育投入为38%左右，其中社会捐赠对教育的投入仅为1.3%。由此可见，社会捐赠还有相当大的潜力可以发掘。而大学基金会若要发掘更多的募捐对象，首要的考虑就是其经济实力。改革开放40多年以来，我国经济发展呈现逐年增长的良好局面。随着民营经济、高科技企业和三资企业快速稳健的发展，富裕阶层的人数也在不断增加。由美林全球财富管理、凯捷咨询公司及瑞士信贷发布的《2018年全球财富报告》指出，美国家庭财富仍在持续增长，总值全球第一，中国排名第二。中国家庭财富总值达到51.9万亿美元，位居全球第二，增幅为4.6%；日本排名第三，财富总值为23.9万亿美元。2018年全球财富总额增长14万亿美元，达到317万亿美元，增幅为4.6%，超过人口增速。全球成人平均财富增长3.2%，达到63100美元，创下历史新高。中国目前家庭财富规模位居世界第二，增长2.3万亿美元（或4.6%），达到52万亿美元。中国的百万富翁人数增长18.6万（或5.6%），达到350万（相当于全球总数的

8.4%)，2014 年即已超过日本，日本目前百万富翁人数为 280 万（占全球总数的 6.6%）。自 21 世纪初以来，中国百万富翁人数迅猛增长，由 2000 年的仅 4.1 万人增至目前的 350 万人，增幅逾 80 倍。[①] 而在 2018 年，中国亿万富翁人数为 285 人，财富总额为 9960 亿美元，仅次于美国，居世界第二位（见表 3–14）。

表 3–14　2018 年亿万富豪最多的国家（地区）

国家（地区）	数量（人）	财富（亿美元）	人数变化	财富变化
美国	705	30130	↑ 3.7%	↓ 4.9%
中国	285	9960	↓ 15.7%	↓ 7.8%
德国	146	4420	↓ 3.9%	↓ 5.1%
俄罗斯	102	3550	↑ 6.3%	↑ 11%
英国	97	2090	↑ 7.8%	↓ 16.6%
瑞士	91	2400	↓ 8.1%	↓ 9.6%
中国香港	87	2590	↓ 6.5%	↓ 17.5%
印度	82	2840	↓ 21.2%	↓ 4.9%
沙特阿拉伯	57	1470	↓ 8.1%	↓ 13.2%
法国	55	1950	↑ 1.9%	↓ 6.1%

先且不论中国的奢侈品消费高速增长背后的原因何在，但可以肯定的是，随着中国经济的发展，中国富人的现有量是相当可观的。有关数据显示，私营企业正在积极参与社会公益事业，有过捐赠行为的企业比例达到 78.4%。由此可见，我国目前还存在着相当巨大的潜在捐赠群体有待发掘，我国教育捐赠事业还有广阔的发展空间。

前文介绍了我国当前大学社会捐赠的历史、现状以及“症状”。同医道一样，若要有效“治疗”我国大学社会捐赠发展过程中产生的问题，首先

① Merrill Lynch，“Global Wealth Management”，*World Wealth Report*，2018.

Chapter 04 | 第四章

我国教育捐赠的政策梳理与分析

需要一服好的“药引”。“药引”在中医里是指某些能引导其他药物的药力到达病变部位或某一经脉、主要发挥“向导”作用的药物。而要治疗我国大学社会捐赠中的问题，首先要有一服有效的“药引”，即国家的教育捐赠政策。它是制约大学社会捐赠事业发展的关键性外部因素，有了它才能有效增强后面所开药方的“疗效”，如果没有它，所开药方的“药力”便无法达到最佳的效果。在我国，政治和行政手段目前依然是一种辐射力和穿透力很强的力量，最明显的表现就是，国家制定的各项措施和政策会对个人、企业和组织的发展起到决定性的作用。本章试图分析新中国成立以来教育捐赠政策的历史变迁和实践逻辑，以便找出我国高等教育捐赠的外在影响因素。

第一节　政策分析框架

本章从时间的发展维度对近 30 年的教育捐赠及相关政策进行梳理和总结。政策内容是本章研究的重点，所以笔者将文本分析框架大致分为教育捐赠政策背景陈述、教育捐赠政策内容和教育捐赠政策特征的理性反思与评价三个部分。框架中的教育捐赠政策背景陈述主要是概括和解释政策出台时的社会情境，使研究建立在历史与逻辑相统一的基础之上。正如吴康宁所述：“无论社会变迁的成因中是否会有教育的作用，社会变迁或迟或早、或多或少都会对教育产生影响，且最终将导致教育变迁。”[①] 笔者试图把选定背景中的教育捐赠政策及相关文本内容进行归纳和提炼，努力把握其重要特征。这

① 吴康宁:《教育社会学》，人民教育出版社 1998 年版，第 155—156 页。

就要求对政策的阐释不仅仅停留在分析文字或话语的层面，而有必要把政策当作一种社会实践来理解。因为作为一份记载着政府在特定时空所做的一种权威价值分配的政策，它必然对社会现实及相关个人的存在产生深刻的影响，即政策蕴含着重要的社会、政治及权利的含义。①

第二节　政策的分析与梳理

一、20 世纪 70 年代末至 90 年代初，教育捐赠政策的起步与初探

（一）政策背景

党的十一届三中全会以来，我国进入了改革开放的转型时期，从根本上改变了墨守成规的僵化体制和封闭半封闭的状态，开启了改革开放的新时代，开始建立充满生机活力的社会制度。在政治领域，“四项基本原则”、《关于建国以来党的若干历史问题的决议》等一系列党和国家的政策纲领都在引领和帮助人们思考当时政治领域出现的问题和未来我国政治发展的方向。在经济领域，与政治体制相伴的经济体制也在发生着变化。中国共产党第十二次全国代表大会通过的《全面开创社会主义现代化建设的新局面》报告、党的十二届三中全会通过的《中共中央关于经济体制改革的决定》、党的十三大通过的《沿着有中国特色的社会主义道路前进》报告，强调了启动社会主义现代化的全面建设，明确了经济建设的战略目标，提出了发展社会主义商品经济、逐步建立和培育社会主义市场体系的规划，在以公有制为主

① 曾荣光:《教育政策研究：议论批判的视域》,《北京大学教育评论》2007 年第 4 期。

体的前提下继续发展多种所有制经济等。这一系列文件的提出，打破了我国固有计划经济体制下的思想意识和做法，为我国经济的快速发展注入了新的生机和活力。

与此同时，经济、政治体制的转变和改革不仅促进了经济的增长，同时逐步产生了一批比较富裕的阶层，这就为教育捐赠提供了可能。加之思想意识的逐渐开放和国际视野的扩展，我国社会开始在接受国外捐赠问题上，也逐渐打破了狭隘的心界。在教育领域，随着高考的恢复，人们渐渐意识到“知识”和“人才”才是经济发展的根本动力。中共“十二大”把教育与农业、能源、交通、科学共同列入国家经济战略发展的重点。随后，邓小平在立足经济建设的同时提出教育要“面向现代化、面向世界、面向未来”的原则，这不仅是教育工作的指导方针，还具有广泛而深远的普遍意义。但是，由于改革开放初期我国的大学主要都是由政府包办，而且教育的经费投入还相当有限，所以教育的发展相当缓慢，教育捐赠事业一度受到阻碍。

（二）政策内容

1985 年 5 月，我国出台了《中共中央关于教育体制改革的决定》。该决定指出：“发展教育事业不增加投资是不行的……如何在有限的财力物力条件下，把教育搞上去，满足社会主义现代化建设的迫切需要。这就要求我们通过改革来更好地调动各级政府、广大师生员工和社会各方面的积极性，团结一致，同心同德，多想办法，发挥各方面的潜力，使教育事业一年比一年更好地向前发展。”由此可以看出，国家和政府已经开始意识到了多渠道筹措经费对教育发展的重要性。1986 年，《中华人民共和国义务教育法》第十二条提出：“国家鼓励各种社会力量以及个人自愿捐资助学。”这也是我国首次明确了教育捐赠事业的合法地位并鼓励教育捐赠事业的发展。1993 年，《中国教育改革和发展纲要》第四十七条提出:“改革和完善教育投资体制，增加教育经费。目前，教育经费相当紧缺，不仅不能适应加快改革开放和现代化建设对人才的需求，而且也难以满足教育事业发展的基本需要。增加教育投资是落实教育战略地位的根本措施，各级政府、社会各方面和个人都要增加对教育的投入，确保教育事业优先发展。要逐步建立以国家财政拨款为主，辅之以征收用于教育的税费、收取非义务教育阶段学生学杂费、校办产业收入、社会捐资集资和设立教育基金等多种渠道筹措教育经费的体制。通过立法，保证教育经费的稳定来源和增长。”同时,《中国教育改革和发展纲要》第四十八条进一步详细指出筹措教育经费的主要措施包括“鼓励和提倡厂矿企业、事业单位、社会团体和个人根据自愿、量力原则捐资助学、集资办学、不计征税。欢迎港澳台同胞、海外侨胞、外籍团体和友好人士对教育提供资助和捐赠。各级政府要加强对集资工作的统筹管理”。1993 年 12 月国务院发布的《中华人民共和国企业所得税暂行条例》和次年出台的《中华人民共和国个人所得税法实施条例》规定 :“纳税人用于公益、救济性的捐赠，在年度纳税所得额 3% 以内的部分，准予扣除。个人捐赠额未超过其应纳税所得额 30% 的部分，可以从其应纳税所得额中扣除。”可以看出，国家从法律层面鼓励企业和个人为教育捐赠。

（三）政策的反思与评价

回顾上文提及的重要的法律法规可以发现，为适应改革开放过程中教育的发展和面临的挑战，我国开始意识到了教育捐赠对教育发展的重要作用。这一时期的政策条款可以归纳为以下几个特征。首先，这些政策都是在当时的社会背景下率先关注到了“捐赠”这一社会公益事业的作用和价值。虽然相关条例也只是一笔带过，但是这些条例中首次提及的教育捐赠问题，为之后的相关法律、法规的出台和政策的制定奠定了基础并提供了明确的法律依据。其次，促进了捐赠主体的多元化，例如企业、社会团体、个人等。虽然这些政策的出台在当时具有深远的意义，但是这一时期的政策无论从语言的表述还是捐赠政策内容条款都相当笼统、概括，大多都只是描述性的语言，缺乏可操作性。

二、20 世纪 90 年代中期至 90 年代末，教育捐赠政策的顺应与发展

（一）政策背景

20 世纪 90 年代中期，不断深入的改革开放进程为多种经济成分的共同发展开辟了广阔的空间，不同所有制形式企业的数量逐渐增多，社会主义市场经济体制逐步完善。企业的逐步发展为教育事业的发展提供了潜在的、有力的支撑。在高等教育领域，随着邓小平南方谈话中强调“经济发展，教育科技先行”以及随后的《中国教育改革和发展纲要》和《国务院关于〈中国教育改革和发展纲要〉的实施意见》先后发布，我国高等教育的规模开始逐步扩张。《中国教育改革和发展纲要》提出：“改变政府包揽办学的格局，逐步建立以政府办学为主体、社会各界共同办学的体制。”《全国教育事业“九五”计划和 2010 年发展规划》进一步提出：“运用立法、规划、拨款、信息服务、政策指导和必要的行政手段等，进行宏观管理，确立和落实学校面向社会自主办学的法人实体地位……基本形成以政府办学为主，社会各界共同参与的办学体制及公立学校和民办学校共同发展的格局。”从以上的政策中，我们可以总结出，政府逐渐放宽了学校的自主权，转变了政府包办的办学体制。由此，随着市场经济体制的不断完善和政府针对教育的相关法律政策的出台，教育逐渐走上了一条被舆论称为“教育产业化”的发展道路。“在发展主义、经济主义的发展背景下，教育以扩大规模、总量增长和提高

宏观效率为主要追求。”[①] 但由于此时政府对教育投入的严重不足，仅从侧面推动了我国教育捐赠事业的发展和教育捐赠政策的制定。

（二）政策内容

随着企业数量的不断攀升和教育发展受到经费制约的影响，我国自 20 世纪 90 年代中期至 90 年代末制定出台了一系列的政策法规（见表 4–1），鼓励社会各界向包括教育领域在内的公益事业捐赠。如 1996 年 5 月出台的《中华人民共和国职业教育法》、1998 年 8 月通过的《中华人民共和国高等教育法》等法案的主要目的都在于鼓励企业、事业组织、慈善团体等向教育领域捐赠。1999 年，为鼓励捐赠，保护捐赠人、受赠人和受益人的合法权益，促进公益事业的发展，我国颁布并实施了《中华人民共和国公益事业捐赠法》。该法案在我国捐赠事业的发展史上具有重要的价值，标志着包括教育捐赠在内的公益事业捐赠步入了法律的轨道。这部法律是为了调动企业公益捐赠的积极性而出台的，它明确界定了公益捐赠、公益性社会团体和公益性非营利性事业单位的概念和范围，特别是对公益财产的使用和管理、优惠措施等都有了明确的规定。其中第二十四条规定：“公司和其他企业依照本法的规定捐赠财产用于公益事业，依照法律、行政法规的规定享受企业所得税方面的优惠”。第二十五条、二十六条还分别规定了个人、境外机构进行捐赠可享有的相关税收优惠。这些法律的出台都间接促进了教育捐赠事业的发展。

① 邹东涛:《中国经济发展和体制改革报告：中国改革开放 30 年（1978—2008）》，社会科学文献出版社 2008 年版，第 67 页。

表 4-1 我国教育捐赠的政策

出台时间	政策法律名称	主要内容
1985-5-27	《中共中央关于教育体制改革的决定》	（1）发展教育事业不增加投资是不行的。 （2）如何在有限的财力物力条件下把教育搞上去，满足社会主义现代化建设的迫切需要。这就要求我们通过改革来更好地调动各级政府、广大师生、员工和社会各方面的积极性，团结一致，同心同德，多想办法，发挥各方面的潜力，使教育事业一年比一年更好地向前发展。
1986-4-12	《中华人民共和国义务教育法》	国家鼓励各种社会力量以及个人自愿捐资助学。
1993-2-13	《中国教育改革和发展纲要》	（1）改革和完善教育投资体制，增加教育经费。目前教育经费相当紧缺，不仅不能适应加快改革开放和现代化建设对人才的需求，而且也难以满足教育事业发展的基本需要。增加教育投资是落实教育战略地位的根本措施，各级政府、社会各方面和个人都要增加教育的投入，确保教育事业优先发展。要逐步建立以国家财政拨款为主，辅之以征收用于教育的税费、收取非义务教育阶段学生学杂费、校办产业收入、社会捐资集资和设立教育基金等多种渠道筹措教育经费的体制。通过立法，保证教育经费稳定增长。 （2）鼓励和提倡厂矿企业、事业单位、社会团体和个人，根据自愿、量力原则捐资助学或集资办学，不征税。欢迎港澳台同胞、海外侨胞、外籍团体和友好人士对教育提供资助和捐赠。各级政府要加强对集资工作的统筹管理。
1993-12-13	《中华人民共和国企业所得税暂行条例》	纳税人用于公益、救济性的捐赠，在年度纳税所得额 3% 以内的部分，准予扣除。
1994-1-28	《中华人民共和国个人所得税法实施条例》	捐赠额未超过纳税义务人申报的应纳税所得额 30% 的部分，可以从其应纳税所得额中扣除。
1996-5-15	《中华人民共和国职业教育法》	国家鼓励企业、事业组织、社会团体、其他社会组织及公民个人对职业教育捐资助学，鼓励境外的组织和个人对职业教育提供资助和捐赠。提供的资助和捐赠，必须用于职业教育。
1998-8-29	《中华人民共和国高等教育法》	国家建立以财政拨款为主、其他多种渠道筹措高等教育经费为辅的体制，使高等教育事业的发展同经济、社会发展的水平相适应。国家鼓励企业事业组织、社会团体及其他社会组织和个人向高等教育投入。

（续表）

出台时间	政策法律名称	主要内容
1999-6-28	《中华人民共和国公益事业捐赠法》	公司和其他企业依照本法的规定捐赠财产用于公益事业，依照法律、行政法规的规定享受企业所得税方面的优惠；自然人和个体工商户依照本法的规定捐赠财产用于公益事业，依照法律、行政法规的规定享受个人所得税方面的优惠；境外向公益性社会团体和公益性非营利的事业单位捐赠的用于公益事业的物资，依照法律、行政法规的规定减征或者免征进口关税和进口环节的增值税。
2002-1-7	《教育部 2002 年工作要点》	进一步吸引社会资金发展教育，大力提倡和鼓励社会各界、机关、企业和个人捐资助学，设立教育发展基金，接受国内外各界对教育的捐赠和赞助。落实国家对民办学校的减免税、奖励等扶持政策。争取金融信贷等方面加大支持教育发展的力度。
2004-2-5	《财政部国家税务总局关于教育税收政策的通知》（财税号〔2004〕39 号）	纳税人通过中国境内非营利的社会团体、国家机关向教育事业的捐赠，准予在企业所得税和个人所得税前全额扣除。
2004-3-3	《2003—2007 年教育振兴行动计划》	（1）拓宽经费筹措渠道，建立社会投资、出资和捐资办学的有效激励机制。在非义务教育阶段，要合理确定政府和受教育者分担办学成本的比例，收费标准要与居民家庭承受能力相适应。 （2）完善企业及公民个人教育捐赠的税收优惠政策，探索企业合理分担职业教育经费的办法。扶持发展各种形式的公益性教育基金和信托基金，扩大彩票收益用于支持教育的份额。鼓励和支持学校开展勤工俭学、发展校办产业。积极鼓励和引导社会、企业和公民个人捐资助学、出资和投资办学。
2005-10-27	《中华人民共和国个人所得税法》	个人将其所得对教育事业和其他公益事业捐赠的部分，按照国务院有关规定从应纳税所得中扣除。这里所说的个人将其所得对教育事业和其他公益事业的捐赠，是指个人将其所得通过中国境内的社会团体、国家机关向教育和其他社会公益事业以及遭受严重自然灾害地区、贫困地区的捐赠。

（续表）

出台时间	政策法律名称	主要内容
2006-6-6	《财政部国家税务总局关于中国教育发展基金会捐赠所得税政策问题的通知》（财税〔2006〕68号）	对企业、事业单位、社会团体和个人等社会力量，通过中国教育发展基金会用于公益救济性捐赠，准予在缴纳企业所得税和个人所得税前全额扣除。
2008-1-1	《中华人民共和国企业所得税法实施条例》	企业发生的公益性捐赠支出，在年度利润总额12%以内的部分，准予在计算应纳税所得额时扣除。
2009-10-12	《中央级普通高校捐赠收入财政配比资金管理暂行办法》	为引导和鼓励社会各界向高等学校捐赠，拓宽高等学校筹资渠道，进一步促进高等教育事业发展，从2009年起，中央财政设立配比资金，对中央级普通高校接受的捐赠收入实行奖励补助。财政部会同教育部根据主管部门提出的配比资金申请，对符合规定条件的捐赠收入总额采取分档按比例核定的方式，并综合考虑高校地理位置、财力状况等因素，逐校确定配比资金数额，按部门预算管理程序拨付资金。各高校所获配比资金实行上限控制。配比资金适当向财力薄弱高校倾斜
2010-7-29	《国家中长期教育改革和发展规划纲要（2010—2020年）》	充分调动全社会办教育积极性，扩大社会资源进入教育途径，多渠道增加教育投入。完善财政、税收、金融和土地等优惠政策，鼓励和引导社会力量捐资助学、出资办学。
2015-12-27	重新修订《中华人民共和国高等教育法》	高等教育实行以举办者投入为主、受教育者合理分担培养成本、高等学校多种渠道筹措经费的机制。同时，国家鼓励企事业组织、社会团体及其他社会组织和个人向高等教育投入。
2019-2-13	《2019年加快推进教育现代化实施方案（2018—2022年）》	健全教育经费投入机制和管理机制以及完善教育现代化投入支撑体制。确保财政教育投入持续稳定增长，保障国家财政性教育经费支出占GDP的比例不低于4%。积极扩宽投资渠道，鼓励社会力量捐资兴学。推行政府和社会资本合作模式，鼓励企业等社会资本参与除义务教育学校之外的项目建设。

（三）政策的反思与评价

这一时期的政策法规从总体上看，教育捐赠开始走上法制轨道，数量有所增加，且在文字表述上也更加详尽具体，政策法规逐渐细化，对捐赠主体和捐赠对象的权利与义务进行了明确的界定。但是，由于此时教育捐赠刚刚步入法律轨道，其涉猎范围没有完全聚焦到教育领域，导致大多数的法律条文相对笼统，缺乏可操作性，比如税率优惠的具体数值是多少、对不同类别学校等受赠群体的优惠有无区别等。

三、21 世纪以来，教育捐赠政策的探索与前进

（一）政策背景

经过改革开放 20 多年的历练和洗礼，我国的经济进一步发展，国人的生活水平和文化观念也发生了质的变化。但是，由于我国区域之间、城乡之间经济发展的不平衡，贫富差距越来越显著。从 2000 年开始，我国基尼系数已越过 0.4 的警戒线。根据中国国家统计局的统计，2017 年基尼系数为 0.4670，较 2016 年上涨 0.002 个百分点，目前基尼系数接近 0.5，远远超过了警戒线。不少学者提出了大力发展包括教育捐赠在内的慈善事业，发挥“国民收入第三次分配”的积极作用，缩小贫富差距。在高等教育方面，随着《面向 21 世纪教育振兴行动计划》和《中共中央国务院关于深化教育体制改革全面推进素质教育的决定》的出台，我国高等教育的规模急剧扩大。依据《2017 年全国教育事业发展统计公报》，我国高等教育毛入学率达到 45.7%，全国共有大学（含独立学院）2613 所。在校大学生数量达到了 3779 万人，跟 1978 年相比，绝对人数增长了 16 倍；在校大学生占全国人口数的比例高达 2.7%，约为 1978 年的 12 倍。

高等教育疾风骤雨般的扩张速度和杯水车薪的财政投入形成了鲜明的反差，经费不足已经成为制约高等教育发展的瓶颈。因此，无论是政界还是学界都意识到借鉴西方大学筹资模式的重要性，肯定了教育捐赠事业对大学发

展的意义。

（二）政策

无论是教育部在21世纪初的工作要点，还是2010年出台的《国家中长期教育改革和发展规划纲要（2010—2010）》，都在大力提倡和鼓励社会各界捐资助学，以法律的手段保障和推动捐赠行为。同时，我国的税率政策也开始逐渐细化，通过减免税的形式鼓励企业和个人向教育捐赠。《财政部国家税务总局关于教育税收政策的通知》《基金会管理条例》《2003—2007年教育振兴行动计划》《中华人民共和国个人所得税法》《财政部国家税务总局关于中国教育发展基金会捐赠所得税政策问题的通知》《财政部国家税务总局关于中国青少年发展基金会等6家单位捐赠所得税政策问题的通知》等法规文件都对捐赠教育事业有具体的解释说明。其中值得一提的是，2008年1月1日起正式实施的《中华人民共和国企业所得税法实施条例》第九条规定："企业发生的公益性捐赠支出，在年度利润总额12%以内的部分，准予在计算应纳税所得额时扣除。"该条例将企业捐赠免税额度由1993年的3%增加至12%。2009年1月1日起正式实施的新《企业所得税法》也对企业捐赠免税额度做出了相应的调整。这样的政策完善了对教育捐赠主体的利益补偿机制，但是这还不够，应继续加大对个人捐赠免税的优惠幅度。同年，国家颁布了《中央级普通高校捐赠收入财政配比资金管理暂行办法》，其中提出了为引导和鼓励社会各界向高校捐赠，拓宽高校筹资渠道，进一步促进高等教育事业发展的策略。从2009年起，中央财政设立配比资金，对部属普通高校接受的捐赠收入实行奖励补助。财政部会同教育部根据主管部门提出的配比资金申请，对符合规定条件的捐赠收入总额采取分档按比例核定的方式，并综合考虑高校地理位置、财力状况等因素，逐校确定配比资金数额，按部门预算管理程序拨付资金，对各高校所获配比资金实行上限控制，并且配比资金也会适当向财力薄弱高校倾斜。

从 2010 年开始，我国更加关注教育经费来源的多样性。如《国家中长期教育改革和发展规划纲要（2010—2020 年）》指出，要充分调动全社会办教育的积极性，扩大社会资源进入教育的途径，多渠道增加教育投入；完善财政、税收、金融和土地等优惠政策，鼓励和引导社会力量捐资助学、出资办学。2015 年 12 月 27 日，第十二届全国人民代表大会常务委员会第十八次会议重新修订了《中华人民共和国高等教育法》。新《高等教育法》第七章提出，高等教育实行以举办者投入为主、受教育者合理分担培养成本、高等学校多种渠道筹措经费的机制。同时，国家鼓励企事业组织、社会团体及其他社会组织和个人对高等教育捐赠的行为。

2012 年，国家财政性教育经费首次突破 2 万亿元，占 GDP 的比例首次超过 4%。国家对高等教育的投入力度也随之增长，2012 年发布的《教育部关于全面提高高等教育质量的若干意见》提出，要加大对研究生教育财政投入，健全研究生教育收费和奖学金制度，增加研究生的研究资助额度。该意见也提出要完善高校经费投入保障措施，建立动态调整机制，依法保证生均财政拨款逐步增长，完善财政配比政策，调动高校吸收社会捐赠的主动性和积极性。2015 年，国务院印发《关于进一步完善城乡义务教育经费保障机制的通知》，要求整合农村义务教育经费保障机制和城市义务教育奖补政策，建立统一的中央和地方项目、按比例分担的城乡义务教育经费保障机制。

此后，我国逐步走向了现代化道路。2019 年中共中央国务院先后印发了《加快推进教育现代化实施方案（2018—2022 年）》和《中国教育现代化 2035》，它们分别提出了健全教育经费的投入机制和管理机制，以及完善教育现代化投入支撑体制、确保财政教育投入持续稳定增长和保障国家财政性教育经费支出占 GDP 的比例不低于 4% 的政策。政府积极拓宽投资渠道，鼓励社会力量捐资兴学，并且推行政府和社会资本合作模式，鼓励企业等社会资本参与除义务教育学校之外的项目建设。

（三）政策评价

这一阶段的政策特点可以概括为以下两点：数量逐渐增多；内容更加翔实、具体，即既有对原有捐赠政策的补充，又有对现有捐赠政策的改进。

从对企业的免税额度的提高到《基金会管理条例》的出台，再到教育捐赠机构的监管，可以看出我国教育社会捐赠呈现出规范化、科学化、法制化的特点。但是，目前我国对捐赠者的税收减免额度相比西方国家仍然过低。在西方，民众的社会捐赠意识和习惯的培养在很大程度上受到了国家捐赠税收减免政策的激励，国家对捐赠人设定了许多优惠条件。例如，加拿大个人公益性捐赠实行的是税收抵免制度。加拿大税法规定，对于个人公益性捐赠，给予其最低联邦和省级累进税率。目前，加拿大所得税体系实行的是三级累进税率：17%、20% 和 29%。税收抵免政策极大地鼓励了个人的公益性捐赠行为。为鼓励企业公益性捐赠行为，加拿大企业公益性捐赠税前扣除比例逐年提高，由原来的 20% 提高至现在的 75%。美国对企业捐赠的免税比例是 11%。除此之外，美国还实行配套资金法规措施，即政府对个人捐赠提供一定比例（各个州法规定的比例不同）配套资金以刺激捐赠者，如果捐赠 100 万美元，可以获得 50% 的配套资金比例，因而归在该人名下的总捐赠额就变成了 150 万美元。相比西方国家，我国目前关于社会捐赠的法律政策对企业捐赠的优惠政策仍然不足，相关条款比较粗糙，没有根据具体的捐赠对象进行细化。

上文系统分析和梳理了我国从新中国成立以来关于教育捐赠的各项政策，根据教育捐赠政策的特征和背景，将其划分为起步与初探、顺应与发展、探索与前进三个阶段。通过对相关政策产生的背景、政策内容的分析和梳理，可以发现我国教育捐赠政策的总体特征是日趋规范化、科学化、法制化，但发展的水平和层次相对较低。与我国教育捐赠事业的发展速度相比，教育捐赠政策表现出明显的滞后性。归结起来，我国的教育捐赠政策在制定过程中仍然存在以下三个问题。

第一，鼓励政策多、监管政策少；宏观规定多，具体办法少。目前，我国还没有出台专门的教育捐赠法。相关教育法律法规对教育捐赠活动的指导不够具体深入，对实践的指导参考性不大。从教育法到《国家中长期教育改革和发展规划纲要（2010—2020年）》等教育相关政策法规可以发现，很多政策都对教育捐赠有所提及，但是其内容仅仅停留在鼓励和支持社会各界以捐赠的形式促进教育的发展，这样的政策内容过于“蜻蜓点水”，实操性不高。即便是《基金会管理条例》中对资金监管做出了规定，但仅仅是纲领性的约束，缺乏可操作性。因此，国家应出台具体的监管方面的实施细则，增加透明度，以此获得捐赠者的信任。

第二，相关的配套政策不够系统和完善。上文提及了发达国家对教育捐赠的配套政策相对完善、具体，值得借鉴。我国已经开始意识到制定相关教育捐赠配套政策的必要性，如近些年来颁布的《企业所得税暂行条例》、《个人所得税法实施条例》以及《教育税收政策通知》等文件，表明了政府对企业或个人捐赠提出了实质性的鼓励办法。但是，与发达国家和地区的系统、完善的配套政策相比，仍有相当大差距。例如，美国出台了一系列的政策鼓励高等教育捐赠，包括为捐赠者提供比我国的优惠幅度更大的税收减免政策和制定特殊政策鼓励大学捐赠，如配套税金政策、税收优惠政策和征收高额的遗产税。

第三，政策制定的科学化水平相对较低。教育政策的制定应该遵循教育政策问题认定、教育政策议程、教育政策决定和教育政策表达与合法化等几个阶段。[①] 我国教育捐赠政策的出台虽然能遵循这一科学化的程序进行，但是技术水平不高，科学化程度低。多数政策不是在深入分析目前教育捐赠实践现状的基础上提出的，因此很多政策呈现出内容层次低、可操作水平低的特征，并且具有对教育捐赠活动中暴露出的问题规范作用有限、对教育捐赠政策执行的效果估计不足以及可行性论证缺乏或不够严谨等问题。

① 黄忠敬:《我国教育政策制定过程之探讨》,《教育理论与实践》2007 年第 5 期。

Chapter 05 | 第五章

我国大学接受社会捐赠的影响因素分析

从前文的数据可以得知，我国具有巨大的社会捐赠发展潜力，但如何有效发掘这些潜在资源，如何有效吸引社会捐赠，仍然是当前我国大学面临的困惑。维斯普（Wispe）指出："'捐赠人为何总是有选择地提供捐赠'这一问题，已经困扰了许多哲学家和经济学家。"[①] 募捐从其产生之日起，大致经历了"乞求"、"收集"和"发展"三个阶段，从乞求别人的怜悯和施舍发展到有计划、有组织地开发与培养捐赠机构和捐赠个人，再到发展成捐赠者也可以从捐赠中收益。詹姆斯·P.盖拉特（James P. Gelatt）认为，募捐是艺术也是科学。因此，大学需要为募捐采取行动。高等教育捐赠的组织和个人常常会受到组织因素影响。维纳布尔（Venable）[②] 等认为；捐赠接受组织的相关特征在影响捐赠者选择方面具有一定的作用。因此，本章试图探究大学的哪些特征会影响大学募捐的业绩。

第一节　一项预研究

为了探究我国大学社会捐赠的学校组织自身因素的维度结构和影响因子，笔者在已有文献分析的基础上，运用名义群体技术法和焦点小组讨论法进行分析。

---

① Wispe L., *Altruism, Syrnpathy and Helping: Psychological and Sociological Principles*. Academic Press, New York, 1978.

② Venable B. T., Rose G. M., Gilbert, F. W. "Measuring the Brand Personality of Nonprofit Organizations". *Advanees in Consumer Researeh*, 2003, Vol. 30, pp. 79.

一、名义群体技术法

名义群体技术法（Nominal Group Technique），又称 NGT 法、名义团体技术、名目团体技术、名义群体技术或名义小组法。名义群体技术法是指在决策过程中对群体成员的讨论或人际沟通加以限制，群体成员需在没有相互交流、讨论之前独立思考某一问题并将想法记录下来。然后，小组成员对每个问题展开讨论。群体成员都出席会议，但他们首先进行个体决策。名义小组讨论法的要求如下：第一，以小组的形式集合讨论，在讨论之前，每个成员需独立写下对某问题的观点或看法；第二，经过一段时间的思考后，每个成员将自己的想法表述出来，并有专人记录（通常记在一张活动的画图或黑板上）；第三，群体开始讨论并对每个想法做出评价；第四，每个群体成员对各种想法排序，最后综合决策最高的想法。笔者根据此方法的要求具体展开了如下步骤的研究。

首先，确定讨论小组成员。笔者从北京市某高校全日制在校学生中招募 30 名成员，分成两个小组，每组各 15 人。在本研究之前的 5 年中，小组内成员均需要有向非营利组织大学捐赠或在其中担任志愿者的经历。选择有该经历的成员，目的是他们在判断笔者所提出的问题时更具相对丰富的经验，以便做出判断和分析。其次，对讨论过程施加控制。讨论由笔者主持，时间约在一个小时。讨论地点选在教室、会议室等安静的地点，由笔者事先准备好笔、纸、录音笔等。再次，实施小组讨论。在讨论前，首先感谢他们的参与，向参与者概括说明此次研究的主题和问题，并向他们提出了录音请求。在征得同意以后，笔者要求每位参与者把自己假想成有能力为大学提供捐赠的个体。假设参与者已经具有向一所大学捐赠的意愿，在捐赠资源有限的情况下，大学的哪些特征会影响他们的最终捐赠选择。请他们列出能描述这些特征的三个词或短语，在每个小组成员独立完成之后，再行讨论。最后，整理小组讨论结果。经过对同一参与者所列出的3个特征和不同成员的描述进行整理归纳后，剔除重复或近义表达并合并类似表达后，笔者共得到18个描述假想捐赠大学应具有的感知特征（见表5–1）。

表5–1 名义小组描述假想捐赠大学应具有的感知特征

特征词语	频数排序
知名度	9
捐赠款公开、透明	9
值得信赖	8
母校	8
具有很好的募捐项目	8
能够有效率地利用捐款	6
在该学校中有令我难忘或感动的经历	6
有自己喜爱的教师	5
学校具有良好的未来发展愿景	5
能和我保持良好的互动	5
募捐者有足够的理由和说服能力	5
具有优势学科	4
学校管理有方	4
需要捐赠	4
基础学科缺乏资金	4
有吸引力	3
历史悠久	2
具有自己感兴趣的专业	2

二、焦点小组讨论法

笔者为进一步探讨名义群体技术法获得的结论，特采用焦点小组讨论的形式获得参与者对大学捐赠的感知和判断。焦点小组讨论法又称小组座谈法，通常采用小型座谈会的形式，在主持人的引导下以一种无结构、自然的形式与群体进行交谈，从而获得对有关问题的深入了解。焦点小组讨论遵循以下步骤。

首先，焦点小组成员的确定。为了比较和补充名义群体小组讨论的结果，笔者没有选择只对大学社会捐赠活动感知和经验的在校学生，而是选择了对大学社会捐赠有着丰富认识和经验判断的大学基金会的工作人员，本活动共选择 8 人。其次，对焦点小组讨论过程加以控制。考虑到大学基金会成员的工作性质和工作时间的安排，本小组讨论选择在该基金会每周例行的研讨会中进行，以保证小组成员的配合。为了确保小组成员的思路不受干扰，讨论地点选择在该基金会的会议室中进行。再次，焦点小组讨论实施。在讨论前，首先感谢他们的参与，向参与者概括说明此次研究的主题和研究问题，并向他们提出录音请求。在征得小组成员的同意后，笔者要求每位参与者对名义技术小组讨论的结果以及讨论的录音内容加以分析，然后展开讨论，请他们列出能描述这些特征的 5 个词或短语并尽量做出详细的解释。最后，讨论结果。通过对焦点小组讨论的整理与归纳，笔者发现除少数几个词或短语未提及外，大部分词语曾在名义技术讨论中出现过，但焦点小组讨论也出现了一些新的词语，如校领导对募捐的重视程度、募捐技巧、公益心等。表 5–2 是对名义小组讨论观点和焦点小组讨论观点的整理。

通过对名义小组和焦点小组讨论结果的分析与整理，我们对影响募捐业绩的大学自身因素有了一个大致的了解，如大学的知名度、公信力、募捐项目等。为进一步求证预研究的结论，笔者采用了量化研究的方法。

表 5–2　名义小组和焦点小组讨论的部分观点

词　语	两个小组的讨论部分观点
知名度	很多企业或捐赠人并不了解大学的需要，甚至对有些大学的名字都不熟知。如果选择捐赠大学，很多捐赠者都会选择像北大、清华这样的比较知名的大学或比较知名的院系，品牌效应影响捐赠者的决策是比较常见的现象……
捐款的公信度	这是在平时的募捐活动中捐赠人最关心的问题。他们经常会提出各种各样的要求，以保证其所捐款项用途的透明度。记得曾在和同行交流的过程中听说某企业家因为某某学校的基金会网站做得不够完善、很多捐赠信息的表述不清晰或捐赠数据没有公开，最后放弃向该校捐赠的想法……
悠久的历史	我会把钱捐给保存有 100 年以上“年龄”古老建筑的大学，不管它是否作教学用；它们是大学历史发展的象征，是大学文化的象征。我认为把钱捐给一所具有悠久历史的大学很值……
学校愿景	我会看这个学校有没有长远的规划，它可能现在不是什么名牌大学，但是让人感觉有希望、有发展动力，它确实需要我的捐助，我希望我的钱能用在“刀刃上”，这样才有成就感嘛……
校领导的重视程度	募捐关键看领导重不重视，某某大学的领导总是在外面拉项目，校长出面了那效果肯定不一样；募捐只是学校资金来源的一小部分，校长关不关注都没有什么太大的影响。
母校	刚才在思考这个问题时，我的第一闪念就是把钱捐给我本科时期的母校。那儿有我的很多回忆，至今让我恋恋不舍。母校让我学会了很多东西：知识、能力、关爱……
募捐项目	我所接触的捐款人很少是把钱直接给你让你自由支配的，你想让对方捐赠必须有打动他的好的项目，项目设计不仅要好，还要细致，让他们感觉到诚意。
……	……

第二节　研究假设与概念模型的构建

基于文献综述中以往研究者的假设和预研究获得的结果，我们提出了以下假设并绘制了概念模型图。

一、大学的综合实力与募捐业绩的关系

综合实力与核心竞争力是大学发展研究的热点和焦点。一些学者认为，大学综合实力的概念是借鉴“综合国力”的概念引入大学发展研究当中的。美国学者德布拉·M. 阿米登（Debra M. Amidon）认为，作为特殊的知识产业中的一环，大学以学生为用户。大学综合实力一方面表现为大学自身的价值，如大学品牌、学术声誉的形成；另一方面则表现为给学生带来更多的“消费者剩余”，提高学生的满意度。还有学者从宏观层面把大学的综合实力分为“硬实力”和“软实力”。“硬实力”指有形的实力要素，以物质形态存在的（包括人、财、物等）可计量的指标；“软实力”一般不可计量，主要指大学的管理水平和办学特色。“硬实力”与“软实力”是相互作用、相辅相成的。[①] 另一些学者（如黄孙庆）认为“综合实力”有广义和狭义之分，广义的“大学综合实力”是指大学的竞争力、影响力、发展力、创新力等诸多影响的综合指标，包括政治环境、文化氛围、师资水平、人才培养的质量与国际化程度等；狭义的“大学综合实力”主要是指大学的办学实力和办学水平，包括治校理念、办学指导思想、生源质量、教育经费与基础设施等。相关研

① 刘尧:《论大学综合实力与核心竞争力及其培育》,《大学研究与评价》2008 年第 2 期。

究表明，高校筹资能力是学校综合实力的重要体现。① 学费收入、科研经费收入、捐赠收入等经费筹措都和学校的综合实力、知名度有关。② 英国学者迈克尔·沙托克（Michael Shattock）认为，大学的声誉等综合实力因素的价值在筹措经费方面体现得最为显著。他认为相对于历史悠久的牛津和剑桥，年轻一些的大学在获得捐赠方面没有那么幸运，因为赞助人不愿意把钱捐给那些不能令他们引以为豪的大学。“赞助人愿意为成功的大学锦上添花，愿意奖励成绩，愿意看到他们的赞助不仅得到好的利用，而且能给大学的整体地位带来增值效应。” ③ 笔者分析了 2009 年全美大学捐赠基金排名与同年的美国大学综合排名，将两者进行比对，可以清晰地发现，捐赠基金排名前十位的美国大学中的七所在综合排名中位居前十位（见表 5–3）。由此可见，大学的综合实力与大学的捐赠业绩存在着较高的相关性。据此，我们提出以下假设：

H1：大学的综合实力与其募捐业绩存在显著正相关。

表 5–3　美国大学捐赠基金总量排名榜

捐赠基金排名	大学名称	捐助基金总额（万美元）（2009）	全美综合排名（2009）
1	哈佛大学	2566 206	1
2	耶鲁大学	1632700	3
3	斯坦福大学	1261909	4
4	普林斯顿大学	1261431	2
5	得克萨斯大学系统	1216305	47
6	麻省理工学院	798202	4

① 郭建生：《试论市场经济下大学的经营理念》，《金陵科技学院学报》2007 年第 12 期。

② 吴三莲：《论优化高校资本结构的有效途径》，《宁波大学学报（教育科学版）》2008 年第 8 期。

③ ［英］迈克尔·沙托克：《成功大学的管理之道》，范怡红主译，北京大学出版社 2006 年版，150 页。

（续表）

捐赠基金排名	大学名称	捐助基金总额（万美元）（2009）	全美综合排名（2009）
7	密歇根大学	600083	26
8	哥伦比亚大学	589280	8
9	西北大学	544526	12
10	宾夕法尼亚大学	517054	6

注：根据 2009 NACUBO-Commonfund Study of Endowments 的大学捐赠基金排名和 U.S. News and World Report 杂志美国大学综合排名整理而成。

二、大学的募捐历史与募捐业绩的关系

大学的募捐历史是大学通过募捐的渠道为大学筹集经费的年限。具有较长募捐历史的大学能为自身提供丰富的资源。第一，募捐历史较长的大学可能本身具有较强的筹资意识，它们能较早意识到募捐为组织带来的资源“蹊径”，从而较早地开展募捐活动。第二，募捐历史较长的大学可能为大学积累相对丰富的募捐经验，通过募捐的实践来找到其“真知”。第三，募捐历史较长的大学可能具备较广泛的筹资渠道，通过不断扩大其资源网为组织吸引资金流。学者刘艳认为：“高校融资渠道的不断扩展并加强其稳定性，有助于提高高校社会融资能力。”据此，我们提出第二个假设：

H2：大学的募捐历史与其募捐业绩存在显著正相关。

三、大学的募捐力度与募捐业绩的关系

募捐力度（fund-raising effort）是指大学对募捐工作的重视程度和努力程

度。有学者认为，大学的募捐力度通常影响募捐业绩。[①] 笔者把募捐力度具体分为募捐计划、募捐机构、募捐人员以及大学校长四个环节。

（一）募捐计划

计划是管理过程的重要职能，是指通过对组织外部环境与内部条件的分析，提出在未来一定时期内要达到的组织目标以及实现目标的方案途径。大学的募捐计划是指大学根据外部环境和内部条件制定出未来一定时期内的募捐目标和实现募捐目标的途径。募捐计划是大学开展募捐工作的前提，也是募捐工作可以顺利进行的重要保证。美国大学非常重视募捐计划的制订，其中包括募捐的数额目标、预计年限和使命等。有学者认为，大学的募捐计划在捐赠中起着重要的作用，会影响捐赠者的决策效率。制订符合高校实际、可供操作、切实可行的募捐计划并将其列入大学日常运作程序之中，会使社会募捐处于高校工作的合理地位，有利于高校社会捐赠总量的提高。[②] 据此，我们提出另外两个假设：

H3：大学的募捐计划是影响其募捐业绩的一个维度。

H4：大学的募捐计划与其募捐业绩存在显著正相关。

（二）募捐项目

从市场营销的视角来看，开发具有诱惑力的项目是吸引潜在捐赠人的重要途径。缪建红、张善飞认为：“募捐项目的制定和实施水平能反映大学的募

---

① Ying Liu, “Institutional Characteristics and Environmental Factors that Influence Private Giving to Public Colleges and Universities: a Longitudinal Analysis”, the Faculty of the Graduate School of Vanderbilt University, 2007。

② 郑安云、李静：《试论我国高校社会捐赠的有效拓展与合理使用》，《理论导刊》2009 年第 11 期。

捐能力。”① 伍兹、路易森和迪若尼奥在研究大学的募捐业绩与其特点的关系时，也都把募捐项目作为其中的一个维度。② 纵观国外大学的募捐案例，精心设计和筹备的募捐项目往往成为大学募捐的重要“法宝”。最具代表性的如“斯坦福挑战计划”“为了耶鲁的明天”项目等，这两项精心设计的募捐项目为斯坦福大学和耶鲁大学分别赢得了 30 亿美元和 43 亿美元的捐款。据此，笔者提出以下两个假设：

H5：大学的募捐项目是影响其募捐业绩的一个维度。

H6：大学的募捐项目与其募捐业绩存在显著正相关。

（三）募捐人员

募捐人员主要是指在大学中从事募捐工作的人。在我国的大学中，募捐人员主要包括大学基金会或大学校友会的工作人员。许多学者在研究中发现募捐效果与募捐人员的专业素质有关。“募捐人员必须具有广博的知识，成为具备公共关系学、营销学、新闻学、心理学等多种学科知识的复合型人才。”③“募捐人员职能的专业化，也就是说大学募捐人员要掌握专业的募捐技巧，才能提高募捐宣传的质量和力度，从而产生良好的募捐效果。”④ 另外，有学者认为，募捐人员对组织的认同感也是影响募捐业绩的主要因素。组织认同感是员工对其所在组织的认同程度，包括三个部分：对组织目标和价值观的信任与接受，愿意为组织的利益出力，渴望保持组织成员资格。学者路

① 缪建红、张善飞：《重视募捐项目运作，促进高校基金会发展》，《文教资料》2009 年第 11 期。

② Woods, J. L, “Factors Associated with Gift Income in Public Research and Doctoral Granting Institutions”, Ph. D Dissertation, Washington State University, 1987.
Duronio, M.A. & Loissin, B.A, “Fundraising Outcomes and Institutional Characteristics in Ten Types of Higher Education Institutions”, *The Review of Higher Education*, 1990, Vol.13.

③ 简世德、付孝泉：《美国高教募捐机制的特点及启示》，《理工高教研究》2002 年第 12 期。

④ 孟丽菊、张大方：《中外高校社会捐赠：比较、分析及建议》，《教育科学》2007 年第 6 期。

易森和迪若尼奥对美国 575 所不同类型和规模的公立大学、私立大学或学院进行了大规模的量化研究，试图分析筹资结果与大学或学院自身特性和筹资项目特点之间的关系。① 通过回归分析的方法，把选取的 575 份学校三年的平均筹资成效与组织特性和筹资项目特点进行显著性检验后发现，员工的组织认同感对筹资效果有显著影响。据此，笔者提出以下四种假设：

H7：大学募捐人员的工作能力是影响大学募捐业绩的一个维度。

H8：大学募捐人员的工作能力与大学募捐业绩存在显著正相关。

H9：大学募捐人员的工作认同感是影响大学募捐业绩的一个维度。

H10：大学募捐人员的工作认同感与大学募捐业绩存在显著正相关。

（四）大学校长

回顾美国的高等教育发展史，杰出的高等学府所取得的募捐业绩往往与一位杰出的校长密不可分。多数的美国大学校长在募捐事业上可谓亲力亲为。从哈佛的查尔斯 · W. 艾略特（Charles W. Eliot）到麻省理工学院的卡尔 · T. 康普顿（Karl T. Compton），再到耶鲁的理查德 · 莱文（Richard Levin），这些大学取得的筹资成就都离不开他们的贡献。斯坦福大学退休校长卡斯帕尔在参加中外大学校长论坛时对与会者说，他筹资的时间几乎占了他全部工作时间的 1/3。《美国高等教育纪事报》（*The Chronicle of Higher Education*）在 2005 年对全美 764 所高校的 1000 多名大学校长进行了调查，结果显示，53% 的校长几乎每天忙于筹资事业，其中私立大学校长的比例达到 65%。明尼苏达大学校长马克 · G. 尤多夫（Mark G. Yudof）则认为自己每

① Duronio, M. A.and Loissin, B.A, "Fundraising Outcomes and Institutional Characteristics in Ten Types of Higher Education Institutions", *The Review of Higher Education*, 1990, Vol.13, No.4, p.539.

年有一半时间都直接或间接在做筹资工作。[①] 由此可见大学校长对筹资工作的重视程度对募捐业绩的影响之大。据此，笔者提出以下假设：

H11：大学校长是影响大学募捐业绩的一个维度。

H12：大学校长与大学募捐业绩存在显著正相关。

四、大学的资源与募捐业绩的关系

社会资本的研究历史悠久，“可以追溯到法国学者埃米尔·涂尔干（Emile Durkheim）对群体生活的强调，以及马克思对自在阶级与自为阶级的划分”。[②] 随后，社会学家皮埃尔·布尔迪厄、科尔曼（Colman）、罗伯特·D. 帕特南（Robert D. Putnam）、林南（NanLin）、日本籍学者弗朗西斯·福山（Francis Fukuyama）、经济学家格伦·劳里（Glen Loury）等人从经济、社会、文化等不同角度对社会资本进行了界定。综合前人的观点，社会资本可以概括为：个人或组织在意识形态和道德规范等影响下，在长期的交往与合作过程中形成的一系列互动网络关系，是积累起来的各种资源综合。根据该定义可延伸出大学社会资本的概念，即大学在意识形态和道德规范的影响下，在长期的交往与合作形成的一系列互动的网络关系基础上积累起来的资源综合。布鲁克斯（C. Brooks）认为，个体或组织社会资本对慈善捐赠有一定的影响。[③] 胡晓钦认为，大学的社会资本可分为水平网络关系和垂直网络关系。水平网络关系主要是指大学与非直接隶属关系的组织和个人之间的关

① 蔡海依：《拓展国际视野，提升战略思考能力——中外大学校长论坛交流概述》，《中国高等教育》2002 年第 17 期。

② Alejandreo Portes, “Social Capital: Its Origins and Applications in Modern Socioligy”, *Annual Review of Socialogy*, 1998, p. 2.

③ Brooks, C. “Does Social Capital Make You Generous?” *Social Science Quarterly*, 2005, p.1.

系，如与校友、兄弟院校、企业等之间的联系；垂直网络关系是指大学与上级政府部门特别是上级教育行政主管部门之间的关系。[①] 杨跃认为，社会资本作为一种符合规范的关系网络，虽并不等同于获取资源的能力，但是社会资本代表了行动者通过在社会网络或其他社会结构中的成员身份来确保收益的能力。[②] 佛罗里达大学基金会的戴维·伍德尔（David Woodall）提出了大学基金会应当注重培养募捐关系的“竹林理论”。[③] 他认为大学与潜在捐赠人的关系就像园丁与竹林的关系，只有精心的呵护、培养和灌溉才能使竹林成荫。大学所具有的纵横交错的社会网络关系是大学筹资的前提条件，大学的社会资本越丰富，越有能力建立更多的筹资渠道。尤其是大学外部的社会资本在经费筹措中扮演着不可替代的角色。据此，笔者提出以下假设：

H13：大学所拥有的外部资源是影响其募捐业绩的一个维度。

H14：大学所拥有的外部资源与其募捐业绩存在显著正相关。

H15：大学所拥有的内部资源是影响其募捐业绩的一个维度。

H16：大学所拥有的内部资源与其募捐业绩存在显著正相关。

五、大学公信力与募捐业绩的关系

公信力是指在社会公共生活中，公共权力面对受众的表达告知、公众交往和利益交换所表现出的一种公平、正义、效率、人道、民主、责任的信任力。公信力既是社会系统信任，同时也是公共权威的真实表达，属政治道德伦理范畴。公信力是赢得社会声誉的生命线，没有了公信力，任何社会组织的发展无从谈起，大学也不例外。从慈善捐赠的角度来看，公信力与筹资存

① 胡晓钦：《高校社会资本论》，《高等教育研究》2005 年第 9 期。

② 杨跃：《关于学校社会资本的理论思考》，转引自《学海》，2003 年，第 5 页。

③ Endowment&Assets［DB/OL］http://www.uff.ufl.edu/.

在着必然的联系。如“郭美美”事件引发的公益组织的信任危机问题，公众不得不把捐赠的焦点放在“公信力”上。因此，对受赠方是否信任与捐赠方能否捐赠有直接的关系。据此，笔者提出以下两个假设：

H17：大学的公信力是影响其募捐业绩的一个维度。

H18：大学的公信力与其募捐业绩存在显著正相关。

为了对假设表述得更清晰、更直观，我们通过构建概念模型来表述影响募捐业绩的各个维度（见图 5-1）。

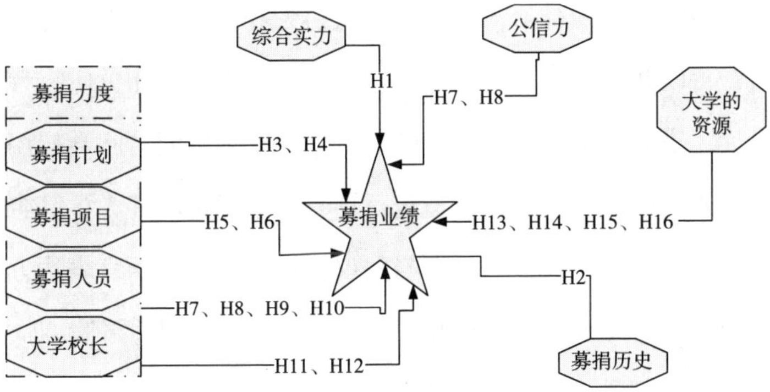

图 5-1　研究假设概念模型图

第三节　研究过程与方法

一、问卷与变量

为了对大学社会捐赠的影响因素进行更加深入的探究，本研究的数据采用了问卷调查的方式。吉尔伯特·A. 丘吉尔（Gilbert A. Churchill）等人认为，由于单独题项一般只能测量狭窄的概念，因而测量复杂的组织现象通常需要设计多个题项。在变量的测量题项具有一致性的情况下，多个题项比单个题项更能提高信度。① 笔者选择调查的对象主要是大学基金会或校友会的工作人员，因为他们是最了解大学募捐工作详细情况的群体，掌握较为全面的募捐信息。

本研究的问卷设计采取了如下三个步骤。第一，国内外文献研究。笔者阅读了大量有关大学筹资、大学社会捐赠、大学财政、高教发展等相关研究文献，吸收了与本研究相关的内容，结合非营利组织营销的视角，设计了问卷初稿。第二，与多所大学的筹资人员进行多次讨论和访谈，征求意见。在设计了问卷初稿后，再向北京的十多所高校的基金会工作人员、相关研究者和教师征求了问卷设计、措辞和格式等方面的意见。随后根据他们对问卷初稿的意见进行了第二次修改。第三，请相关人员进行预答。笔者选取了大学基金会的成员作为预答对象。根据被调查者的反馈与建议，对测试项的语言表达方式和他们所反映的问题做了进一步调整和修改，最终形成了调查问卷终稿。

二、变量的定义与测量

下面将分别对被解释变量（大学的募捐业绩）和解释变量（大学的综合实力、募捐历史、募捐计划、募捐项目、募捐人员、大学校长、大学的资源与公信力）的测量问题进行说明，即如何设计问卷中的题项来测量以上变量。根据概念模型的架构，本研究主要变量的操作性定义及测量方式分述如下。

① Gilbert A. Churchill & Carol Surprenant, "An Investigation into the Determinants of Customer Satisfaction", *Journal of Marketing Research*, Vol.19, No.4 (Nov.1982).

（一）被解释变量

本研究中，“大学的募捐业绩（Y）”是唯一的被解释变量。笔者将2008年至2010年被试大学三年的捐赠总收入的平均值作为大学募捐业绩的数据。数据来源为基金会中心网和被试大学基金会的年度报告。

（二）解释变量

1. 大学综合实力（X1）。为了把“大学综合实力”转变为操作性定义，很多研究机构或学者对大学综合实力的指标以一定的价值取向为依据，根据某一具体的评价标准，制定出了不同的指标评价体系。尽管对大学综合实力指标评价体系孰优孰劣的争论尚未停止，但是现有的指标评价体系至少对大学的办学水平和质量的监控有了可量化的标准。笔者将2009年至2011年被试大学在网大（中国）有限公司推出的网大排行榜作为大学综合实力的赋值标准。

2. 募捐历史（X2）。每所大学的募捐历史所需的相关数据无法从史料中获得，笔者把大学基金会成立的年限作为大学正式开展募捐工作的赋值标准。大学基金会是由高校设立发起的，以服务高校为目的、面向海内外的非营利性的筹资与捐赠的管理机构，主要为大学各项教育活动和开展教育资助筹集资金。[①] 因此，大学基金会的建立标志着大学从意识和行动上正式向社会募集资金的开始。笔者通过问卷题项和被试大学基金会的网站找出其大学基金会成立的时间，以计算其筹资历史。

3. 募捐计划（X3）。根据与大学基金会工作人员的讨论，笔者把募捐计划变量的测量主要分为有无计划（X3a），计划制订的详细程度（X3b）、具体的目标（X3c）等题项。

4. 募捐项目（X4）。预研究结果表明，捐赠者很看重大学募捐项目的吸

① 戴志敏等:《大学教育基金会管理研究》，浙江大学出版社2010年版，第57页。

引力。对募捐项目题项的设计包括对募捐项目的针对性、重要性、创造性等。

5. 募捐人员（X5）。在研究假设部分的文献论述中，募捐人员变量可以分为募捐人员的业务能力培养（X5a）和对组织的认同感（X5b）两个二级变量。其中，募捐人员的业务能力变量通过对募捐人员的培训、交流、评估的频率题项和对人员的敬业精神、工作能力的满意度题项来测量。对组织的认同感变量根据理查德·T. 莫迪（Richard T. Mowday）对活力、奉献和专注点三个维度设置题项。

6. 大学校长（X6）。在美国，募捐业绩是对大学校长业绩评估的重要指标。谷贤林等学者认为，大学校长的募捐能力取决于其个人的社会活动能力与公共关系能力。[①] 正如罗伯特·波恩鲍姆（Robert Birnbaum）谈到的那样，大学校长应该是“校友会的可靠伙伴，站在校董们一边的明智稳健的管理者，能干的公众演说家，同基金会和联邦机构打交道的精明的谈判人，同州议会交往的政治家，工业、劳动及农业界的朋友，同捐款人进行交涉富有辩才的外交家……”。[②] 笔者将大学校长对募捐的重视程度分为主持、参与募捐活动频率、身体力行为学校募捐的频率等题项。

7. 大学的资源（X7）。由于本研究中社会资源只是假设为影响大学募捐的因素之一，笔者没有选择将大学的社会资源做过多详尽的划分。故笔者采用学者刘艳在研究大学社会资本对大学融资的影响时的划分方式，将大学的社会资本分为大学外部的社会资源（X7a）和大学内部的社会资源（X7b）。大学的外部社会资源通过对大学与政府、企业、媒体、校友、兄弟院校的互动关系等题项来检验；大学内部的社会资源的检验包括大学各部门之间的互动关系、配合程度等题项。

① 谷贤林、王行:《美国大学募捐策略研究》,《比较教育研究》2010 年第 12 期。

② ［美］罗伯特·波恩鲍姆:《为什么新任校长比历任校长更能获得教师的支持》，钟海青等译,《外国高等教育资料》，1994 年第 1 期。

8. 大学的公信力（X8）。对大学的公信力的测量主要包括大学对募捐资金的数量、使用方式和年报的公开透明度。

三、样本与数据

本研究通过发放问卷收集数据。为了增强研究结论的普适性，此次调查范围较广，主要涉及全国公办高校 80 多所。问卷的发放采取以下两种形式。一是参会发放问卷。为了快速、高效、全面地发放问卷，笔者前往 2011 年在安徽大学举办的全国大学基金会年会。该年会每年会吸引全国各所大学基金会的工作人员代表参加，规模较大、参与人数较多。笔者请被调查者在会议现场填写并回收，共发放问卷 260 份，回收有效问卷 78 份。二是笔者直接联系大学基金会或校友会发放纸质或电子版问卷，共发放 46 份问卷，回收有效问卷 26 份。剔除无效问卷后，有效问卷共 104 份。

四、研究方法

（一）资料收集的方法

在资料收集阶段，首先采用文献分析法，了解目前关于高等教育社会捐赠的研究现状；再采用收集实物的方法，收集大学筹资与捐赠的文本资料；最后采用深度访谈法收集有关数据，以便对研究结论进行验证和分析。

1. 文献法

本研究将采用文献法对与大学筹资、大学捐赠、大学财政等研究相关的文献资料进行查阅、梳理和总结，并对研究成果进行分析和讨论，力求把握该研究领域的全貌，以便在此基础上开展自己的研究。文献的类型主要有书籍、论文和报纸。文献的来源主要有北京师范大学图书馆和国家图书馆馆藏资料，CNKI 中国学术期刊全文数据库、维普中文科技期刊数据库、中国数字化期刊群（万方）、人大复印报刊资料等中文网上资源库，Proquest、Elsevier sciencediret 等外文网上资源库，以及个人平时积累的图书资料。检索的步骤和方式以及有关成果内容反映在“文献综述”部分。

2. 访谈法

选取北京市的 8 所大学教育基金会或校友会的工作人员、相关研究的专家 8—10 位进行半开放式的访谈，半开放式访谈大纲有待设计；当研究完成一半左右时，根据实际情况，从上述专家中挑取 2—3 位专家进行深度访谈。

3. 问卷法

为了探明我国大学社会捐赠的现实情况及影响因素，将采用问卷法对大学基金会、校友会和大学相关筹资部门进行调研。问卷的具体编制程序将包括项目的初步确定、问卷的初测、修订和完善问卷、明确研究对象、收集数据等相关环节。

4. 个案研究法

为弥补问卷法在研究过程中存在的局限性，本研究选取了四所国内一流大学作为个案，以进一步检验问卷实证结果的准确性。

（二）资料整理和分析的方法

本研究所有问卷数据的录入和处理工作均采用 SPSS 22.0 统计软件来操作。具体来讲，是对收集到的数据进行统计分析，主要采用频数分析、因子分析、方差分析、相关分析和回归等统计分析方法，寻找影响我国高等教育社会捐赠的关系，以及各变量之间的关系。

五、信度和效度检验

信度和效度问题是指模型的建构、各变量包含题项的设计以及数据收集是否可靠和准确。检验信度和效度是实证研究过程中的一个重要环节，只有在满足了信度和效度符合统计要求的前提下，实证研究的结果与分析才具有说服力。本文在大量的文献研究的基础上建立理论模型和测量工具，根据专家意见及预测试情况对测量工具进行修正，以满足基本信效度的要求。为了进一步检验本研究具体的信度和效度水平，以便后文的论证分析，本文将从研究模型的建构及数据收集等方面具体分析说明本研究是否符合信度和效度要求，其重点是结合因子分析检验本研究涉及的变量内部测试题项是否达到效度和信度的要求。

（一）题项筛选

在分析建构效度之前，首先需要对这个量表做出项目分析。项目分析的主要的目的在于求出问卷中每个题项的“临界比率值”（critical ratio，简称 C.R. 值）。如果题项的 C.R. 值在 $p<0.05$ 水平下达到显著性水平，就表示该题项能鉴别不同受试者的反应度。否则，被判定为区别力较差的题项应考虑删除。[①] 首先，对量表中的反向计分题项与其他题项的计分方向一致。其次，对量表总分的高低进行排序，找出高低分组上下 27% 的分数。依据分数将观察值按量表得分分成高低两组。最后，采用独立样本 T 检验检测两组在每个题项的差异，将 T 检验结果未达显著性的题项删除。从表 5-4 中可以发现，量表中出除第 8 题和第 34 题外，问卷的其他 34 道题达到显著性水平，且这些题项均能鉴别出不同被试者的反应程度。因此删除第 8 题和第 34 题项。

① 吴明隆编著:《SPSS 统计应用实务》，科学出版社 2003 年版，第 15 页。

表 5-4　题项筛选分析结果

题　项		方差方程的 Levene 检验		均值方程的 t 检验						
		F	Sig	t	df	Sig.（双侧）	均值差值	标准误差值	差分的 95% 置信区间 下限	差分的 95% 置信区间 上限
1 您所在的大学会制订自身的宣传、推广活动计划	假设方差相等	3.472	0.068	2.187	56	0.033	0.55172	0.25222	0.04647	1.05698
	假设方差不相等			2.187	52.780	0.033	0.55172	0.25222	0.04579	1.05766
2 您所在的大学会制订年度筹资目标计划	假设方差相等	1.142	0.290	4.301	56	0.000	1.31034	0.30468	0.69999	1.92070
	假设方差不相等			4.301	55.905	0.000	1.31034	0.30468	0.69997	1.92072
3 您所在的大学会制订详细的年度筹资目标额度计划	假设方差相等	0.031	0.861	5.045	56	0.000	1.37931	0.27339	0.83165	1.92697
	假设方差不相等			5.045	55.494	0.000	1.37931	0.27339	0.83154	1.92708
4 您所在的大学每年会开发新的募捐项目	假设方差相等	0.066	0.798	7.997	56	0.000	1.82759	0.22855	1.36975	2.28542
	假设方差不相等			7.997	55.618	0.000	1.82759	0.22855	1.36968	2.28549
5 您所在的大学有针对校友的募捐项目和筹资项目	假设方差相等	3.467	0.068	7.676	56	0.000	1.51724	0.19766	1.12128	1.91320
	假设方差不相等			7.676	53.846	0.000	1.51724	0.19766	1.12093	1.91355
6 您所在的部门会经常组织与您工作有关的培训	假设方差相等	1.704	0.197	6.930	56	0.000	1.62069	0.23387	1.15218	2.08919
	假设方差不相等			6.930	52.190	0.000	1.62069	0.23387	1.15143	2.08995
7 您关注或学习国外大学募捐的信息动态或查找相关的文献	假设方差相等	0.284	0.596	2.598	56	0.012	.62069	0.23890	0.14211	1.09927
	假设方差不相等			2.598	55.293	0.012	.62069	0.23890	0.14197	1.09941
8 您所在的大学很重视开发迎合潜在捐赠人的项目	假设方差相等	0.023	0.880	-.309	56	0.758	-.06897	0.22290	-0.51549	0.37756
	假设方差不相等			-.309	55.641	0.758	-.06897	0.22290	-0.51556	0.37763
9 您所在的大学通过网站或纸面媒体向社会公布捐赠基金的数量	假设方差相等	0.149	0.701	7.373	56	0.000	1.58621	0.21515	1.15521	2.01720
	假设方差不相等			7.373	55.394	0.000	1.58621	0.21515	1.15511	2.01730
10 您所在的部门为大家提供交流学习的机会	假设方差相等	1.400	0.242	4.556	56	0.000	1.03448	0.22706	0.57964	1.48933
	假设方差不相等			4.556	53.927	0.000	1.03448	0.22706	0.57925	1.48972
11 您会向他人宣传您所在的学校，并劝说其为学校捐赠	假设方差相等	5.761	0.020	7.082	56	0.000	1.75862	0.24832	1.26118	2.25606
	假设方差不相等			7.082	51.752	0.000	1.75862	0.24832	1.26028	2.25696
12 您和您的同事可以交换信息与资源	假设方差相等	0.340	0.562	4.049	56	0.000	1.00000	0.24694	0.50531	1.49469
	假设方差不相等			4.049	52.894	0.000	1.00000	0.24694	0.50467	1.49533
13 您所在的部门会评估您的工作业绩	假设方差相等	10.376	0.002	3.270	56	0.002	1.00000	0.30580	0.38742	1.61258
	假设方差不相等			3.270	46.647	0.002	1.00000	0.30580	0.38470	1.61530
14 您所在大学的校领导会出席基金会或校友会举行的筹资活动	假设方差相等	0.102	0.751	6.734	56	0.000	1.41379	0.20995	0.99321	1.83438
	假设方差不相等			6.734	51.841	0.000	1.41379	0.20995	0.99246	1.83512
15 在筹资活动中，校领导会亲自主持	假设方差相等	6.550	0.013	6.472	56	0.000	1.48276	0.22910	1.02381	1.94171
	假设方差不相等			6.472	45.894	0.000	1.48276	0.22910	1.02157	1.94395
16 校领导会参加基金会的主要工作会议	假设方差相等	0.351	0.556	5.851	56	0.000	1.34483	0.22984	0.88439	1.80526
	假设方差不相等			5.851	48.532	0.000	1.34483	0.22984	0.88283	1.80683
17 校领导会亲自为学校找关系、拉赞助	假设方差相等	6.799	0.012	6.018	56	0.000	1.34483	0.22347	0.89716	1.79250
	假设方差不相等			6.018	51.104	0.000	1.34483	0.22347	0.89621	1.79345
18 为了募捐，您所在的大学与媒体有合作往来	假设方差相等	6.777	0.012	6.144	56	0.000	1.51724	0.24694	1.02255	2.01193
	假设方差不相等			6.144	50.623	0.000	1.51724	0.24694	1.02139	2.01309
19 为了募捐，您所在的大学与企业有合作往来	假设方差相等	4.630	0.036	6.370	56	0.000	1.37931	0.21652	0.94556	1.81306
	假设方差不相等			6.370	54.486	0.000	1.37931	0.21652	0.94529	1.81333

（续表）

题　项		方差方程的 Levene 检验		均值方程的 t 检验						
		F	Sig	t	df	Sig.（双侧）	均值差值	标准误差值	差分的 95% 置信区间	
									下限	上限
20 为了募捐，您所在的大学与政府有合作往来	假设方差相等	0.025	0.874	3.243	56	0.002	0.86207	0.26583	0.32955	1.39459
	假设方差不相等			3.243	55.844	0.002	0.86207	0.26583	0.32952	1.39462
21 为了募捐，您所在的大学或基金会会与本校学生互动	假设方差相等	4.072	0.048	4.864	56	0.000	1.17241	0.24103	0.68958	1.65525
	假设方差不相等			4.864	52.885	0.000	1.17241	0.24103	0.68895	1.65588
22 为了募捐，您所在的大学向兄弟院校学习或汲取经验	假设方差相等	1.088	0.301	8.470	56	0.000	1.86207	0.21983	1.42169	2.30245
	假设方差不相等			8.470	55.322	0.000	1.86207	0.21983	1.42157	2.30257
23 您所在的大学定期向捐赠人汇报捐赠基金的使用情况	假设方差相等	20.579	0.000	7.653	56	0.000	2.03448	0.26583	1.50197	2.56700
	假设方差不相等			7.653	40.357	0.000	2.03448	0.26583	1.49737	2.57159
24 您所在的大学会通过网站或平面媒体公布基金会的年报	假设方差相等	4.663	0.035	6.466	56	0.000	1.68966	0.26132	1.16618	2.21313
	假设方差不相等			6.466	52.675	0.000	1.68966	0.26132	1.16545	2.21386
25 您很满意目前的工作	假设方差相等	18.272	0.000	7.085	56	0.000	1.44828	0.20442	1.03878	1.85778
	假设方差不相等			7.085	35.631	0.000	1.44828	0.20442	1.03355	1.86301
26 您认为您的工作会实现您的个人价值	假设方差相等	14.259	0.000	8.326	56	0.000	1.51724	0.18223	1.15219	1.88230
	假设方差不相等			8.326	44.846	0.000	1.51724	0.18223	1.15017	1.88431
27 部门主管会认真考虑您的建议	假设方差相等	18.348	0.000	7.035	56	0.000	1.17241	0.16665	0.83857	1.50626
	假设方差不相等			7.035	35.447	0.000	1.17241	0.16665	0.83424	1.51058
28 您很满意部门主管对其决策所做的说明	假设方差相等	18.095	0.000	5.200	56	0.000	1.03448	0.19894	0.63595	1.43302
	假设方差不相等			5.200	41.769	0.000	1.03448	0.19894	0.63293	1.43603
29 您所学的专业能轻松地适应目前所从事的工作	假设方差相等	1.636	0.206	4.850	56	0.000	0.86207	0.17775	0.50599	1.21814
	假设方差不相等			4.850	50.722	0.000	0.86207	0.17775	0.50517	1.21896
30 您所在部门成员都能高效率地配合	假设方差相等	17.580	0.000	5.495	56	0.000	0.93103	0.16943	0.59162	1.27045
	假设方差不相等			5.495	38.699	0.000	0.93103	0.16943	0.58824	1.27383
31 学校的各个部门都能很好地配合基金会的工作	假设方差相等	14.083	0.000	6.237	56	0.000	1.17241	0.18797	0.79587	1.54896
	假设方差不相等			6.237	47.169	0.000	1.17241	0.18797	0.79431	1.55052
32 您所在大学的学生对大学基金会的使命和工作很了解	假设方差相等	9.894	0.003	4.885	56	0.000	1.13793	0.23296	0.67125	1.60461
	假设方差不相等			4.885	47.676	0.000	1.13793	0.23296	0.66944	1.60642
33 向校友筹资是事倍功半的举动	假设方差相等	0.029	0.866	4.004	56	0.000	0.79310	0.19809	0.39628	1.18992
	假设方差不相等			4.004	55.823	0.000	0.79310	0.19809	0.39626	1.18995
34 您所在的大学没有设计符合本校特色的筹资项目	假设方差相等	1.250	0.268	1.674	56	0.100	0.48276	0.28836	−0.09489	1.06041
	假设方差不相等			1.674	53.735	0.100	0.48276	0.28836	−0.09543	1.06094
35 你所在的大学会鼓励各个学院募捐	假设方差相等	14.083	0.000	6.237	56	0.000	1.17241	0.18797	0.79587	1.54896
	假设方差不相等			6.237	47.169	0.000	1.17241	0.18797	0.79431	1.55052
36 您所在的大学为培养本校学生的认同感做了许多工作	假设方差相等	9.894	0.003	4.885	56	0.000	1.13793	0.23296	0.67125	1.60461
	假设方差不相等			4.885	47.676	0.000	1.13793	0.23296	0.66944	1.60642

（二）样本合并

我们从收回的问卷中可以发现，存在同一学校有两人以上作答的现象。当涉及量表中问题时，我们可以允许选取同一组织的不同问卷，但是在回答关于组织的客观性问题，如组织基金会成立的时间、募捐对象和查找学校的筹捐业绩时，不同回答者对应的是相同的答案。为了解决这一矛盾，笔者采取了合并样本的方式，即把同一学校中的不同被试对象的各题选项总和的平均数，作为该学校的被试参考值。这样既解决了客观题中不同被试出现同一答案的现象，又比直接删除多余样本更客观、科学。因此，问卷合并后的样本数为 81 个。

（三）信度检验

信度是测验的信度，又称测验的可靠性，是指同一个测验对同一组被试施测两次或多次，所得结果的一致性程度，以及不同的研究者使用同一种测量工具与方法，是否会获得一致的结果。[①] “cronbach`s α”系数是李克特量表法中人们常用的信度检验方法。[②] 为验证本文样本数据的可靠性，笔者选取利用 cronbach`s α 系数进行信度检验，具体结果见表 5–5。

表 5–5　本研究中问卷分析信度结果

变　量	包含题项	α 系数
募捐计划	Q1、Q2、Q3	0.706
募捐项目	Q4 、Q5、Q33	0.741
募捐人员的工作能力	Q6、Q7 、Q10、Q13、Q29	0.668
募捐人员的组织认同感	Q11、Q12、Q25、Q26、Q27、Q28	0.737

① 苏衡:《传播研究方法》，复旦大学出版社 1986 年版，第 85 页。
② 吴明隆编著:《SPSS 统计应用实务》，中国铁道出版社 2000 年版，第 23 页。

（续表）

变　量	包含题项	α 系数
校长对募捐的重视程度	Q14、Q15 、Q16 、Q17	0.826
学校的外部资源	Q18、Q19、Q20 、Q21 、Q22	0.795
学校的内部资源	Q30、Q31、Q32、Q35、Q36	0.716
公信力	Q9 、Q23、Q24	0.768
总量表		0.902

多数研究表明，总量表的信度系数值高于 0.9，则表示该量表的信度很好；若在 0.8—0.9 是可以接受的，如在 0.7—0.8 有必要进行调整。信度系数小于 0.7，就应该重新设计问卷。[①] 针对总量表中的分量表而言，其信度系数最好要大于 0.7。不过在 0.6 和 0.7 之间，也还可以接受。而从表中分析结果可以看到：除募捐人员的工作能力的分量表外，其他分量表都大于 0.7，而总量表的信度系数也达到了 0.902，这表明本研究的量表信度较高，运用其收集的样本数据具有较好的内部一致性。

（四）效度检验

效度是检验问卷及样本数据的必要步骤。可信度不高的问卷或量表有可能是完全无效或是某些程度上无效。所以，在假设检验之前，有必要对问卷及样本数据的效度进行检验。本研究将从内容效度、建构效度两个方面来进一步检验量表及样本数据的效度。

1. 内容效度

内容效度旨在检测测量内容的适当程度。内容效度的高低取决于题项取样的代表性程度，这需要根据相关研究人员及专家对取样和量表设计而定。

① 张文彤：《世界优秀统计工具 SPSS 11.0 统计分析教程（高级篇）》，复旦大学出版社 2002 年版，第 34 页。

如果其认为量表的取样和设计具有很高的代表性，那么该量表的内容效度就越高。本研究为达到内容效度，以相关理论为基础，参考过去类似实证研究的问卷结果，加以修订。问卷的初稿完成后，多次与项目人员和学者讨论修正，因此，可以确定该量表具有较高的内容效度，反之，效度较低。但是，该种内容效度检验方法具有一定的主观成分。为了尽量弥补主观评价上的不足，本研究采用“量表评定法”来验证内容效度，即邀请四名博士研究生及四名大学基金会工作人员试填。[①] 全部题项得到“同意”的百分比达到 75% 以上，对问卷中问题的理解大都不存在什么困难，这表明该问卷具有较高的内容效度。

2. 建构效度

建构效度是指测验测量理论的概念或特质的程度。因子分析是检验建构效度（construct validity）的常用方法[②]，同时还能浓缩数据[③]。在社会统计学中，因子分析被公认为检验量表建构效度的最常用方法之一。本研究对问卷的题项进行因子分析，以确定各题项是否具有建构效度。对建构效度的检验是以理论的逻辑分析为基础的，同时又根据实际所得的资料来检验理论的正确性，是一种相当严谨的效度检验方法。建构效度一般可由收敛效度（convergent validity）和区别效度（discriminatory validity）两个效度来检验。其检验步骤通常包括:（1）根据文献探讨前人研究结果、实际检验等建立假设性理论建构;（2）根据建构的假设理论编制适当的测验工具;（3）选取适当的受试者进行施测;（4）以统计检验的实证方法去考察此份测验工

① 即邀请两人以上的专家对每个问项内容的同意与否进行评分，然后再以统计方法来分析评定结果，例如计算“同意百分比”等指标。如果同意百分比的分数很高，即代表量表的内容效度高。

② 吴明隆编著:《SPSS 统计应用实务》，科学出版社 2003 年版，第 33 页。

③ 马庆国:《管理统计：数据获取、统计原理、SPSS 工具应用研究》，科学出版社，2002 年版，第 33 页。

具是否能有效解释所欲建构的特质。[①] 如前文所述，本研究已经采取步骤（1）—（3）初步检验了建构效度。用因子分析方法进一步检验建构效度，如能有效地提取共同因子且此共同因子与理论结构的特质较为接近，则可判断测量工具具有建构效度。[②] 同时，因子分析还可判断同一变量的不同测量项之间是否存在较强的相关性，可以并为少数几个因子，从而达到简化数据的目的。

为了判断样本数据是否适合做因子分析，研究者应采用 KMO（kaiser-Meyer -Olkin, 一般指这三人提出的抽样适合性检验）样本的测量值和 Bartlett（巴特利特）球形检验卡方值。一般认为:KMO 值越接近 1，越适合做因子分析；当 KMO 值小于 0.5 时，则不太适合做因子分析。[③] 结果显示：除公信力分量表构面数据的 KMO 值为 0.566 外，其他分量表的 KMO 值都在 0.611 至 0.873，均大于 0.6，且各构面数据的 Bartlett 球形检验卡方值的显著性水平都是 $p<0.01$（见表 5-6），适合做因子分析。这说明本研究中设计的变量测量量表具有较高的建构效度。

表 5-6　各分量表的的 KMO 值、Bertlett 球形检验卡方值

各分量表名称	KMO 值	Bartlett 的球形度检验	Bartlett 球形检验卡方值的显著性水平
募捐计划	0.611	70.010	0.000
募捐项目	0.700	72.438	0.000
募捐人员的能力	0.624	37.897	0.000
募捐人员的认同感	0.873	189.766	0.000

① 吴明隆编著:《SPSS 统计应用实务》，科学出版社 2003 年版，第 34 页。
② 张文彤主编:《SPSS 统计分析高级教程》，高等教育出版社 2004 年版，第 45 页。
③ 马庆国:《管理统计：数据获取、统计原理、SPSS 工具应用研究》，科学出版社 2002 年版，第 54 页。

（续表）

各分量表名称	KMO 值	Bartlett 的球形度检验	Bartlett 球形检验卡方值的显著性水平
大学校长对募捐的重视程度	0.820	154.431	0.000
大学对外部资源的利用	0.808	147.384	0.000
大学对内部资源的利用	0.857	1187.74	0.000
大学的公信力	0.566	13.176	0.004

第四节　研究分析与结果

一、描述性统计分析

描述性统计主要对样本的基本资料（包括高校捐赠的排名分析、影响因素排序、各变量的均值、百分比等）进行分析，以描述样本的类别、特性和比例分配状况等。

（一）对样本的平均分检验

正如前文所述，此份问卷的 8 个分量表分别是募捐计划、募捐项目、募捐人员的工作能力、募捐人员的工作认同感、大学校长对募捐的重视程度、学校外部资源、学校内部资源、大学的公信力，共包括 34 个题项。计分方式采用李克特量表 5 点计分法，分别从消极到积极赋分，如“从不”为 1 分，“偶尔”为 2 分，“有时”为 3 分，“经常”为 4 分，“总是”为 5 分。因此，我们可以根据各分量表的平均分值来判断影响大学社会捐赠各维度的总体情况。表5–7至表5–15为各分量表的平均值和各个题项的平均值。从各分量表的平均值来看，募捐人员的工作认同感的平均分最高，为3.59，可以说明被试大学的募捐人员的工作认同感较高。而募捐计划的平均分最低，为2.84，可以说明大学整体募捐计划制订的频率较低。每个题项的平均分值也可以推测样本的总体情况。例如从各分量表的题项中可以发现，“您很满意目前的工作”题项的平均分值最高，说明大学的募捐人员对募捐工作的满意度较高。因此，各题项的平均分值可以帮助我们简单地分析和判断样本的总体效果。

表5–7　各分量表的平均值

各分量表名称	平均值
募捐计划分量表	2.8462
募捐项目分量表	3.1891
募捐人员的工作能力分量表	3.2000
募捐人员的工作认同感分量表	3.5946
大学校长对募捐的重视程度分量表	3.4832
学校外部资源分量表	3.1612
学校内部资源分量表	3.2154
大学的公信力分量表	3.0128

表5–8　募捐计划分量表

题　项	均　值
您所在的大学会制订自身的宣传、推广活动计划	2.5673
您所在的大学会制订年度筹资目标计划	3.0962
您所在的大学会制订详细的年度筹资目标额度计划	2.8750

表 5–9 募捐项目分量表

题 项	均 值
您所在的大学每年会开发新的募捐项目	3.1058
您所在的大学有针对校友的募捐项目和筹资项目	3.3558
向校友筹资是事倍功半的举动	3.1058

表 5–10 募捐人员的工作能力分量表

题 项	均 值
您所在的部门会经常组织与您工作有关的培训	2.7500
您关注或学习国外大学募捐的信息动态或查找相关的文献	3.0865
您所在的部门为大家提供交流学习的机会	3.1635
您所在的部门会评估您的工作业绩	3.5000
您所学的专业能轻松地适应目前所从事的工作	3.5000

表 5–11 募捐人员的工作认同感分量表

题 项	均 值
您会向他人宣传您所在的学校，并劝说其为学校捐赠	3.3365
您和您的同事可以交换信息与资源	3.6250
您很满意目前的工作	3.7596
您认为您的工作会实现您的个人价值	3.6635
部门主管会认真考虑您的建议	3.6346
您很满意部门主管对其决策所做的说明	3.5481

表 5–12 大学校长对募捐的重视程度分量表

题 项	均 值
您所在大学的校领导会出席基金会或校友会举行的筹资活动	3.6058
在筹资活动中，校领导会亲自主持	3.4904
校领导会参加基金会的主要工作会议	3.5962
校领导会亲自为学校找关系、拉赞助	3.2404

表 5–13 大学外部资源分量表

题 项	均 值
为了募捐，您所在的大学与媒体有合作往来	2.9519
为了募捐，您所在的大学与企业有合作往来	3.3495
为了募捐，您所在的大学与政府有合作往来	3.0962
为了募捐，您所在的大学或基金会与本校学生互动	3.2019
为了募捐，您所在的大学向兄弟院校学习或汲取经验	3.2308

表 5–14 大学内部资源分量表

题 项	均 值
您所在部门成员都能高效率地进行配合	3.5192
学校的各个部门都能很好地配合基金会的工作	3.2692
您所在大学的学生对大学基金会的使命和工作很了解	3.0096
你所在的大学会鼓励各个学院募捐	3.2692
您所在的大学为培养本校学生的认同感做了许多工作	3.0096

表 5–15 大学的公信力分量表

题 项	均 值
您所在的大学通过网站或纸面媒体向社会公布基金的使用方式和数量	3.3750
您所在的大学通过网站或纸面媒体向社会公布筹资数额	2.9712
您所在的大学通过网站或纸面媒体向社会公布基金的使用方式	2.6923

（二）对大学募捐群体类别描述性统计分析

图 5–2 是对我国大学募捐群体类别的百分比描述。在四大类募捐群体中，校友所占比例最大，为 45.19%；其次是企业捐赠约占总量的 34.62%；占比最小的为基金会及慈善机构的捐赠，约占总量的 5.77%。此外，其他群体约占 14.42%。由此可见，企业和校友捐赠是我国大学社会捐赠来源的主要渠道，

其中校友捐赠的比例最大。

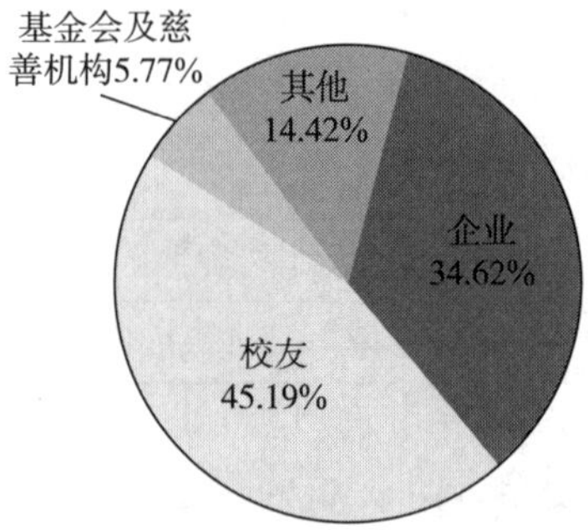

图 5-2 我国大学募捐群体类别百分比图

（三）对大学募捐项目的描述性统计分析

表 5-16 是对大学募捐项目的统计。从表中可以看出，排名前五位的分别为奖助学金项目、基建经费项目、人才基金项目、教学基金项目、校董及名誉校董项目，它们在大学中的覆盖率分别为 38.64%、18.56%、9.85%、9.47% 和 6.82%。而非定向基金与交流基金所占比例最少，均占总样本量的 1.89%。由此可见，目前我国大学募捐大多停留在奖助学金和基建经费等常规的募捐项目，其中项目所覆盖不足 10%。大多数募捐项目都是专项项目，即专款专用的项目，而大学可以自行支配的非定向捐赠基金所占比例微乎其微。

表 5-16 大学募捐项目的变量集合频率表

募捐项目	样本量（个）	样本量占比（%）
奖助学金	102	38.64
教学基金	25	9.47
科研基金	17	6.44
图书基金	9	3.41

（续表）

募捐项目	样本量（个）	样本量占比（%）
校董及名誉校董	18	6.82
非定向基金	5	1.89
交流基金	5	1.89
人才基金	26	9.85
基建经费	49	18.56
其他项目	8	3.03

（四）对促进和制约大学募捐事业发展有关因素的描述性统计分析

图 5-3 是对促进大学募捐事业发展影响因素的排序。从图中可见，被试者认为，促进大学捐赠事业发展最主要的三个因素是大学本身的知名度与社会声誉、学校领导的重视及个人影响和校友的财富能力。图 5-4 是对制约大学募捐事业发展影响因素的排序。由图可见，被试者认为，制约大学捐赠事业发展最主要的三个因素是大学行政化管理体制的限制、国家税收政策的限制及大学基金会的独立性不足。此外，从图中还可得知，大学基金会面临的投资限制也是制约捐赠事业发展的主要因素。我国《基金会管理条例》第二十八条规定："基金会应当按照合法、安全、有效的原则实现基金会的保值、增值。"尽管国家政策承认基金会投资的合法性，但是至今有投资活动的大学仅占被试大学总数的 35.6%（见图 5-5）。由图 5-6 可知，大学选择的主要投资项目依次为储蓄、国债、基金、房地产、股票和其他项目。其中，储蓄、国债和基金这三种最主要的投资项目分别占被试学校的 51.6%、13.3% 和 12.9%，而股票等风险性投资相对较少。由此可见，尽管我国的一些大学开始开展捐赠基金的投资活动，但仍然比较保守，较多选择风险性较小的投资。

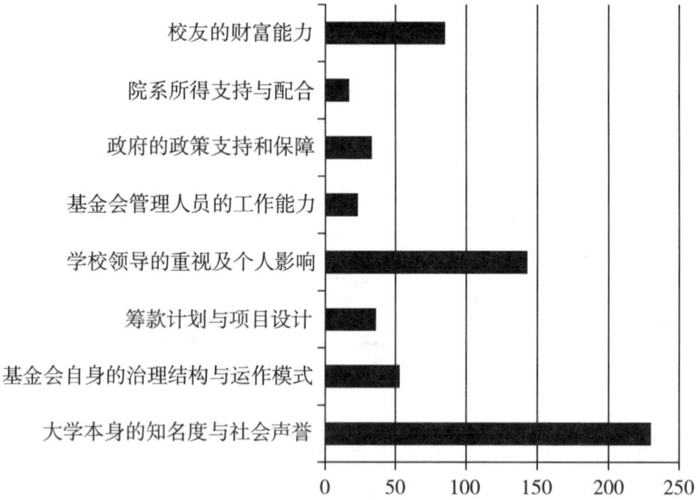

图 5-3　促进大学募捐事业发展主要因素的条形统计图

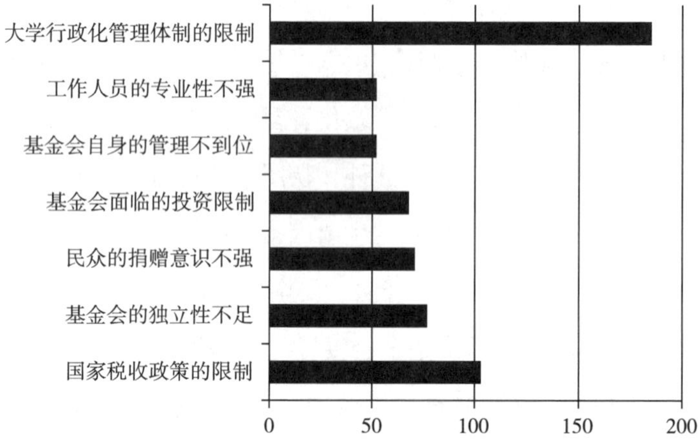

图 5-4　制约大学募捐事业发展主要因素的条形统计图

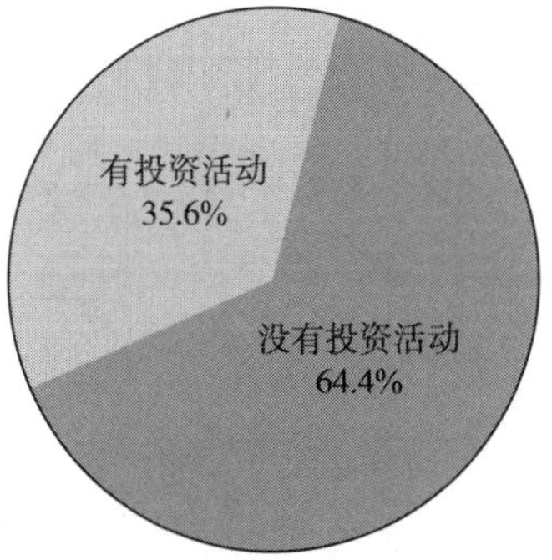

图 5–5　我国大学参与投资活动的情况

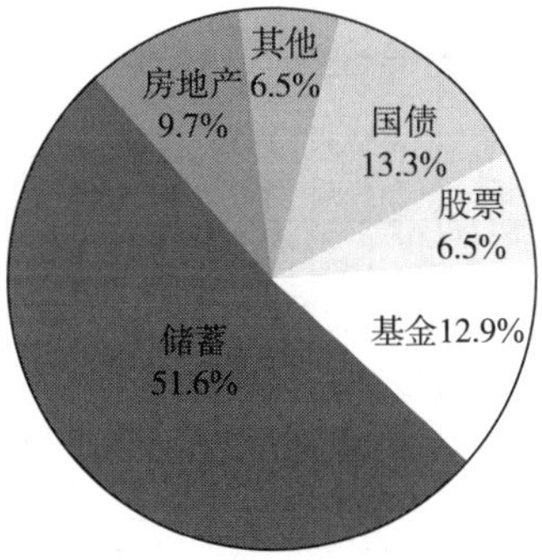

图 5–6　大学投资的项目类型

二、各因子与募捐业绩影响因素的相关分析

为探讨各因子对募捐业绩的影响，笔者对各因子与募捐业绩数额进行了相关分析。如表 5–17 所示，“大学募捐项目”“大学综合实力”“大学募捐历史”等 6 个因子对大学募捐业绩均有显著影响，其中的因子在 0.05 水平显著相关。“大学校长”“大学内部资源”因子在 0.01 水平上显著相关。“大学募捐计划”“人员工作能力”等 4 个因子与大学募捐业绩无显著相关。

这说明，“募捐项目”和“募捐人员认同感”因子对大学的募捐业绩有显著影响。“大学校长”和“大学的内部资源”因子对大学的筹资业绩有极其显著影响。而“募捐计划”“募捐人员的工作能力”“大学的外部资源”“大学的公信力”等因子对大学的募捐业绩无显著影响。

表 5–17　各因子与捐赠业绩之间的相关分析

因　子	大学募捐计划	大学募捐项目	人员工作能力	人员认同感	大学校长	大学外部资源	大学内部资源	大学公信力	大学综合实力	大学募捐历史	捐赠平均额
大学募捐计划	1										

（续表）

因子	大学募捐计划	大学募捐项目	人员工作能力	人员认同感	大学校长	大学外部资源	大学内部资源	大学公信力	大学综合实力	大学募捐历史	捐赠平均额
大学募捐项目	0.343**	1									
人员工作能力	0.234*	0.266*	1								
人员认同感	0.107	0.683**	0.243*	1							
大学校长	0.220*	0.747**	0.181	0.815**	1						
大学外部资源	0.215	0.602**	0.214	0.596**	0.669**	1					
大学内部资源	0.050	0.640**	0.215	0.735**	0.746**	0.482**	1				
大学公信力	0.268*	0.218	-0.112	0.104	0.193	0.032	0.140	1			
大学综合实力	0.550	0.209	0.120	0.171	0.181	0.228*	0.243*	0.050	1		
大学募捐历史	0.045	0.095	-0.090	0.164	0.310**	0.212	0.195	0.091	0.354**	1	
捐赠平均额	0.002	0.222*	0.126	0.258*	0.325**	0.214	0.296**	0.172	0.219*	0.381**	1

** 在 0.01 水平（双侧）显著相关。
* 在 0.05 水平（双侧）显著相关。

三、方差分析

（一）不同大学综合实力的排名分布与募捐业绩的方差分析

为了找出不同排名之间的大学募捐的业绩有无显著差异，笔者采用了方差分析的方法。结果显示，排名在 1—20 的大学与排名在 51—150 的大学在募捐业绩上有显著差异（$p=0.001<0.01$），排名 21—50 的大学与排名在 51—150 的大学在募捐业绩上也有显著差异（$p=0.34<0.01$）。而其他排名分布间无显著性差异（见表 5-18）。这说明排名在前 50 名的大学在募捐业绩上表

观较为突出，同时也验证了相关分析中得出的结论，即大学的综合实力对大学的募捐业绩有显著影响。

表 5-18　大学的综合实力与大学募捐业绩的差异性检验

大学综合实力 (I)	大学综合实力 (J)	均值差 (I–J)	标准误差	显著性
1—20	21—50	–496.23926	213.42257	0.145
	51—150	–1586.69032*	360.91442	0.001
	151 以上	–9114.32815	5205.93464	0.419
21—50	1—20	496.23926	213.42257	0.145
	51—150	–1090.45106*	366.12717	0.034
	151 以上	–8618.08889	5206.29863	0.481
51—150	1—20	1586.69032*	360.91442	0.001
	21—50	1090.45106*	366.12717	0.034
	151 以上	–7527.63783	5214.42762	0.626
151 以上	1—20	9114.32815	5205.93464	0.419
	21—50	8618.08889	5206.29863	0.481
	51—150	7527.63783	5214.42762	0.626

（二）大学募捐历史与募捐业绩的方差分析

为了探寻大学间募捐历史的长短与募捐业绩有无显著差异，笔者也采用了方差分析的方法。结果显示，开展募捐工作在 0—3 年的募捐业绩与开展募捐工作在 3—6 年的大学在募捐业绩上有显著差异（$p=0.008<0.01$），而其他时间段之间无显著性差异（见表 5-19）。这说明开展募捐工作在 4 年以上的大学，募捐业绩要明显好于在募捐事业刚刚起步（0—3 年）的大学，也可以推断大学募捐工作的第四年是这项事业开始取得明显收效的一年。

表 5-19　大学募捐历史与大学募捐业绩的差异性检验

募捐历史 (I)	募捐历史 (J)	均值差 (I–J)	标准误差	显著性
0—3 年	4—6 年	–1424.32964*	420.14342	0.008
	7—10 年	–7293.28681	2429.68554	0.126
	11—20 年	–35094.00624	35712.33754	0.875
4—6 年	0—3 年	1424.32964*	420.14342	0.008
	7—10 年	–5868.95717	2443.75166	0.241
	11—20 年	–33669.67660	35713.29729	0.891
7—10 年	0—3 年	7293.28681	2429.68554	0.126
	4—6 年	5868.95717	2443.75166	0.241
	11—20 年	–27800.71944	35793.38563	0.945
11—20 年	0—3 年	35094.00624	35712.33754	0.875
	4—6 年	33669.67660	35713.29729	0.891
	7—10 年	27800.71944	35793.38563	0.945

四、回归分析

为进一步探讨各因子对大学募捐业绩的影响程度，课题组将大学的募捐业绩作为因变量，将各因子作为自变量，采用逐步回归的方法进行分析。为了避免回归分析时的多重共线性问题，本研究采用强迫进入变量的方法对自变量进行共线性检测。分析结果显示，容忍度在 0.61 以上，方差膨胀因素均小于 1.50，特征值均大于 0.01，因此本研究模型不存在变量间多元共线性问题，可以进行回归分析。回归分析结果显示，“大学校长”因子首先进入回归模型，其次是“大学内部资源”。两个因子在回归方程中的非标准化系数分别为 0.036 和 0.046，表明“大学校长”与“大学内部资源”两个因子对大学筹资业绩的影响程度很高，具体结果如表 5-20 所示。

表 5-20 各因子对大学募捐业绩的回归分析

自变量	相关系数				模型摘要			
	非标准化系数 B	标准系数 β	t	Sig.	R^2	调整后的 R^2	R^2 改变量	F 变化
大学校长	0.111	0.208	4.282	0.036	0.062	0.060	0.062	29.931
大学内部资源	0.780	0.127	2.658	0.046	0.124	0.120	0.024	12.947

五、研究结果总结与探讨

通过以上分析，可以检验本文中提出的研究假设，结果如表 5-21 所示。

表 5-21 研究假设检验结果总结

假设内容	检验结果
H1：大学的综合实力与其募捐业绩存在显著正相关	支持
H2：大学的募捐历史与其募捐业绩存在显著正相关	支持
H3：大学的募捐计划是影响其募捐业绩的一个维度	支持
H4：大学的募捐计划与其募捐业绩存在显著正相关	不支持
H5：大学的募捐项目是影响其募捐业绩的一个维度	支持
H6：大学的募捐项目与其募捐业绩存在显著正相关	支持
H7：大学募捐人员的工作能力是影响大学募捐业绩的一个维度	支持
H8：大学募捐人员的工作能力与大学募捐业绩存在显著正相关	不支持
H9：大学募捐人员的工作认同感是影响大学的募捐业绩的一个维度	支持
H10：大学募捐人员的工作认同感与大学募捐业绩存在显著正相关	支持
H11：大学校长是影响大学的募捐业绩的一个维度	支持
H12：大学校长与大学募捐业绩存在显著正相关	支持
H13：大学所拥有的外部资源是影响其募捐业绩的一个维度	支持
H14：大学所拥有的外部资源与其募捐业绩存在显著正相关	不支持
H15：大学所拥有的内部资源是影响其募捐业绩的一个维度	支持
H16：大学所拥有的内部资源与其募捐业绩存在显著正相关	支持
H17：大学的公信力与是影响其募捐业绩的一个维度	支持
H18：大学的公信力与其募捐业绩存在显著正相关	不支持

根据上述结果，笔者将从以下三个方面展开讨论。

首先，关于维度划分的探讨。因子分析验证了大学的综合实力、募捐历史、募捐计划、募捐项目、募捐人员、大学校长、资源和公信力是影响大学募捐业绩的维度。尽管国外一些研究已经证实了这些因素与大学募捐业绩的相关性，如莱斯利和雷米[①]等人的研究，但是目前各个维度是否适合中国大学的国情还没有得到证实。由于我国的大学基金会还比较少，加之一些基金会是近几年才成立的，所以本研究获得的有效样本量比较小，没有做因子分析的条件。因此，笔者只能通过对 KMO 值的判断来分析每个维度中题项的共同因素情况，虽具有一定的科学性，但是仍然有待进一步的验证。

其次，关于通过验证结果的探讨。通过相关分析、方差分析和回归分析等统计学方法，笔者证实了影响大学募捐业绩的部分假设。相关分析验证了大学的综合实力、募捐项目、募捐人员的认同感、大学校长、大学内部资源都是影响大学募捐效果的重要因素。值得注意的是，在这些因素中，大学校长和大学内部资源具有极其显著的影响。为了进一步观察影响大学募捐业绩的因子，笔者采用了逐步回归的统计方式，发现唯有“大学校长”因子可以进入回归方程。由此可以判断，“大学校长”对大学的募捐业绩有重要的影响。而后，笔者通过方差分析的统计方法进一步分析了大学的综合实力和募捐历史的各个阶段对大学募捐业绩的影响。在募捐历史对大学募捐业绩的影响方面，可以判断募捐历史在 0—3 年与 4—6 年的大学差异显著，而与其他年份划分差异不显著。由此可以推断，大学募捐的第四年是大学募捐业绩开始有起色的一年，在 4—6 年中会有比较显著的募捐增

① Leslie, L., Ramey, G., “Donor Behavior and Voluntary Support for Higher Education Institutions”, *Journal of Higher Education*, 1988, Vol. 59, No.2, pp.115.

长。在大学的综合实力对募捐业绩的影响方面，结果显示排名 1—20 的大学、排名 20—50 的大学与排名 50—150 的大学在募捐业绩上有显著差异。因此，可以推断排名前 50 名的大学，其声望会对募捐基金的获得有一定的帮助。

最后，关于未通过验证结果的探讨。募捐计划、募捐工作人员的能力、大学外部资源和大学公信力对募捐业绩则没有显著影响，原因可能有以下两点。第一，我国的大学募捐事业目前仍然处于初级发展阶段，还没有走上正轨化的专业道路。例如对募捐计划的制订、工作人员的培训工作都比较薄弱，一些大学几乎没有。从对题项平均分的判断也可以得到验证，例如募捐计划维度的总体平均分只有 2.8462，其包含的每个题项的平均分也相对较低。这说明大学对于筹资的计划工作开展得不好，或者没有计划，还有相当一部分大学停留在等待和被动接受阶段。加之我国大学的基金会是大学的一个行政部门，更谈不上像美国大学基金会那样进行商业化运营和管理，从而导致基金会工作人员募捐工作的动力不足。这就可以解释为什么我国大学的募捐计划的制订和募捐人员的工作能力普遍停留在比较初级的阶段，因此在分析中没有表现出与募捐业绩的相关性。第二，关于大学的公信力的探讨。近些年我国非营利组织的社会诚信问题频发，比如“郭美美事件”“诈捐门”等事件频发导致民众对社会非营利组织诚信问题的警惕和担忧。大学作为公众眼中的象牙塔，其传承的组织“品质”和社会诚信与某些非营利组织在公众心目中的形象相对比，至今还保留着“净土”的形象，其捐赠与受赠方的诚信问题还没有成为社会讨论和关注的话题。所以笔者由此推断，这是“公信力”维度对募捐业绩无显著影响的原因。

Chapter 06 | 第六章

我国大学社会捐赠案例研究

个案研究法是社会科学研究中的重要方法，它有助于我们对某一类别现象进行定性（或定质）认识。这种方法通常与描述性、探索性和解释性研究结合在一起。其研究目的主要是通过解剖“麻雀”，即对具有典型意义的个案进行研究，形成对某一类共性（或现象）的较为深入、详细和全面的认识，包括对“为什么”（解释性个案研究）和“怎么样”（描述性个案研究）等问题类型的认识。[①]

本章选择个案研究的方法对所要研究的问题展开深入的探讨。本书选取北京大学、清华大学、浙江大学、香港中文大学等做个案研究，通过深入校友会和教育基金会，通过整理与分析教育捐赠数据及深度访谈等方法，对前文所讨论的影响大学捐赠的组织因素进行深入的分析和探讨，以夯实本文的研究价值与理论贡献。

案例研究的资料源于以下三个方面。第一，专业网站。通过查阅几所大学教育基金会网站、大学校友会网站、民政部官方网站、基金会中心网等，收集并整理了一些相关信息资料。第二，深度访谈，又称无结构访谈或自由访谈。它与结构式访谈相反，并不依据事先设计的问卷和固定的程序，而是只有一个访谈的主题或范围，由访谈员与被访者围绕这个主题或范围进行比较自由的交谈。[②] 笔者对其中两所大学基金会的工作人员进行了深度访谈，从而深入挖掘了所研究的问题。第三，查阅资料。笔者查阅了关于几所大学教育基金会管理与发展的一些论文、报告及报道等资料。

---

① Yin , Robert K., *Case Study Research:Design and Methods*（2nd ed.）, London:Sage, 1994, p.5-6。

② 陈斐:《深度访谈的障碍及其引导原则、对策》,《新闻爱好者》2009 年第 2 期。

第一节 北京大学

北京大学创办于1898年维新变法之际，初名京师大学堂，是中国第一所国立综合性大学，也是当时中国最高教育行政机关。辛亥革命后，京师大学堂于1912年改名为北京大学。1937年卢沟桥事变后，北京大学与清华大学、南开大学先南迁至长沙，共同组成国立长沙临时大学。1938年，长沙临时大学又西迁至昆明，改名为国立西南联合大学。抗日战争胜利后，北京大学于1946年10月在北平（现北京）复学。中华人民共和国成立后，全国高校于1952年进行院系调整，北京大学成为一所以文理基础教学和研究为主的综合性大学。1998年，在国家的支持下，正逢百年校庆的北京大学适时启动“创建世界一流大学计划”，从此，北京大学的历史翻开了新的一页。2000年4月3日，北京大学与原北京医科大学合并，组成了新的北京大学。两校合并进一步拓宽了北京大学的学科结构，为促进医学与人文社会科学、理科的结合及改革医学教育奠定了基础。如今，在“211工程”、“985工程”以及“双一流”计划的建设下，北京大学已经成为国家培养高素质和创造性人才的摇篮、科学研究的前沿和知识创新的重要基地，以及与国际交流的重要桥梁和窗口。据统计，北京大学在2021年QS世界大学排名中位居第23名，在2020年泰晤士高等教育亚洲大学排行榜和2020年中国大学百强榜中位居第2名；在校友会中国大学排名中连续13年蝉联冠军，其捐赠总额在2019年高达91.49亿元，在中国大学社会捐赠排名中居第2名，校友捐赠超30亿元，高达31.43亿元，问鼎2019中国大学校友捐赠排名冠军。

一、北京大学社会捐赠的基本情况

作为综合实力排名全国第一的高校，北京大学的筹资事业发展迅速，在社会捐赠方面的业绩同样表现不俗。艾瑞深中国校友会网（Cuaa.Net）的统计资料显示，从 2016 年到 2019 年短短 4 年时间，北京大学接受的社会捐赠总额就由 67.64 亿元升至 91.49 亿元，增加了 20 多亿元，稳居中国大学社会捐赠排行榜第 2 名（见表 6–1）。

表 6–1 北京大学 2016—2019 年社会捐赠收入总额及排名表

年份	捐赠总额（亿元）	社会捐赠排名	全国综合排名
2019	91.49	2	1
2018	76.65	2	1
2017	68.56	2	1
2016	67.65	2	1

北京大学的社会捐赠事业能够获得如此高的成绩，离不开社会各界人士的帮助，特别是校友的贡献不可小觑。经过 120 多年的发展，北京大学出色的校友数不胜数，在他们的鼎力支持下，北京大学校友捐赠收入超过 30 亿元，成为校友捐赠总额最多的大学（见表 6–2）。从表 6–2 可知，近些年来，北京大学的校友一直在源源不断地回馈母校，尽管每一年收到的捐赠金额不同，但数额一直呈增长趋势。值得一提的是，北京大学的校友捐赠总额仅用一年时间便突破了 30 亿元大关，时隔两年重新拿回第一名的位置。图 6–1 为该校 2016—2019 年校友捐赠收入占总捐赠收入比重。由图可知，四年来，随着捐赠收入的增加，北京大学的校友捐赠收入占总捐赠收入的比重很稳定，始终保持在三分之一左右。这一方面表明了北大校友对学校的认同感较高，另一方面说明了校友会在大学筹资工作中的努力。

表 6–2　北京大学 2011—2019 年校友捐赠收入总额及排名表

年份	捐赠总额（亿元）	占总捐赠收入百分比（%）	校友捐赠排名	全国综合排名
2019	31.43	34.35	1	1
2018	22.99	29.99	2	1
2017	21.44	31.27	2	1
2016	21.09	31.18	1	1
2015	20.17	—	1	1
2014	12.93	—	2	1
2013	12.48	—	1	1
2012	12.41	—	1	1
2011	3.05	—	3	1

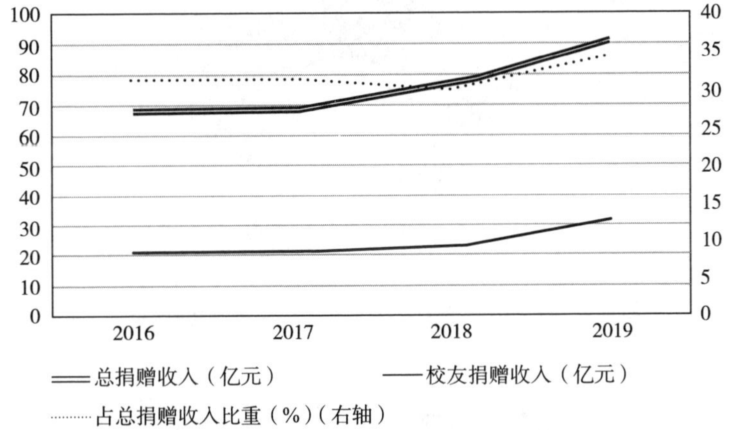

图 6–1　2016—2019 年北京大学校友捐赠收入占总捐赠收入比重

北大接受各种形式的捐赠，比如可以设立永久性基金，或者是赠送现金、支票、汇票、股票、证券、债券、图书、资料、设备、房产、遗产等等。对于募集到的资金，学校不会随心所欲地乱用，更不会把钱集中至某一方面（指定项目和用途的资金除外），其对资金的用途有详细的规划。可以说，北京大学的捐赠来源不拘一格，捐赠形式多种多样，捐赠用途百花齐放。据 2018 年北京大学捐赠资金报告，2018 年恰是北京大学 120 周年校庆，北大以此为契机签署捐赠协议 509 项，其中国外仅占 9%，而剩下的 91% 中，内地捐赠占 57%，港澳台捐赠占 34%（见图 6–2）。捐赠项目大致分为学生项目、教师项目、院系项目、基建项目、留本项目及其他项目六大类。其中，留本项目最多，占 39%；其他项目、学生项目和教师项目占比最少，分别为 5%、6% 和 11%；院系项目和基建项目所占比例相近，占 20% 和 19%（见图 6–3）。[①] 可以看出，北京大学捐赠资金的分配较为合理，具有较好的理财意识，充分遵循了“鸡蛋不要放在同一个篮子里”的规律。

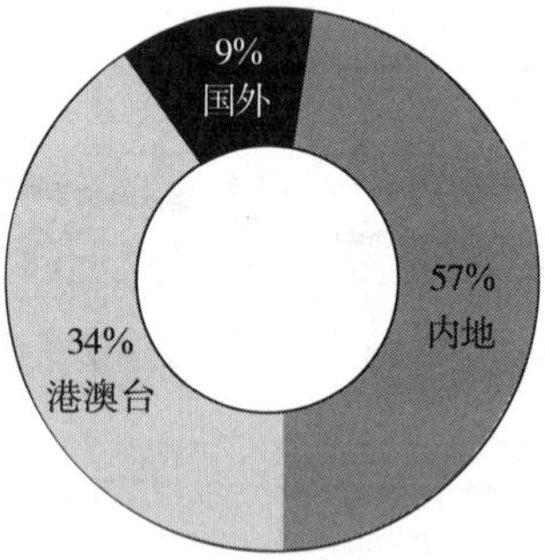

图 6–2　2018 年北京大学捐赠来源统计

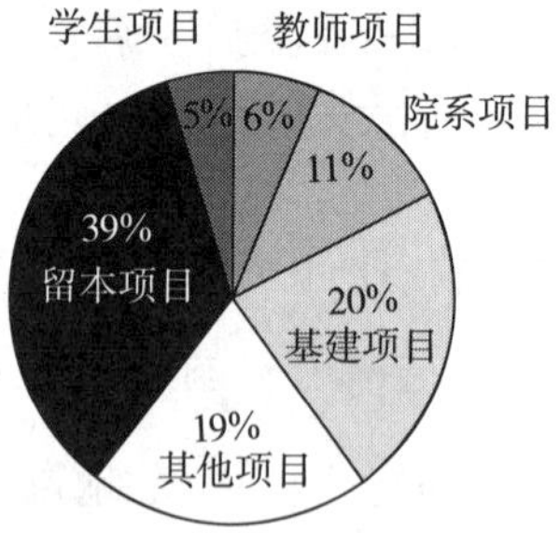

图 6–3　2018 年北京大学捐赠用途统计

① 北京大学教育基金会，http://www.pkuef.org/2018.pdf。

二、北京大学的募捐组织机构

20世纪末，北京大学根据自身实际情况，成立了专门的社会捐赠筹资管理机构——北京大学教育基金会。虽然北大负责筹集与管理海内外各界朋友和校友捐赠资金的机构是教育基金会，但是募捐工作也离不开校友会的支持和运作。因此，北京大学主要的募捐机构可以分为北京大学教育基金会和北京大学校友会两个部分，它们均隶属于北京大学。

（一）北京大学教育基金会

北京大学教育基金会成立于1995年7月，是经国家教委同意，中国人民银行批准，在中华人民共和国民政部正式登记注册并由中华人民共和国教育部主管的高教领域中的非营利性组织，也是中国成立最早、运行最完善、发展最迅速的大学基金会之一。基金会的使命是：在北京大学和基金会理事会的领导下，致力于加强北京大学与国内外各界的联系和合作，筹集并管理海内外各界朋友和校友捐赠的资金，凝聚各方兴学力量，支持北京大学在人才培养、科学研究和社会服务领域不断追求卓越并造福人类。这些年来，教育基金会一直秉承着“规范、透明、效益、安全、服务”的方针，认真负责各类捐赠款和基金会资金的管理，保证捐赠款的使用完全符合捐赠者意愿和基金会宗旨，确保资金投资稳定安全和合理收益。其中，它将“服务北大战略、坚持科学发展，加快推进创建世界一流大学步伐”作为总体目标。锐意进取、团结协作，通过设立学生奖助学金、教师奖励基金、讲席教授基金、学术科研资助基金、基础设施建设基金等，为学校各个领域的发展提供了有力的资金支持，教育基金会已经成为北京大学发展进步的财政支柱之一和重要推动力量。[1] 另外，教育基金会不仅重视广大校友的联络工作，积极争取校友的关心与支持，还非常注意基金会的国际化发展。2001 年 4 月，北京大学教育基金会（美国）在美国加利福尼亚州注册成立，这是北大与北美交流和合作的桥梁，是北大开拓国外筹资渠道的重要助手。

作为独立的管理机构，北京大学教育基金会多年来能够有条不紊地规范运行，要归功于专业的管理团队。团队组织结构设置严密、分工合理，为高效的筹资工作奠定了基础。北京大学教育基金会章程规定，教育基金会的决策机构是理事会，理事会由 19—25 名理事组成，从中选举产生理事长、副理事长和秘书长。根据需要，理事会可设常务理事会。理事会的日常事务由秘书处负责，秘书处下设投资事业部、亚洲事务部、北美事务部、项目管理部、财务部、品牌文化部、行政部和法务与信息室八个部门来分工合作处理各项事务。除此之外，还设立了专业性极强的投资委员会和由 3—5 名监事组成的监事会监督理事会的各项工作，从各个方面保证基金会的平稳运行（见图 6–4）。

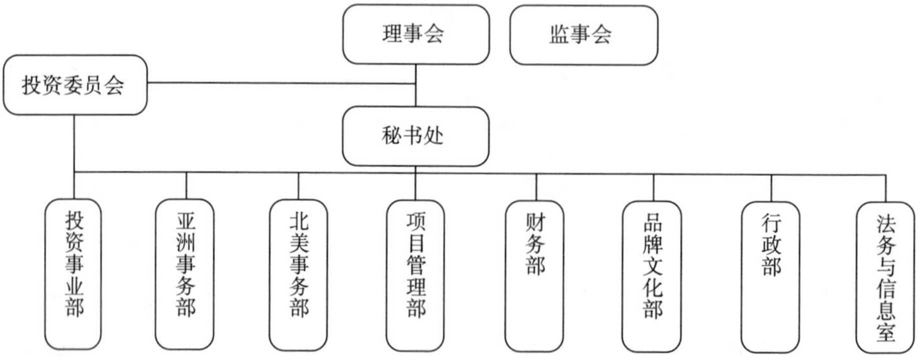

图 6–4　北京大学教育基金会机构设置

资料来源：北京大学教育基金会，http://www.pkuef.org/gywm/jgsz.htm。

① 北京大学教育基金会，http://www.pkuef.org。

（二）北京大学校友会

北京大学校友会历史悠久，最早可以追溯到 1919 年，也就是京师大学堂成立的第 21 年，在纽约建立的以“增进同学友谊，交换专门知识”为宗旨的“北京大学留美同学会”，它是北京大学第一个校友组织，也是北京大学校友会发展史的源头。20 世纪 20 年代，北大校友组织从美国、欧洲等地延伸到国内的上海、北京、南京等地。在这个时期，北大的校友活动十分活跃，但相对自发和零散，校友组织不健全，规模不大，服务能力也很有限。1949 年新中国成立后到改革开放的 30 余年中，北大校友组织一直处于沉寂状态。直到 1984 年 5 月 4 日，在众多校友的殷切期盼和强烈呼吁下，北京大学校友会作为全国性独立社团组织正式成立，后于 1992 年在民政部登记注册，成为独立社团法人。1999 年，北京大学校友会成立了常设的秘书机构，在北京大学教育基金会下设立了校友工作部。此后，学校把校友工作摆在了更加重要的位置，并充分利用母校资源，不断加强与广大校友的联系，以求为校友事业发展提供更多、更大的支持。[①] 目前，北京大学校友会秉持着“加强校友之间及校友和母校之间的联系，激励校友发扬北京大学爱国、进步、民主、科学的优良传统，为母校的发展，为国家现代化建设和繁荣富强，为祖国统一、振兴中华贡献力量”的宗旨，携手国内外百余个校友组织和 30 万“北大人”，一起成为北京大学教育基金会的捐赠力量，他们构成了北京大学不可小觑的校友捐赠的收入来源。

北京大学校友会包括国内地方校友组织、海外校友会、院系校友会和行业校友会，队伍不断壮大。北京大学校友会的组织机构共包括五个层级（见图 6–5）：第一层级是其最高权力机构会员代表大会；第二层级是会员代表大会的执行机构理事会；第三层级是名誉会长、常务理事会和顾问委员会；第

① 北京大学校友会，http://www.pku.org.cn/association/xykjj/index.htm.

四层级是秘书处和校友工作办公室；第五层级是秘书处下设的 4 个部门，分别是网络与信息中心、筹资与发展中心、运营与合作中心以及《北大人》编辑部。这些部门在加强北大校友之间、校友与母校之间的联系，维系彼此感情，保持校友对母校的归属感和发挥校友力量建设母校中起到了重要作用。校友会活动丰富，但为会员制，入会需要通过申请和审核，会员能够享有学校提供的资源和“福利”。

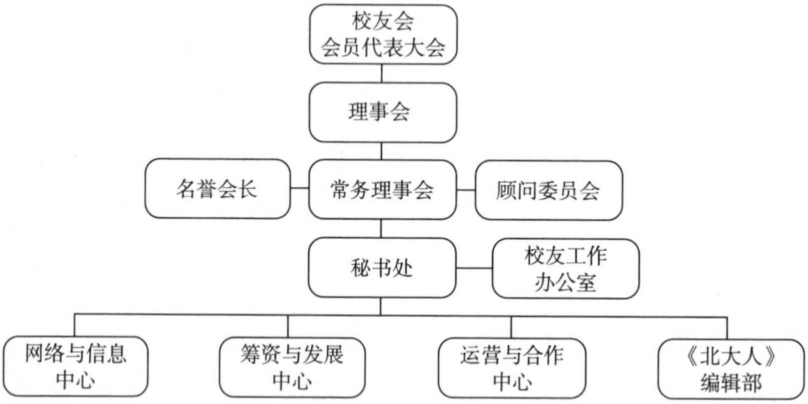

图 6–5　北京大学校友会组织机构

资料来源：北京大学校友会，http://www.pku.org.cn/association/zzjg/index.htm。

三、经典募捐案例——“2018 筹资挑战计划”

我国高校的筹资工作相对于国外高校来说，起步较晚。多渠道筹集教育经费成为共识是在 20 世纪 90 年代以后。那时，由于高等教育的规模不断扩大，单纯依靠政府拨款已经不能满足高等教育发展的需要，于是国家分别在 1993 年的《中国教育改革和发展纲要》和 1998 年的《中华人民共和国高等教育法》中提出鼓励民间力量投资高等教育事业。《中国教育改革和发展纲要》提出:“鼓励和提倡厂矿企业、事业单位、社会团体和个人根据自愿、量力原则捐资助学、集资办学，不计征税。欢迎港澳台同胞、海外侨胞、外籍团体和友好人士对教育提供资助和捐赠。”《中华人民共和国高等教育法》则明确指出:“国家鼓励企业事业组织、社会团体及其他社会组织和个人向高等教育投入。”[①] 在北京大学教育基金会和校友会的运作下，北大成功举办了多场筹资活动，社会捐赠总额在 2019 年成功突破 90 亿元。其中最值得一提的就是，北京大学以 120 周年校庆为契机启动了全校性大规模主题筹资运动——“2018 筹资挑战计划”。

北京大学建校 120 周年到来前，为更好地履行大学使命、顺应时代需求，助力北京大学在人才培养和科学研究领域全面实现创建世界一流大学的宏伟目标，为人类的福祉和世界的进步做出更大贡献，北京大学教育基金会抓住校庆契机，在 2014 年制订了“2018 筹资挑战计划”（2014—2018），并围绕校庆展开了一系列的筹资活动。为了更好地服务与落实该计划，北京大学还成立了筹资发展委员会，专门统筹领导全校筹资工作，设计了丰富的筹资项目。

2015 年 6 月 9 日，北京大学教育基金会网站上推出了以校庆为主题的“百廿华诞筹资项目”（见表 6-3），项目一共分为四个板块：博雅学者基金、未来领袖基金、创新基金和基础设施基金。博雅学者基金是致力于延揽和培育热衷于创新型研究、拥有高水平教学能力的顶尖学者和杰出青年人才，为提升教育质量、培养未来领袖、破解前沿难题提供智力和人才支撑。未来领袖基金是致力于培养具有高度社会责任感、富有创新精神和实践能力、国际视野开阔、在各行各业起引领作用的高素质人才。创新基金是致力于支持北

① 尹琳:《中国公立高校社会捐赠的经济学分析》，硕士学位论文，山东大学，2008 年，第 39 页。

大科研人员开展全球性研究项目，支持他们开展重大理论创新研究、重大科技创新研究和重大政策创新研究，支持他们在前沿交叉领域为解决人类共同面临的健康、环境、发展等重大问题和难点问题探寻解决之道。而基础设施基金是致力于帮助北大加快建设和升级基础设施，从而为师生潜心治学、为教学科研事业发展提供充足的空间、齐备的设施和相宜的环境。

表 6–3　北京大学“百廿华诞筹资项目”

项目板块	项目具体内容
博雅学者基金	北京大学博雅讲席讲授
	北京大学博雅青年英才基金
未来领袖基金	本科生奖学基金
	本科生国际交流基金
	本科生社会实践基金
	研究生校长奖学金基金
	研究生留学生基金
创新基金	北京大学创新基金
基础设施基金	北京大学餐饮综合楼
	北京国际数学研究中心楼群
	北京大学国家发展研究院承泽园区
	北京大学多功能后勤综合楼
	北京大学环境科学大楼
	北京大学景观设计学大楼
	北京大学南门区域教学科研楼群
	北京大学软件工程大楼
	北京大学图书馆改扩建工程
	北京大学外国语学院大楼
	北京大学学生公寓
	北京大学艺术大楼
	北京大学综合科研楼群

资料来源：北京大学教育基金会，http://www.pkuef.org/info/1167/2443.htm。

2018年1月17日，北京大学又提出了“120周年校友感恩项目”（见表6–4），项目一共有两个板块：博雅奖学基金和燕园景致基金，这是专门针对北大校友的捐赠项目。而不管是面向社会，还是专门面向校友，每一个项目板块下都列有详细具体的捐赠内容、项目使命、捐赠方式和鸣谢方式，使捐赠者能够方便地查看和选择自己感兴趣的捐赠项目进行捐赠。

表6–4　北京大学“120周年校友感恩项目”

项目板块	项目具体内容
博雅奖学基金	第二教学楼教室认捐
燕园景致基金	未名湖畔20棵古树和座椅

资料来源：北京大学校友会，http://www.pku.org.cn/association/zzjg/index.htm。

临近2018年5月4日校庆日，来自知名企业家和校友的大笔捐款更是源源不断地向北京大学涌来（见表6–5）。根据已经公布的信息，其中单笔捐赠数额最高达6.6亿元人民币，接收的捐赠总额已经超过20亿元。在全校及社会各界的共同努力下，北京大学“百廿校庆年”共获得社会捐赠校级讲席教授基金13个、校级奖教金19个、校级奖学金90个、校级助学金54个，社会各界捐资设立的永久性基金从2014年的133个上升为179个，全年达成捐赠承诺总额约41.53亿元人民币，超额完成了“2018筹资挑战计划”的目标，为北大各项事业的发展做出了重要贡献。

表6–5　北京大学120周年校庆日前获得的大额捐赠（部分）

捐赠方	捐赠额（亿元）
李彦宏夫妇	6.6
邵逸夫基金会	5
发树慈善基金会	5

（续表）

捐赠方	捐赠额（亿元）
黄廷方慈善基金会	2
蒙德扬、唐立新、陈翀、廖晓霞、刘水联袂捐赠	大于1
俞敏洪	0.5
于越	0.5
李一奎	0.1
李书福资助教育基金会	0.5

资料来源：北京大学2018年年度报告，http://www.pkuef.org/2018.pdf。

四、北京大学社会捐赠的经验和特点

北京大学经过一百二十多年的实践探索，在学习国内外一流大学典型筹资经验的基础上，逐渐掌握了一些筹资方法，独具北大特色的筹资模式已初具雏形。最近几年，北京大学更是频频收获巨额捐赠，充分显示了其筹资的巨大潜力。笔者下文对北京大学的筹资经验与特点进行归纳，以方便其他高校学习、借鉴。

（一）巧用税收减免政策，激励个人和企业捐赠

在我国的法律文件中，有关于捐赠免税的规定。2007年通过的《中华人民共和国企业所得税法》第二章第九条中明确指出：自2008年1月1日起，企业发生的公益性捐赠支出，在年度利润总额12%以内的部分，准予在计算应纳税所得额时扣除。《中华人民共和国企业所得税法》（2017年修正案）第九条规定，企业发生的公益性捐赠支出，在年度利润总额12%以内的部分，准予在计算应纳税所得额时扣除；超过年度利润总额12%的部分，准予结转以后三年内在计算应纳税所得额时扣除。2008年修改的《中

华人民共和国个人所得税法实施条例》第二十四条规定，捐赠额未超过纳税义务人申报的应纳税所得额 30% 的部分，可以从其应纳税所得额中扣除。北大充分利用了这些政策，从两个方面入手：一是通过基金会、校友会网站的捐赠免税专区，宣传相关法规、政策，引导和鼓励社会捐赠；二是公开近 10 年公益性社会团体捐赠税前扣除资格名单，以此激励个人和企业进行捐赠。

（二）实施配比捐赠计划，吸引个人和企业捐赠

北京大学配比捐赠计划是指由北京大学提供配比基金，按照一定比例配比社会捐赠，并将最后总额全部用于捐赠项目。当然，并不是所有筹资项目都能获得配比支持，学校会根据项目的具体内容有选择地进行。比如，北京大学“百廿华诞筹资项目”中博雅学者基金里的两个筹资项目（北京大学博雅讲席教授和北京大学博雅青年英才基金），就只有北京大学博雅青年英才基金获得了配比支持，且配比比例为 1∶1，即每个博雅青年英才基金捐赠金额为 100 万元人民币，在此基础上，北京大学再给予等额配比 100 万元人民币，设立总额为 200 万元的博雅青年英才基金（见表 6–6）。虽然配比支持不是每个项目都有，但回报捐赠者的鸣谢方案却是每个项目都存在，并且内容根据筹资项目内容而定，足以说明其用心。这种方式既提高了北京大学筹资的有效性，又能增强社会向北京大学捐赠的文化氛围，可谓双赢。

表 6-6　博雅学者基金的捐赠方式与鸣谢方式

项目名称	捐赠方式	鸣谢方式
北京大学博雅青年英才基金	①捐赠额度：每个博雅青年英才基金捐赠金额为 100 万元 ②配比支持：在 100 万元捐赠资金的基础上，北京大学再给予等额配比 100 万元，设立总额为 200 万元的博雅青年英才基金	①博雅青年英才基金以捐赠者的意愿命名为“北京大学 ×× 博雅青年英才基金”；获基金资助的教师被聘为“北京大学 ×× 博雅青年英才” ②获聘教师在学术场合需使用博雅青年英才计划的全名，例如发表学术文章、新闻发布、国际学术交流活动及所使用的信笺和名片等 ③获聘教师将与捐赠者保持紧密联系，及时通报其最新学术成就 ④北京大学将通过新闻发布、学术成果宣传等多种形式，结合基金获得者科研成就，广泛宣传和弘扬捐赠方热心公益、支持教育的崇高精神，通过多种方式感激捐赠方对教育科学文化事业的鼎力支持
北京大学博雅讲席教授	①根据学科和人才具体情况，博雅讲席教授基金的捐赠额分为 500 万元和 1000 万元两类，捐赠资金用作基金本金 ②在学校的教授工资福利待遇基础上，基金的收益将显著提高讲席教授的薪资竞争力，有助于吸引和留住杰出人才	①讲席教授将以捐赠者意愿命名为“北京大学 ×× 讲席教授”；获聘讲席教授在学术场合需使用讲席教授的全名，例如发表学术文章、新闻发布、国际学术交流活动及所使用的信笺和名片等 ②讲席教授将与捐赠者保持紧密联系，及时通报其最新学术成就 ③北京大学将通过新闻发布、学术成果宣传等多种形式，结合教授科研成就，广泛宣传和弘扬捐赠方热心公益、尊师重教的崇高精神，通过多种方式感谢捐赠方对教育科学文化事业的鼎力支持

资料来源：北京大学教育基金会，http://www.pkuef.org/info/1167/2443.htm。

（三）成立专门筹资机构，推动高校筹资专业化

专门的筹资管理机构和筹资团队是高校成功筹资的关键。早在 1995 年，北京大学就成立了专门的筹资机构，即北京大学教育基金会，由其负责北京大学的筹资活动、资金使用、资金管理等一系列事务。由于筹资工作具有环节众多、细节复杂、工作量大等特点，因此在每次筹资活动开展前，为确保低成本的同时拥有高效率，教育基金会就会发挥其功能，联合学校领导认真讨论，设计出详细的筹资计划，然后结合机构各部门的专业性进行分工，各尽其职，使筹资活动能够顺利进行直至圆满结束。另外，教育基金会还会根

据不同的筹资数额，灵活规划筹资时间，确保不会因为时间因素而导致筹资失败。毕竟，如果预留的筹资时间过短，可能会造成捐赠者的心理压力、准备不充分或者宣传不到位等问题，甚至出现还没有知晓捐赠消息，项目就过期了的情况；如果预留的筹资时间过长，则容易使社会潜在捐赠者产生疲惫、质疑心理，从而造成他们被其他捐赠项目吸引走的情况。所以，对一个筹资活动，特别是大型筹资活动，不仅要多渠道宣传，还要把握好时间适度原则。比如，在设计 120 周年校庆的筹资活动时，教育基金会预留了足足 4 年的筹资时间，从 2014 年就开始规划，其间逐渐推出筹资项目，并且通过北京大学校友会、北京大学新闻网等各种有影响力的渠道进行宣传，才使得 2018 年的校庆收获满满，超额完成筹资计划。由此可见，拥有一个专门的筹资机构是多么重要。

第二节　清华大学

一、清华大学社会捐赠的基本情况

近些年来，清华大学凭借出色的募捐业绩堪称国内大学募集的佼佼者。1994 年，清华大学以 2000 万元的资金注册了教育基金会。自 2014 年至 2018 年，清华大学的社会捐赠收入成直线增长趋势（见图 6–6）。艾瑞深中国校友会网发布的 2019 中国大学社会捐赠排行榜报告显示，清华大学累计接收社会捐赠总额突破 100 亿元大关，高达 123.09 亿元，问鼎 2019 中国大学社会捐赠排行榜，再次刷新中国大学社会捐赠最高纪录（见表 6–7）。从捐赠收入的地区划分来看，以 2018 年的捐赠数据为例，清华大学年度捐赠收入为 21.36 亿元。其中，主要捐赠源自国内，占捐赠收入总额的 49.5%；其次，捐赠收入 83% 来自境内，17% 来自境外（见图 6–7）。从捐赠项目的类别来看，教育基金、研究基金、苏世民学者项目的比例最高，其他种类也非常丰富，有 20 余种。

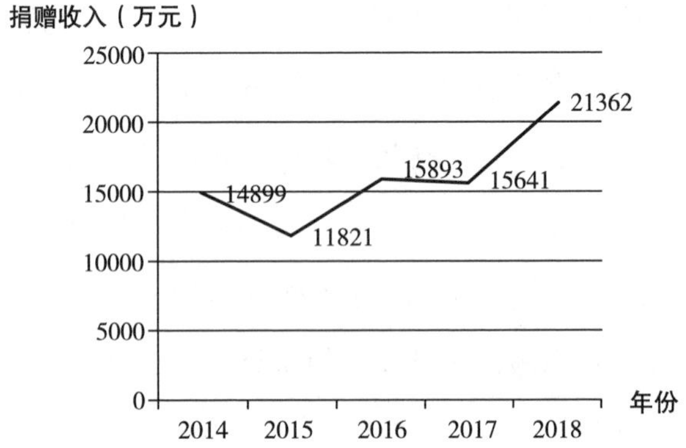

图 6–6　清华大学接受捐赠情况表（2014—2018 年）

表 6–7　2019 年中国大学社会捐赠排行榜 TOP20

名次	学校名称	捐赠总额（亿元）	全国排名	星级排名	办学层次
1	清华大学	123.09	2	8 星级	世界一流大学
2	北京大学	91.49	1	8 星级	世界一流大学
3	汕头大学	49.61	166	3 星级	区域一流大学
4	浙江大学	47.50	5	8 星级	世界一流大学
5	西湖大学	35.00		6 星级	世界高水平大学（特色）
6	武汉大学	29.16	9	7 星级	世界知名高水平大学（前列）
7	复旦大学	27.56	4	8 星级	世界一流大学
8	上海交通大学	27.18	7	6 星级	世界知名高水平大学（前列）
9	中国人民大学	25.27	5	7 星级	世界一流大学（特色）
10	武汉学院	25.04	8	7 星级	中国顶尖民办大学
11	南京大学	23.57	8	7 星级	世界知名高水平大学（前列）
12	中山大学	22.03	10	6 星级	世界知名高水平大学（前列）
13	厦门大学	20.39	22	7 星级	世界知名高水平大学

（续表）

名次	学校名称	捐赠总额（亿元）	全国排名	星级排名	办学层次
14	电子科技大学	17.75	37	6 星级	世界高水平大学（特色）
15	天津大学	14.25	13	7 星级	世界知名高水平大学
16	福州大学	12.06	73	4 星级	中国高水平大学
17	中南大学	11.27	20	7 星级	世界知名高水平大学
18	深圳大学	11.07	86	4 星级	中国高水平大学
19	四川大学	10.15	14	7 星级	世界知名高水平大学
20	同济大学	9.17	23	7 星级	世界知名高水平大学

资料来源：《2019 中国大学社会捐赠排名》，2018 年 12 月 24 日，见 http://edu.sina.com.cn/gaokao/gaokao/2018-12-24/doc-ihqhqcir9749348.shtml。

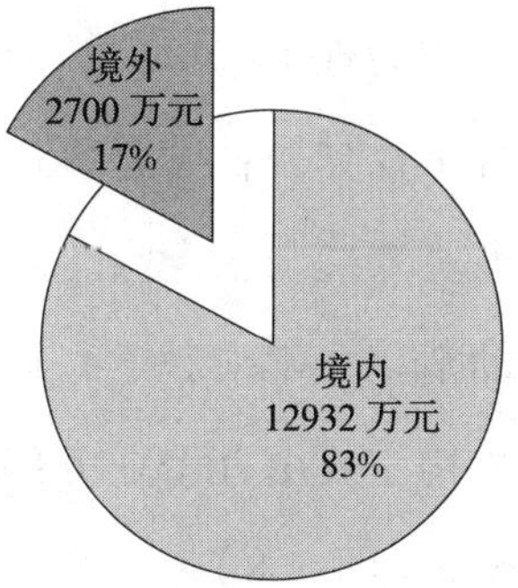

图 6-7　2018 年清华大学捐赠来源

二、清华大学社会捐赠的组织机构

清华大学的募捐组织机构类型为直线制，其特点为管理结构简单、人员数量较少、组织结构扁平单一。[①] 其组织包括清华大学校友总会和清华大学

① 佟婧：《中美大学募捐组织结构、运行及特点分析——以清华大学和哈佛大学为例》，《中国高教研究》2015 年第 3 期。

教育基金会，它们均隶属于清华大学。

（一）清华大学教育基金会

清华大学教育基金会是我国民政部批准成立的全国性非公募基金会，于 1994 年正式成立，是建国后最早正式注册的大学教育基金会。2019 年 12 月 31 日，民政部发布 2018 年度全国性社会组织评估等级公告，清华大学教育基金会再次被评为最高等级——5A 级基金会。经过 27 年的探索和发展，清华大学教育基金会在资金筹集、项目管理、资产运营、团队建设等方面日趋完善，社会声誉与品牌形象不断提升，名列中国高校基金会前茅，先后倡导举办“中国高校基金会年会”，发起成立“中国高等教育学会教育基金工作研究分会”并成为理事长单位，为中国大学教育基金会的可持续发展、为我国高等教育事业与公益慈善事业的改革发展发挥了积极作用。基金会的资本运营、人员管理与校友会、院系之间各自独立。其宗旨是通过争取社会捐赠以推动清华大学的教学、科研与社会服务等方面的发展。其中，基金会的组织机构主要由九个业务部门和理事会组成，各自分管着基金会内部的不同事务（见图 6–8）。

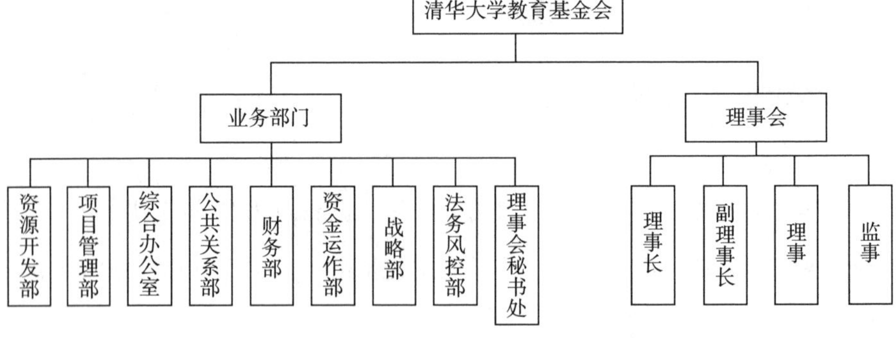

图 6–8　清华大学教育基金会组织结构

资料来源：据清华大学官网整理。

清华大学教育基金会所获得的捐赠主要用于学生培养、学科发展、师资建设以及社会公益等方面。值得关注的是，清华大学教育基金会在 2020 年 4 月 2 日与万科企业股资产管理中心签署了捐赠协议。万科将企业股资产管理中心的全部资产 2 亿股万科股票一次性捐赠给清华大学教育基金会，用于设立“清华大学万科公共卫生与健康学科发展专项基金”。此专项基金将在支持科研创新、奖励科研成果和引进人才等方面持续发挥作用，并支持清华大学万科公共卫生与健康学院的建设和发展。根据捐赠协议签署前一日的万科股票收盘价，此次捐赠股权当前市值约 53 亿元，是目前国内对高校基金会的最大金额的单笔捐赠。更具意义的是，此次捐款并非出自万科上市公司的企业资产，而是出自 1984 年万科成立以来数十万员工 36 年努力奋斗的共同成果和财富。万科表示，不会就此捐赠行为谋求任何商业利益或经济回报。①

此外，在海外设立基金会也是清华大学教育基金会的一大特点。1998 年以后，清华大学教育基金会先后在美国及中国香港成立了清华北美教育基金会和清华大学（香港特别行政区）教育基金会有限公司，专门负责海外地区的筹资工作。清华大学基金会资助的主要项目有：支持教学与研究设施的改善（包括建筑物、仪器设备和图书资料等）；资助教学研究、科学与技术研究项目及专著出版；吸引国际知名学者来华讲学及任教；资助大学间国际合作项目和国际学术会议的开展；设立奖学金、助学金及奖教金；资助有益于学生综合素质拓展的各项活动；按照捐赠者意愿设立资助项目等。清华大学教育基金会借助国内顶尖大学的综合实力与影响力，已发展为筹资、

①《秉承人类命运共同体理念　贡献全球公共卫生事业　万科企业股中心捐赠清华大学教育基金会》，2020 年 4 月 2 日，见 http://www.tuef.tsinghua.edu.cn/info/index_tpxw/4145。

管理、资金运作体系相对成熟的基金会，在民政部对基金会的评估中获得 4 星。同时，清华大学教育基金会也是国家首批获得公益性捐赠税前扣除资格的基金会（其中仅有两所大学基金会入选）。

（二）清华大学校友总会

清华大学校友总会的发展有着悠久的历史，其前身是清华大学留美同学会和清华大学同学会。1913 年，清华大学海外校友本着“振作校风、联络情意”的宗旨成立了清华大学留美同学会，并下设美国东部和中西部两个支会，1915 年在美国成立总会执行部。1933 年执行部移至国内，更名为“清华同学总会”。其主要职责是编制同学录、联络校友、募集捐款、赞助母校等。1981 年，清华大学 70 周年校庆时，清华大学校友总会成立，1991 年在国家民政部登记注册。目前，清华大学校友总会在国内下设 145 家校友组织，其中国内 90 个（覆盖 31 个省、自治区、直辖市以及港澳台地区），国外 55 个（覆盖美国、加拿大、英国、法国、德国、澳大利亚、新西兰、日本、新加坡、泰国、马来西亚、柬埔寨、瑞士、荷兰、西班牙、意大利、奥地利 17 个国家），其校友联络率超过 80%。这些校友的捐赠构成了清华大学不可小视的收入来源。清华大学校友总会有 8 个职能部门，分别是校友办公室、校友研究室、发展部、年级部、地区部、协会部、联络部和宣传部。

在服务校友方面，清华大学校友总会积极搭建多种形式的服务平台，传承清华精神，帮助校友成长。除校友聚会之类的传统活动外，总会还创办了《清华校友通讯》、《水木清华》和清华校友网（“两刊一网”），为校友提供免费的电子邮箱，发行校友信用卡等，这些逐渐成为校友与母校之间的桥梁和纽带。为了顺应新媒体时代的到来，校友总会开通服务号、订阅号等微信公众号，使校友与母校之间联系更加密切。此外，清华大学校友总会十分重视校友资源的开发和利用，对校友捐赠工作非常重视。如 2006 年校友总会创立校友励学金工程，励学金总额和基金存量逐年大幅增长。至 2018 年底，共有校友 3.3 万人次参加了捐赠，累计筹资约 1.56 亿元，资助家庭经济困难学生 13656 人次，获得了贫困学生的好评和广大校友的支持。校友总会还通过聘请“校友导师”，帮助学生树立正确的人生观、择业观，这个方式成为传承清华传统的有效途径。

三、清华大学社会捐赠的经典案例

（一）清华大学苏世民学者项目

清华大学苏世民学者项目由清华大学和美国黑石集团全球主席兼首席执行官苏世民（Stephen Schwarzman）合作设立，其宗旨在于立足中国、面向世界，借鉴国际先进教育理念，在全球范围选聘优秀师资，为世界各国优秀大学生提供专项教育培训。清华大学于 2013 年 4 月 21 日在人民大会堂正式启动苏世民学者项目，该项目总投入 3 亿美元，除去苏世民个人捐款 1 亿美元，剩余款项由苏世民与清华大学一同筹集。这是迄今为止中国从海外获得的最大单项慈善捐赠，也被外界视作自 1902 年罗德奖学金设立后全球最重要的领导力培养项目。

清华大学苏世民学者项目于 2016 年 9 月 10 日举行开学典礼，依托其载体苏世民书院，迎接首届入学的来自 31 个国家的 110 名学生。在学生比例方面，我国生源占 20%，其中有 5 名是清华毕业生；美国学生占 45%；其余地区占 35%，包括非洲和拉丁美洲优秀的学生。① 清华大学 2017 年度报告数据显示，清华大学基金会 2016 年总捐赠收入达到了创纪录的 15.89 亿元，

①《培养跨文化的未来领导者——记清华大学苏世民学者项目》，《国际人才交流》2016 年第 11 期。

其中仅苏世民学者项目一项收入就达到了 5.49 亿元，占比近 35%。在这 5.49 亿元中，清华北美基金会捐赠 2.4 亿元用于支持苏世民学者项目，苏世民教育基金会捐赠的 9872 万元用于兴建清华大学苏世民书院大楼及日常运营。① 横向对比来看，北京大学教育基金会 2016 年全年捐赠收入为 5.7 亿元，略高于苏世民学者项目，而浙江大学教育基金会和厦门大学教育基金会年度捐赠收入分别为 3.5 亿元与 3.9 亿元。截至 2019 年，“清华大学苏世民学者项目”投入资金共 5.75 亿美元，是中国有史以来由国际捐赠者资助的金额最高的慈善项目。

（二）“更好的清华”筹资行动

2019 年 4 月 20 日，在清华大学 108 周年校庆前夕，校长邱勇启动了“更好的清华”筹资行动，这是目前国内首个大额筹资项目。“更好的清华”筹资行动旨在于汇聚社会捐赠，助力清华大学世界一流大学建设，以教育发展增进社会福祉，推动“中国梦”的实现，为人类文明进步做出更大贡献。“更好的清华”筹资行动以清华大学发展战略为目标，面向 110 年校庆，围绕“大师”“英才”“求索”“斯园”四个方面展开（见表 6–8）。在 3 天后的 4 月 23 日，清华大学就收到了来自经管学院 2008 级 EMBA 校友陈泽峰向母校慷慨捐资的 5 亿元，主要用于环保技术研发、环保科技人才培养、环保科研成果产业化以及服务国家“一带一路”倡议和国家生态文明建设智库的相关研究工作。

① 《清华大学教育基金会 2017 年度审计报告》，见 http://www.tuef.tsinghua.edu.cn/sites/pdf/infomation/ndsjbg2017.pdf。

表 6–8 “更好的清华”筹资运动

项　目	主要用途
“大师”	世界一流师资的延揽：大力引进活跃在世界学术前沿、有重要影响力的顶尖人才，同时集中资源加大对青年骨干教师的支持力度。
“英才”	学生资助：着力培养学生的全球视野、创新思维、宽厚基础、健全人格和强健体魄。
“求索”	学术研究：一方面加强在前沿交叉领域的前瞻性布局，志在重大原始性创新；另一方面整合资源，致力于解决社会经济发展的重大问题。
“斯园”	校园建设：清华园将陆续建设一批新建筑，并持续改造提升教室场馆设施和校园整体景观。

资料来源：据清华大学官网及其教育基金会网站整理。

（三）“清华校友励学金”

2006 年，清华大学校友总会连同教育基金会正式启动“清华校友励学金”工程。“清华校友励学金”工程是面向清华校友发起的一项捐资助学工程，不同于已有的各类奖助学金，它倡导“助困励学、爱校育人”的理念，专项资助由学校认定的家庭经济困难的在校学生，使学生在获得经济资助的同时直接感受到校友给予的精神激励。这是清华精神的一种传承，也是校友参与和支持母校人才培养的直接渠道。清华在校生中，家庭经济特困生占全校本科生的 10%。“绝不让一个勤奋又有才华的学生因为经济困难而辍学”，是母校的庄严承诺，更是众多校友的爱心践行。“清华校友励学金”工程自启动以来，校友们通过年级、班级、各地校友会、清华校友龙卡和校友企业等多种渠道进行捐赠，并得到了海内外校友及各地校友会的积极响应。同时，清华大学还用捐赠冠名的方式来鼓励校友积极参与，具体的捐赠冠名方式如表 6–9 所示。

表 6–9 “清华校友励学金”捐赠冠名方式

捐赠冠名	捐赠金额
清华校友— × × × 励学金	一次性捐款达 6000 元（或等值外币）
清华校友— × × × 励学基金	一次性捐款达到 12 万元（或等值外币）

数据来源：据清华大学教育基金会网站整理。

从上表来看，“清华校友励学金”捐赠冠名方式分为两种。第一,一次性捐款达到 6000 元（或等值外币），校友个人或团队可在当年将此捐款冠名为“清华校友— × × × 励学金”（6000 元可支付一名贫困生一年的学费及住宿费用）；第二,一次性捐款达到 12 万元（或等值外币），校友个人或团队可冠名为“清华校友— × × × 励学基金”，捐赠者将拥有永久冠名权。“基金”将采取“留本发息”的方式，12 万元的年利息目标是资助一名贫困生一年的学费及住宿费用（6000 元左右）。

到 2016 年——励学金启动后的第十年，清华大学共有 2.7 万名校友参与此项工程，捐资超过 1.26 亿元，设立项目近 400 项，资助学生超过 1 万人次，发放金额近 5000 万元。① 在广大校友的热心支持下，校友励学金已成为学校资助体系的重要组成部分。励学金工程帮助学校实现了“两个全部”的目标：覆盖家庭经济困难的全部学生，并惠及家庭经济一般困难的低收入家庭学生；资助家庭经济特别困难的学生解决全部学费、住宿费和基本生活费。同时，通过捐赠校友与受助学生间多种形式的互动和交流，励学金工程取得了很好的资助育人效果。

①《清华大学教育基金会，“清华校友励学金”工程十周年总结座谈会召开》，见 http://www.tuef.tsinghua.edu.cn/info/xwdt/2310。

四、清华大学社会捐赠的经验和特点

（一）清华大学社会募捐的特点

第一，学校的综合实力是清华大学募捐成就的首要法宝。2018 年，网大中国依据声誉、学术资源、学术成果、学生情况、教师资源和物资资源等指标对国内大学进行排名，清华大学仍以不可撼动的实力位列前茅。在《泰晤士高等教育》的世界大学排名中，清华大学是我国进入世界大学排名前 100 位的两所大学之一。清华大学的品牌在获得社会捐赠的过程中起了至关重要的作用。

第二，相对健全的筹资机构是其筹资工作的有力保障。清华大学募捐机构分为清华大学基金会和清华大学校友会两个部分。相比清华大学基金会，其校友会有着更悠久的历史，至今已稳定健康发展将近 110 年。

第三，募捐项目类型呈现出多样化、个性化的特点。清华大学的募捐项目主要可以分为 16 大类（见图 6–9）。其中，教育基金项目是所有捐赠项目中捐赠额度比例最多的一项，占比 30%。位居第二位、第三位的分别是研究基金项目和苏世民学者项目，所占比例份额均为 11%，这两个项目主要用于教学、科研、培训、交流有关的资助（包括对优秀教师的培养和奖励）。除此之外，清华大学还设立了基本建设项目、奖助学金项目（包括奖励优秀学生和资助家庭困难的学生）、人才基金（如设立讲习教授）、支持贫困优秀学生的励学金、交流基金、社会公益基金、图书基金（包括购买图书、数据库和相关出版物）、校友基金（包括为校友服务的活动经费）等。

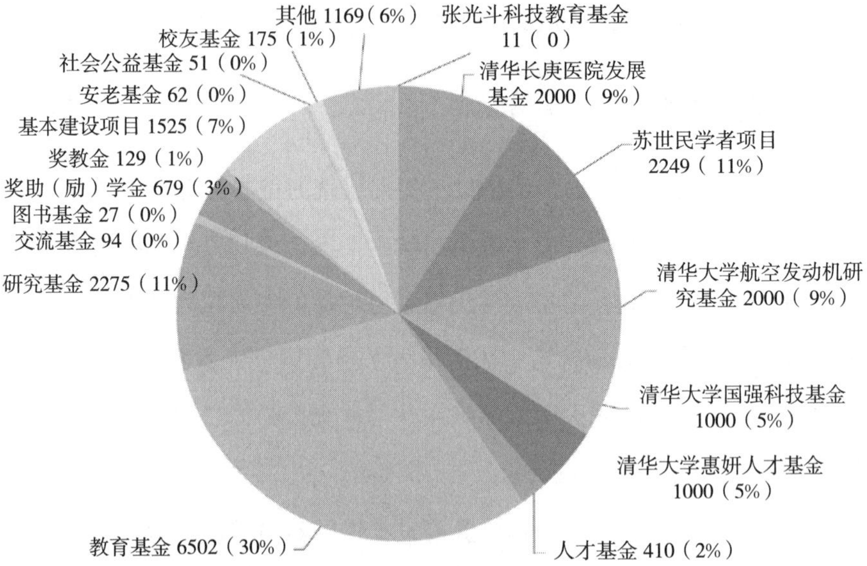

图 6-9　2018 年清华大学捐赠项目分类（单位：万元）

第四，清华大学还打出了“亲情牌”，从项目设计的细节中培养校友和母校的感情。清华大学为了吸引更多的校友捐赠，推出了“情系母校，为校友服务”“清华龙卡”“招商银行清华校友认同卡”等项目联络母校与校友的感情。

（1）“情系母校，为校友服务”项目。为了联络与校友之间的感情，鼓励校友经常返校参与活动并吸引校友捐赠，清华大学设置了该项目，其中包括“情系母校”和“服务校友”等活动，这些活动实施后均收到了良好的成效。情系母校活动主要为在清华大学工作、学习过的校友发放一张带有清华大学标识的龙卡，校友可以使用龙卡直接参与母校年度捐款（20 元 / 人 · 年），同时持卡消费金额的 1% 也将作为该校友的年度捐款。服务校友活动主要是指持卡校友可以享受龙卡特约商户提供的优质优惠服务；除享受各种专项服务以及清华大学提供的校友服务外，刷卡一定额度还可以参与积分兑奖活动。

（2）“清华龙卡”项目。为了增强清华大学校友的认同感，清华大学与银行联名面向清华大学校友发行国际标准信用卡。该信用卡除具备灵活多样的服务以外，还专为清华大学校友提供了量身定制的服务和权益。

（3）“招商银行清华校友认同卡”项目。清华校友认同信用卡仅向清华校友发行，是清华人的专属信用卡。校友持卡可进入校内图书馆，享受在校师生待遇，可以优惠价格使用校内指定的体育设施及校内招待所，更有机会获邀参加校友总会组织的各类主题校友活动。清华大学校友总会依托“招商银行清华校友认同卡”，倡导每人每天为母校至少捐赠 1 元钱，滴水化成涌泉，捐赠的资金将主要用于支持清华校友基金[①]、《水木清华》基金[②]以及清华校友励学金等项目。为方便捐赠，清华校友认同卡特设捐赠功能，通过申请书捐款栏位勾选，可每月向母校进行捐赠。同时，为了鼓励捐赠校友，清华大学校友总会依据捐赠额度为校友寄送礼品（见表 6–10）。

表 6–10 招商银行清华校友认同卡月捐赠额度及相应纪念品

卡 种	月捐赠额度	捐赠人纪念品
金卡	30 元	赠送当年度《清华人》毕业 20 周年专刊
	100 元	赠送当年度《清华人》毕业 20 周年专刊 赠送一件清华大学校庆礼品
钛金卡	500 元	赠送当年度《清华人》毕业 20 周年专刊 赠送一份清华大学校庆礼品 赠送一份清华大学关怀礼品

第五，利用“营销”手段“挖掘”潜在捐赠人。随着时代的发展，募捐方式逐渐倾向于捐款者导向。使用大众营销的各种技巧组合，让人们可以选

① 清华校友基金：由校友出资捐赠的非定向使用基金，采取“留本发息”方式，用于培养优秀学生、资助教学研究等母校教育事业的发展。

②《水木清华》基金：《水木清华》是由清华大学校友总会承办的公开发行的月刊，是广大校友和国内外相关人士交流合作的重要平台。该基金的设立，旨在扩大刊物的发行量，更好地弘扬清华精神和文化。连续捐赠 5 年的校友即可永久获赠《水木清华》杂志。

择最喜欢的方式加入捐赠的行列，再经反复的捐赠，建立捐款人的忠诚度。[①]非营利组织在募款时必须了解捐款人的动机、行为与偏好，除了以感性的诉求打动民众让其感同身受外，理性运用策略满足捐款人的需求亦为重要的一环。清华大学在募款时，关注运用营销策略来开发潜在的捐赠人。

（二）清华大学社会募捐的经验

1. 发挥自身优势，充分利用校友资源

清华大学教育基金会充分认识到校友对学校的价值，也十分重视与校友总会的合作建设。其中，校友会作为中间人角色，根据不同需求策划活动，从而增进校友与母校的感情，这在很大程度上是对校友资源的一种积累。同时，基金会还充分利用建校纪念日，向校友和社会各界发起倡议，以期获得更多的教育捐赠。此外，清华大学还积极开辟各种筹资渠道，成立清华北美教育基金会和清华大学（香港特别行政区）教育基金会有限公司，争取海外有识之士对清华教育事业给予支持和帮助。基金会还通过一系列专项筹资活动的开展，为推动学校的科研教学和国际交流合作做出了积极贡献。

2. 注重提升大学的综合实力

耶鲁大学投资研究所的葆拉·沃伦特（Paula Volent）对捐赠基金与大学质量关系进行了研究。通过对美国研究性大学的调查，他发现：捐赠基金的规模越大，大学的综合实力越强。[②]校友捐赠逐渐成为评价一流大学的重要指标，高校的筹资能力正逐渐成为大学发展不可或缺的因素之一。在我国，社会捐赠收入发挥的作用也日益受到重视。教育部在2001年有关大学校友会工作的座谈会上就提到，要将各学校的社会资金筹措运营能力纳入大学评

① 卢贞云:《我国非营利组织运用信息科技与网络募款现况之探讨——以社会福利机构为例》，硕士学位论文，台湾东海大学公共行政研究所，2002年。

② 李洁:《大学捐赠基金运作问题研究》，博士学位论文，华中科技大学，2010年。

估体系指标中。捐赠基金的优化运作为社会资金流向教育创造了良好环境，捐赠者愿意为大学的成功锦上添花，希望看到他们的赞助不仅得到很好的利用，而且还能给大学的整体地位带来增值效应。因此，大学综合实力逐渐成为高校社会捐赠的重要手段。

据艾瑞深中国校友会网发布的2019年中国大学社会捐赠排行榜的数据，排名第一的清华大学社会捐赠总额为123.09亿元，排名第十五位的天津大学捐赠总额仅为14.25亿元，各高校在总规模上差别巨大（见表6–7）。另外，从基金会中心网的数据来看，2014—2018年清华大学的捐赠收入总额一直占其年度总收入中的很大比重（见表6–11）。比如2018年，清华大学捐赠收入为21.36亿元，而年度总收入为25.60亿元，占比83%。

表6–11　清华大学2014—2018年主要财务数据

年份	捐赠收入（万元）	年度总收入（万元）
2014	148997	179347
2015	118215	227540
2016	158932	188474
2017	156415	188021
2018	213622	256032

资料来源：据基金会网中心网整理。

3. 注重捐赠方式的创新，调动捐赠者的积极性

首先，我国高校在吸引社会各界的捐资时，大多采取给捐赠企业或个人以相应的荣誉作为回馈，如以捐赠企业或人的名字命名校内的某项建筑、机构或某种奖学金等；或者给予捐赠人相应的名誉，如客座教授、名誉教授等荣誉称号；或者颁发教育贡献奖等。[①] 这几种激励方式虽具有一定成效，但

① 冉云芳:《民办高校筹资中的社会捐赠问题》,《教育发展研究》2008年第2期，第13—16页。

还不能充分调动社会各界向高等学校捐赠的积极性。为此，清华大学教育基金会的管理者设计了更多新颖的激励方式。如聘请大额的捐赠者为基金会理事单位的理事，使他们可以参加学校重大政策的制定，并监督实施政策的落实等，这增加了对捐赠者的吸引力。

其次，我国高校基金会由于受相关制度与规定的限制，在投资规模、投资收益、专业化投资团队等方面与美国大学基金会相比尚有差距。这也是我国高校获得大量资金却没有很好地利用已取得的收益去支持一流大学建设的原因之一。[①] 但经过多年的发展，国内也出现了较为完善的教育基金会，如清华大学教育基金会就有效地发挥了现有体制的优势，以全资子公司的形式吸引了以校友为主体的专业人士加入，配合基金会开展资产的保值增值工作。这样的大学基金会既不违反相关的规定，吸纳了资产管理领域的专业人士，同时又能够对投资活动进行较为科学、专业的管理。因此，即使在当前大学基金会相关制度限定较多的情况下，国内顶尖大学的基金会在投资方面仍然可以有所作为。

4. 积极开展公益项目资助活动，扩大了基金会的影响力

清华大学教育基金会在积极配合学校中心工作开展的同时，也利用清华大学及基金会自身的综合优势，关注社会热点，开展多项社会服务工作。早在2003年，“扶贫基金”“艾滋病专项基金”就已成立，而2020年3月4日，清华大学教育基金会投入1.5亿元设立“春风基金”——用于支持清华大学综合多学科力量，组织跨学科团队，加快推进新冠肺炎临床救治、药物和疫苗研发、检测技术和产品等方向的科研攻关，并加速提升我国心理健康、生物安全、公共卫生和应急体系等的研究和建设水平。这一系列社会公益项目的实施，体现了清华大学对贫困地区的教育、卫生医疗等公益事业强烈的责任感和

① 李锋亮、王云斌:《教育基金会的发展与世界一流大学建设》,《复旦教育论坛》2016年第3期，第19—25页。

使命感。同时，据清华大学年度报告数据，2018 年清华大学教育基金会捐赠总额为 21.36 亿元。其中，在基金会支持的各类公益项目中，清华大学的公益项目捐赠收入占年捐赠收入总额的 4.8%。基金会正在不断加大对各类社会公益项目的募集和资助力度，在积极承担社会责任的同时，也扩大了基金会的社会影响力。

第三节　浙江大学

一、浙江大学社会捐赠基本情况

浙江大学是一所历史悠久的全国重点大学，前身为成立于 1897 年的求是书院，是中国人创办最早的高等学府之一。浙江大学是教育部直属、省部共建的普通高等学校，也是首批进入国家“211 工程”和“985 工程”建设的重点大学之一。1998 年 9 月 15 日，同根同源的浙江大学、杭州大学、浙江农业大学、浙江医科大学合并组建为新的浙江大学。经过一百多年的建设与发展，浙江大学已建成为一所基础坚实、实力雄厚、特色鲜明，居于国内一流水平、在国际上有较大影响的研究型和综合型大学。

1994 年，为了纪念竺可桢老校长的卓越功绩，弘扬他亲自倡导的“求是”精神，开拓海内外共创教育大业渠道，加快浙江大学进入世界一流大学的进程，为国家培养更多的栋梁人才，浙江大学联合社会各界成立“浙江大学竺可桢教育基金会”。2000 年 5 月，原“浙江大学竺可桢教育基金会”和原“杭州大学基金会”融合而成新的“浙江大学竺可桢教育基金会”。2004 年 11 月，根据国务院颁布实施的《基金会管理条例》，“浙江大学竺可桢教育基金会”重新进行登记注册，更名为“浙江大学教育发展基金会”。2006

年 7 月，经教育部批准，“浙江大学教育发展基金会”更名为“浙江大学教育基金会”。浙江大学教育基金会的建设宗旨为“汇八方涓流、襄教育伟业，全面支持和推动浙江大学的建设和发展”。[①] 浙江大学教育基金会公益活动的业务范围包括以下七项。[②]

（1）支持浙江大学建设、建造、更新教学和科研设施。

（2）扶植浙江大学重点学科、重点实验室和重点课程的建设。

（3）支持浙江大学人才引进，资助聘请世界知名学者来校讲学。

（4）资助优秀教师及在校学生出国交流、参加国际学术会议。

（5）资助召开高层次国际学术会议。

（6）奖励做出突出贡献的优秀教职工和品学兼优的在校学生。

（7）资助在校贫困学生。

浙江大学教育基金会在 1998—2001 年收到社会捐赠约 3 亿元人民币。到“十一五”收官之年的 2010 年，截至年底年度新签署社会捐赠共 133 项，签约金额为 3.71 亿元，实际到款金额为 2.79 亿元，筹资到款额比 2009 年增长了 143%；基金会资产规模达到 6.57 亿元。2011 年签约金额 4.03 亿元，到位捐赠 2.03 亿元，2012 年、2013 年和 2014 年基金会累计收入分别为 3184 万元、3198 万元和 3020 万元。2015 年基金会捐赠金额达到 4.52 亿元，2016 年捐赠金额为 3.53 亿元，2017 年更是创下历史新高达到了 10.13 亿元，2018 年和 2019 年捐赠收入金额分别为 4.55 亿元和 6.11 亿元（见图 6-10）[③]。

① 《江八方涓流　襄教育伟业》，见 http://www.zuef.zju.edu.cn/index.php/webSite/webColumn/index/26。

② 邹哲慧:《中美高校教育基金会比较研究》，硕士学位论文，广西大学，2012 年 5 月。

③ 据浙江大学教育基金会官网，见：http://www.zuef.zju.edu.cn/index.php/webSite/webColumn/index/12.html。

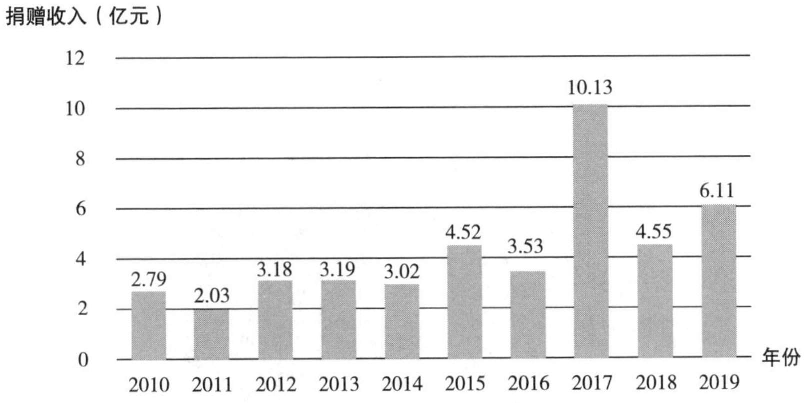

图 6-10　浙江大学 2010—2019 年捐赠收入

根据浙江大学教育基金会网站提供的数据，2019 年浙江大学基金会的收入来源情况如图 6-11 所示。

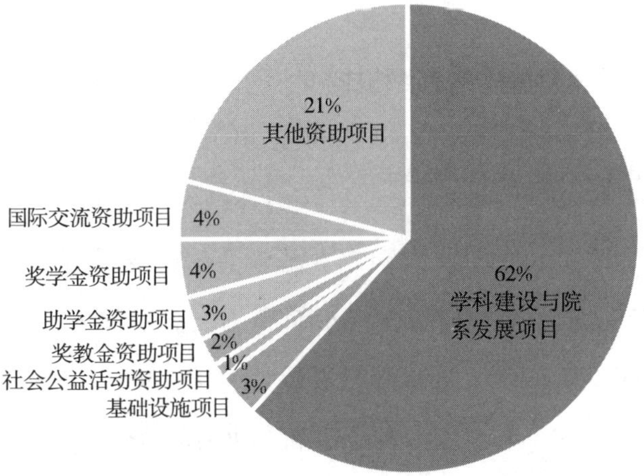

图 6-11　2019 年浙江大学教育基金会收入来源

资料来源：http://www.zuef.zju.edu.cn/ueditor/php/upload/file/20200715/1594777005460947.pdf。

浙江大学教育基金会 2019 年捐赠基金的主要支出：直接用作学科建设的比例达到 57%，用作学生的奖学金助学金的比例为 10%，这两项共占 67%，奖教资助项目金额约为 124 万元，占总支出的 6%（见图 6-12）。

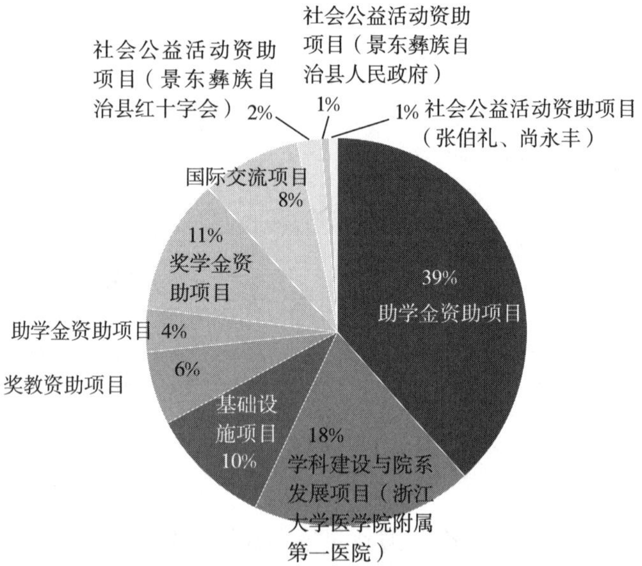

图 6–12　2019 年浙江大学捐赠基金支出

资料来源：http://www.zuef.zju.edu.cn/index.php/webSite/webColumn/index/12.html。

二、浙江大学社会捐赠的组织机构

（一）浙江大学教育基金会

截至 1999 年底，浙江大学教育基金会的前身竺可桢教育基金会累计收入 709.75 万元，其中捐赠收入 565.29 万元，利息收入 144.46 万元。截至 1999 年底，原杭州大学基金会累计收入 452.99 万元。此后，两大基金会开始融合。2000 年 5 月，融合后新的浙江大学竺可桢教育基金会基金数额为 5000 万元，源于社会捐赠。浙江大学教育基金会是全国性私募基金会，基金会接受来自社会各界的捐赠，主要用于教育与科研、人才引进与对外交流、校园基本建设、奖助学金、学生活动或与学校教育事业有关的其他项目。

浙江大学教育基金会理事会由 20 名理事组成，包括 1 名理事长、1 名副理事长、1名秘书长。理事会成员每届任期为5年，任期届满，连选可以连任。基金会设监事2名，监事任期与理事任期相同，期满可以连任。迄今为止，浙江大学基金会共有51名专职人员，分别负责发展联络、校友事务、信息综合和基金发展等事务。①2005年以前，基金会的管理模式是基金理事会下设秘书处，秘书长由校办副主任兼任，处理日常事务。2005年后，基金会秘书处与学校发展联络办公室合署办公，秘书长由学校发展联络办公室主任兼任。在浙大校友的支持下，浙江大学教育基金会在美国和中国香港成立了具有独立法人资格的“美国浙江大学教育基金会”和“香港浙江大学教育基金会”。2003年，浙江大学教育基金会牵头举办首次“中国高校基金会资源筹措国际研讨会”，为国内高校基金会工作逐步接轨国际打开了视野。秉持开放的理念，基金会相继派出工作人员赴哈佛大学、麻省理工学院、斯坦福大学等海内外高校基金会交流学习，并与专程到访的帝国理工大学、佛罗里达大学、新加坡国立大学、香港中文大学等高校基金会代表深入交流，共同探讨高校基金会的发展道路和前景。②目前，浙江大学教育基金会在内地、香港和北美三地完成重点筹资布局，筹集办学资源的网络日益成熟完善。③

除此之外，浙江大学决定设立浙江大学名誉校董荣誉职衔，邀请国内外优秀企业家、社会知名人士等担任，借助这些成功人士和社会名流的影响力及社会各界力量共同筹集办学经费，提高学校的办学水平，扩大学校的影响力。此外，浙江大学教育基金会的投资增值业务主要委托校内金融机构代

① 《浙江大学教育基金会第三届理事会名单》，见 http://www.zuef.zju.edu.cn/index.php/webSite/webColumn/index/39.html。

② 胡炜:《浙江大学教育基金会，用“透明”传递慈善正能量》,《中国社会组织》2015年第23期，第23—24页。

③ 吕旭峰:《我国教育捐赠问题研究》，博士学位论文，河南大学，2011年第193页。

理，基金会将投资收益全部用于支持浙江大学建造、更新教学和科研设施，扶植重点课程、重点学科和重点实验室的建设，奖励作出突出贡献的优秀教职工和品学兼优的在校学生，或支持、投入与学校教育事业有关的其他项目。

（二）发展联络办公室

2005 年 10 月，浙江大学成立发展联络办公室。发展联络办公室是浙江大学社会办学资源拓展工作的直属机构，其作用是负责学校发展联络工作、校友事务管理。发展联络办公室承担的主要行政职责有如下九项。第一，制定学校开拓办学资源渠道的规划和办法。第二，广泛联络校友和海内外社会各界知名人士，积极开展调查研究和沟通联系工作。第三，建立信息库和数据中心，为学校开拓办学资源提供政策建议和决策服务。第四，统一协调和归口管理学校接受社会捐赠工作，并负责部分项目的实施。第五，对学校利用教育捐赠项目的实施情况进行检查、评估，及时向捐赠者报告反馈；对基金会募集资金的运作进行管理，在保证安全性的前提下实现保值增值。第六，承办校友总会秘书处工作，召集总会会议，出版《浙大校友》，指导各地校友会工作；通过各地校友会组织，加强学校各单位、各学院与地方的联系，为学校开展地方合作与服务活动牵线搭桥，并指导和协助各学院、各单位开展校友分会及专项基金的管理工作。第七，安排接待校友、捐赠人士和单位代表的来访，负责教育发展基金会、发展委员会的秘书处工作。第八，进行浙江大学校友总会网站和浙江大学教育发展基金会网站的建设与维护。第九，负责学校纪念品的设计、制作和销售等。①

① 吕旭峰:《我国教育捐赠问题研究》，博士学位论文，河南大学，2011 年，第 190 页。

发展联络办公室基本形成了一支联络校友和筹资的专业化队伍。各学院越来越重视校友联络与筹资工作，医学院、教育学院、管理学院、经济学院等学院也开始设立专门的机构和人员开展相关工作。浙江大学发展联络办公室下设办公室主任、综合信息部、校友事务部、资源拓展部、项目管理部、财务室、纪念品部等，各司其职（见表 6–12）。

表 6–12　浙江大学发展联络办公室部门设置及工作职责

机　构	人　员	工作职责
办公室主任	主任	全面工作、财务
	副主任	行政综合、信息建设、校友事务
	副主任	资源拓展、项目管理
综合信息部	主任	行政综合、信息建设
	副主任	
	高级项目主管	
	工作人员	
校友事务部	主任	校友联络、校友事务
	副主任	
	高级项目主管	
	项目主管二人	
资源拓展部	副主任	资金筹募、资源筹措
	项目主管	
	秘书	
项目管理部	主任	基金项目管理
	副主任	
	工作人员	
纪念品部	负责人	基金会、校友会财务
	项目主管	
	工作人员	设计和制作礼品 营销和赠送活动

（三）浙江大学校友会

1. 发展概况

1999 年 5 月浙江大学校友总会在经国家教育部批准、12 月经民政部审查同意重新登记，完成了登记注册工作。因为浙江大学于 1998 年 9 月 15 日由原浙江大学、杭州大学、浙江农业大学、浙江医科大学合并组建而成，所以新浙江大学的校友总数达到了 60 万，广大校友纷纷为母校办学献计献策、牵线搭桥、慷慨解囊，对学校的建设与发展作出了重要的贡献。2000 年 1 月 16 日，经过学校领导和各地校友会、广大校友以及学校各部门、各学院的努力，新浙江大学首届校友代表大会暨浙江大学校友总会成立大会隆重召开。会议通过了浙江大学校友总会章程，选举产生了校友总会领导机构，正式宣告浙江大学校友总会成立。2013 年 4 月，经国家民政部评估，浙江大学校友总会被评为 4A 级社会组织。2015 年 12 月，经教育部推荐，被民政部评选为“全国先进社会组织”。[①]

2. 地区分布

浙江大学校友总会成立以来，在国内 96 个省市和港澳台地区建立校友会（见表 6–13）。浙江大学教育基金会是国内较早推进海外筹资工作的高校基金会。为了推进海外筹资工作，浙江大学在美洲、非洲、大洋洲、欧洲一共 48 个地区建立校友会（见表 6–14）。同时，浙江大学还鼓励各个学院设立自己的校友会，用于联系校友和筹得资金。截至 2019 年，一共建立了 39 个院系校友会（见表 6–15）。校友总会和各地校友会围绕学校的发展积极开展工作，成为浙江大学和全球各地联系沟通的桥梁。浙大大学校友会不仅有校友对母校的回馈，还注重对校友的帮助，即使在校友毕业后，也能够通过校友会来帮助学生，使学生感受到母校的关怀。

① 《浙江大学校友总会简介》，见 http://zuaa.zju.edu.cn/aa。

表 6–13　浙江大学国内各地校友会

华北 东北	北京	天津	河北	山西	内蒙古	包头	辽宁	大连
	抚顺	鞍山	葫芦岛	吉林	哈尔滨			
华东 地区	泰州	连云港	上海	江苏	苏州	无锡	扬州	徐州
	常州	南通	镇江	常熟	江阴	杭州	宁波	温州
	嘉兴	湖州	绍兴	金华	衢州	舟山	台州	丽水
	海宁	海盐	嘉善	龙泉	黄岩	江山	义乌	武义
	苍南	慈溪	安徽	蚌埠	淮南	福建	厦门	漳州
	泉州	江西	赣州	山东	济南	烟台	青岛	枣庄
	潍坊							
华南 华中	广州	深圳	珠海	佛山	东莞	海南	河南	开封
	洛阳	平顶山	新乡市	湖北	宜昌	黄石	湖南	株洲
	岳阳	衡阳	湘潭					
西北 西南	西藏	大理	重庆	四川	云南	陕西	甘肃	青海
	宁夏	新疆	广西	桂林	柳州	贵州	遵义	
港澳台	香港	澳门	台湾					

表 6–14　浙江大学校友国外分会

美洲	北美	伊利诺伊	亚利桑那	波特兰	北卡罗来纳	温哥华	加拿大	芝加哥
	华盛顿	纽约	南加州	波士顿	北加州	佛罗里达	底特律	休斯敦
	西雅图	罗得岛	明尼苏达	达拉斯	密苏里	奥斯汀	圣安东尼奥	渥太华
	纽约上州	大丹佛	加拿大卡尔加里	滑铁卢	蒙托利尔			
欧洲	丹麦	法国	英国	俄罗斯	德国	西班牙	意大利	比利时
	荷兰	瑞典	瑞士					
亚洲	日本	新加坡	韩国	马来西亚	泰国			
大洋洲	新西兰	澳大利亚						
非洲	南非							

表 6–15　浙江大学校友院系分会

竺可桢学院分会	医学分会	人文学院分会
外国语言文化与国际交流学院分会	传媒与国际文化学院分会	经济学院分会
教育学院分会	管理学院分会	公共管理学院分会
马克思主义学院分会（筹）	数学学院分会	物理学系分会
化学系分会	地球科学学院分会	心理与行为科学系分会
机械工程学院分会	材料科学与工程学院分会	能源工程学院分会
电气工程学院分会	建筑工程学院分会	化学工程与生物工程学院分会
航空航天学院分会	高分子科学与工程学系分会（筹）	光电科学与工程学院分会
信息与电子工程学院分会	控制科学与工程学院分会	计算机科学与技术学院分会
生物医学工程与仪器科学学院分会	软件学院分会（筹）	公共卫生系分会（筹）
药学院分会	生命科学学院分会	生物系统工程与食品科学学院分会
环境与资源学院分会	农业与生物技术学院分会	动物科学学院分会
继续教育学院分会	光华法学院分会	海洋学院分会（筹）

3. 校友网站与刊物

浙江大学校友总会网站于 2000 年 5 月建成开通，增进了母校与广大校友之间的联络沟通，季刊《浙大校友》同时出版，自 1987 年起已发行 96 期。浙江大学部分学院也制作发行了相应的校友刊物，如浙江大学管理学院发表的浙江大学管理学院校友简讯——《紫金家书》已经发行了 159 期，另一校友刊物《校友通讯》也发行了 18 期。

三、浙江大学社会捐赠的经验和特点

（一）发挥高校品牌效应，充分利用校友资源和社会环境资源

从捐赠者的角度来看，捐赠母校是出于对母校的信任和尊重，捐赠给母

校（特别是名牌大学）可以产生巨大的社会影响，可以和母校取得联系，加强合作。浙江大学充分利用了校友资源和社会环境资源，认识到校友对学校的价值，重视与校友总会的合作建设。其中，校友会作为中间人角色，根据不同需求定期或不定期策划活动，从而增进校友之间的感情。同时，浙江大学教育基金会在校友工作方面成绩不菲，重视海外校友的作用，还成立了海外基金会，海外校友个人以及校友企业所捐赠的资金达到学校捐款总额的75%以上。由此可见，高校的发展壮大是大学教育基金会发展的基础，只有高校发展好了，大学教育基金会才能为高校的发展锦上添花。对于大学教育基金会来讲，提高基金会品牌建设，积极争取公众关注，同时充分利用校友资源和环境资源，是其工作的重点。

（二）承袭传统的行政管理机制

2005 年 9 月，浙江大学把校长办公室下的教育基金会、校友会和发展委员会独立出来，成立了三个委员会的秘书处——发展联络办公室（正处级）。秘书处下设综合办公室、校友联络部、国内发展部、海外发展部四个机构。校友联络部、国内发展部、海外发展部工作各有侧重，建立以项目为核心的协调机制。其中，校友联络部以校友企业和特殊校友资源为重点开展工作；国内发展部以独资企业、合资企业、百强企业、苏浙民营企业为重点开展工作；海外发展部在继续拓展香港地区的基础上，以台湾、澳门和海外华人社团为重点开展工作。基金会的管理模式改革后，合理地整合了原有资源，极大提高了工作效率，有利于捐赠项目的管理。这样承袭传统的行政管理，基金会的行政办公费用得以大大减少。[①]

《浙江大学接受社会捐赠管理办法》（浙大发〔2007〕3 号，2007 年 1 月

① 吕旭峰:《我国教育捐赠问题研究》，博士学位论文，河南大学，2011 年，第 194 页。

修订）明确指出，浙江大学教育基金会是经中华人民共和国教育部同意，并经中华人民共和国民政部登记注册的全国性私募基金会，属非营利性基金会法人。浙江大学教育基金会理事会全面领导、协调和管理全校接受社会捐赠的工作。实际上，基金会基本上是在发展联络办公室的领导或指导下开展工作的。浙江大学发展联络办公室承办校友总会秘书处的工作，受理事会委托负责校友活动基金的募集和日常事务性工作，负责提交年度报告，发布捐赠信息，公布上一年度校友活动基金的使用情况。校友总会理事会负责校友活动基金的管理。

（三）捐赠方式多样，捐赠者分布广泛

浙江大学教育基金会接受捐赠的物资主要有现金、证券、财产、图书、资料、设备等。例如，2020 年 4 月 23 日，澳大利亚天然生物科技有限公司向浙江大学教育基金会捐赠 5000 瓶医疗级蜂蜜，公司主打产品可瑞比澳洲红桉柳树 35+ 蜂蜜被称为液体黄金，属医疗级别蜂蜜，有超强的机体修复能力和抗菌特性，对人体提高免疫力有很大帮助。该公司已陆续向深圳、武汉、上海、杭州等地捐赠 4 万多瓶蜂蜜，总价值超 6000 万元。2019 年 10 月 14 日，现任世界汉诗协会副会长、浙江省辞赋学会副会长、洛阳辞赋研究院副院长、中国楹联学会辞赋研究院副院长和浙江大学校友李牧童向浙江大学图书馆、档案馆、校友总会、人文学院赠送了大量图书和个人作品。此外，浙江大学是国内首个接受大额股权捐赠的高校，获得 2 亿元的股权捐赠，开创了股票捐赠的先河。浙江大学教育基金会的主要捐赠者除了企业、社会组织、校友、其他个人、港澳台同胞、爱国华侨等，还有教师和学生。接收捐赠的方法有信用卡和银行卡、在线捐赠、邮局汇款、银行转账等；在募捐活动中，校方同捐赠人达成协议后基本上都签订捐赠合同。

（四）学院建立基金会筹募资金

浙江大学支持各个学院建立基金会并筹募资金以支持学院的发展。例如，在浙江大学机械工程学院的努力下，2015 年 9 月，由浙江晶盛机电捐赠 550 万元成立晶盛专项基金用于奖励浙江大学机械工程学院优秀在职教职员工。奖教金旨在捐资兴学，推动学科建设与发展，激励教职员工奋发进取的创新精神，促进浙江大学机械工程学科早日跻身于国际前列，为国家造就更多机械工程专业的优秀人才。[①]2019 年 12 月 19 日，晶盛机电再次向浙江大学“晶盛专项基金”追加捐赠，捐赠金额为 2000 万元，用于支持机械工程学院教育、科研等事业发展和人才的培养。晶盛专项基金的设立，为浙江大学机械相关学科的发展提供了重要的资金支持，也为浙江大学服务民营企业、加强与民营企业的合作奠定了基础。浙江大学建筑工程学院自 1994 年设立土木建筑规划教育基金以来，在社会各界的大力支持下，基金规模不断发展壮大。截至 2019 年底，基金累计接受捐赠总额达 5870.5 万元。浙江大学管理学院出版的刊物——《校友通讯》第六期，由浙大管院求是精英班校友、杭州爱立特生态环境科技有限公司董事长刘明峰捐赠出版，捐赠金额 3.5 万元。

（五）对捐赠基金进行投资

大学基金会投资有助于深化高等教育管理体系，构建科学的大学社会捐赠理论体系，突破大学经费不足的困境，为实现大学学术自由提供经济支撑。大学必须全力寻求资金来源多渠道、经营方式多元化，实现更少的拨款依赖性和更多的财政独立。捐赠经营收入在大学经费中所占的比重越大，大

① 《浙江晶盛机电捐资 550 万在我院设立奖学、助学和奖教金》，见 http://me.zju.edu.cn/mecn/2015/0115/c6391a459173/page.htm。

学对外界的依赖性就越小，从而保持大学的独立性和学术自由，维持大学的价值观和办学宗旨。浙江大学教育基金会规模的扩大，除了不断地募集基金以外，主要通过基金的有效投资来获得增值，以“投资—增值—再投资”的方式滚动发展。其“多元化投资运作”的方式有三种。第一，基金会 1/3 的资金通过校内银行，进入证券一级市场运作和债券投资。证券一级市场和债券投资在投资行业属于风险低的领域，而校内银行汇拢巨额资金进行运作可以获得较高的收益，一般可获得 10% 左右的年收益。第二，与校友企业合作投资。[①] 由于校友对母校有着深厚的感情，在事业上取得了一定的成功以后，希望通过某种方式回报母校的培养之恩，所以教育基金会就与校友企业合作进行投资，以获取收益。例如，浙江大学教育基金会得到了一家知名校友企业捐赠的 200 万元，然后再把这笔资金转投到该企业并签订协议，每年可获取 10% 的年收益。第三，剩余基金存入银行，基金会可获取稳定的银行利息。浙江大学教育基金会 2018 年累计收入超过 5767 万元，其中利息及投资理财收益超过 1210 万元；2019 年累计收入超过 6573 万元，其中利息及投资理财收益超过 367 万元。

（六）捐赠基金主要用于学科建设和奖励师生

《浙江大学接受社会捐赠管理办法》规定，浙江大学教育基金会接受社会各界的捐赠，主要用于教育与科研、人才引进与对外交流、校园基本建设、奖助学金、学生活动或与学校教育事业有关的其他项目。截至目前，浙江大学教育基金会共设立奖学金、助学金各 50 余项，每年资助学生 3600 人，年度资助总额达 1200 多万元。浙江大学教育基金会设立了竺可桢教育基金、

① 黄书孟、张美凤、俞锋华:《高校基金会的研究和探索——浙江大学竺可桢教育基金会的实践经验总结》,《中国高教研究》2001 第 10 期。

汤永谦学科建设发展基金、浚生贫困学生助学基金、心平自立贷学基金、新鸿基地产郭氏基金、浙江大学恒逸基金等多个专项基金，以支持学校各项教育教学事业的发展，对浙江大学的基础设施建设、人才培养、国际交流、校园文化建设等方面都起到了巨大的推动作用。将资金用于学科建设和奖励师生，有助于培养人才，而校友未来良好的发展是回馈母校的重要条件，以此形成良性循环，从而培养更多的校友回馈学校。

第四节　香港中文大学

一、香港中文大学社会捐赠的基本情况

香港中文大学成立于 1963 年，是香港乃至亚洲首屈一指的研究型综合大学，也是八所受香港“大学教育资助委员会”资助并可颁授学位的高校之一，灵活的学分制、书院制、中英兼重和多元文化是香港中文大学独有的特色。除香港政府资助外，香港中文大学还接受慈善团体、香港工商界、海外、个人和社会的捐赠，捐资额年均约 4 亿港元。早在 2008 年，香港中文大学的社会筹募资金就达到 7.27 亿港元。依据其年度报告可知，香港中文大学近五年各项财务收入均保持上升趋势（见表 6–16），其中社会捐赠收入占年度总收入的比重也从 2015 财年的 3.2% 提升到 2019 财年的 7.9%(见图 6–13)。这些都得益于香港人民良好的慈善文化。香港是全球十大慈善地区，九成以上的年轻人参与过公益活动，有超过 8000 家慈善组织和团体扶危济困，慈善已经融入了香港市民的血液之中。

表 6–16　香港中文大学 2015—2019 年主要财务收益表（单位：港元）

年份	净资产	社会社会捐赠收入	年度总收入
2015	16365656000	479726000	1257927000
2016	17025024000	409037000	662951000
2017	18450406000	696460000	1425382000
2018	20071952000	731379000	1621546000
2019	21171726000	763931000	1092453000

资料来源：据香港中文大学官网及其基金会网站整理。

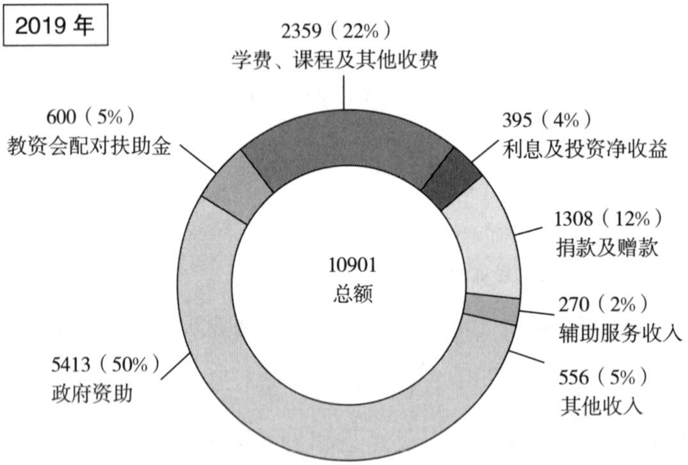

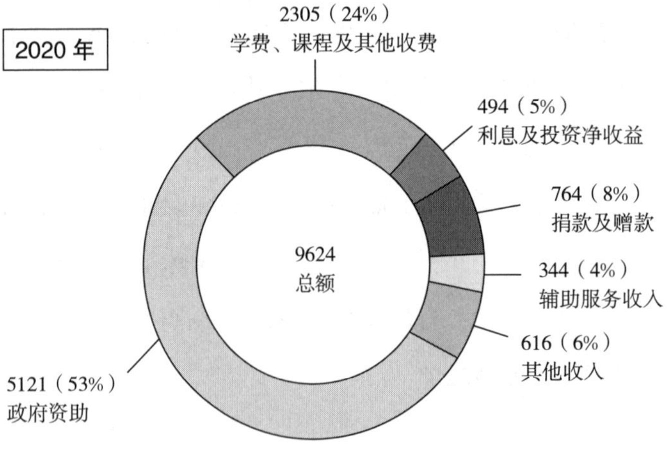

图 6–13　2019 年、2020 年香港中文大学教育经费收入分析（单位：港元）

二、香港中文大学负责社会捐赠的组织机构

负责香港中文大学社会捐赠的组织机构主要包括香港中文大学拓展及筹募处、香港中文大学财务处和香港中文大学校友事务处。

香港中文大学和内地的高校一样，也设有专门的财务管理机构。香港中文大学财务处由财务长、高级财务经理、财务经理等管理人员组成。全处共设 7 个职能组，负责全校各个领域的财务工作。具体设置情况如图 6–14 所示。

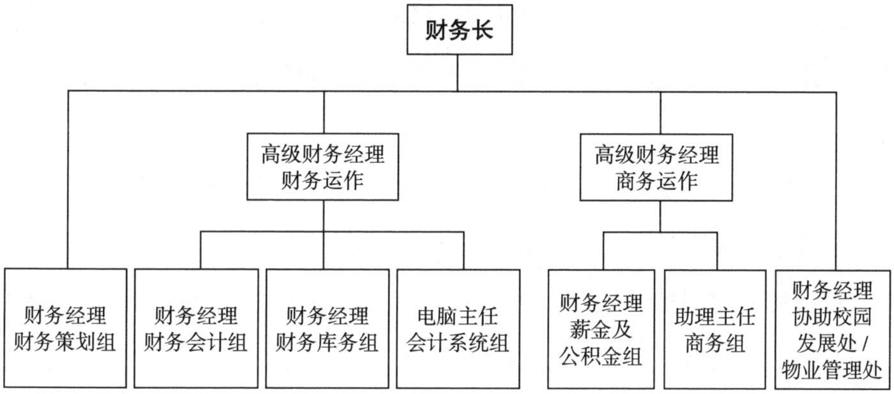

图 6–14　香港中文大学财务处职能划分

从上面的结构图来看，香港中文大学财务处的职能划分为“财务运作”和“商务运作”两部分，另外还设置了由财务长直接领导的“财务策划组”。从机构设置上可以看出，香港中文大学财务处除了日常会计核算、财务管理外，还十分重视筹措资金的商务运作和财务策划等工作。

除财务处外，香港中文大学还专门设置了拓展及筹募处，专门负责经费筹措工作。香港中文大学拓展及筹募处成立于 2003 年 7 月，致力为学

校统筹各项拓展及筹募事务。拓展及筹募处的主要工作包括：第一，为大学的长远发展筹募捐款及资源；第二，维系香港中文大学与捐赠人及企业的伙伴关系；第三，通过部门间的协作，统筹大学的筹资活动及社会捐赠典礼；第四，推广校内筹资文化，并在香港中文大学学生及校友心中播下“回馈的种子”。香港中文大学拓展及筹募处设有两个部门——捐募关系及项目统筹部门和社会捐赠管理部门，主要负责募捐及与社会捐赠者之间的感情维护，并审核所有香港中文大学收取的捐款，确保合法。确认后的社会捐赠款项进入学校财务处，具体项目的执行、总结、汇报及资金的使用等由受益单位完全负责。主要筹资方案由校长参与提出，拓展及筹募处根据方案搜集相关资料整理成稿，所有社会捐赠确定后需呈报大学校董会正式通过，不通过的款项将予以退回。另外，香港中文大学成立了拓展及筹募委员会，该委员会由校领导及社会人士组成，每年召开 1—2 次会议，讨论资金筹募的计划等。

香港中文大学校友事务处于 1982 年成立，专责联络校友的工作。多年来，香港中文大学校友事务处以建立与大学有紧密联系的校友社群，促进校友对母校的归属感和推动校友以不同形式反馈母校为使命。目前，香港中文大学全球共有 135 个校友会，包括 89 个本地校友会，其中有书院、学院、学系、专业等多层次的校友会。每一个校友会既有其独特性，亦有一个共同的使命，即为校友提供相互交流和联系的平台，凝聚校友力量，以及传承港中大人精神。校友事务处还出版了《中大校友》季刊、《中大人》文集等杂志来促进校友与学校更好地互动和了解。其中，《中大人》文集系列是海外校友发起的慈善出版计划，所有卖书收益全数用来支持香港中文大学校友会联会和教育基金会发起的“小扁担励学行动”，旨在推动中国内地农村基础教育的发展。

2019 年 5 月 18 日恰逢港中大（深圳）建校五周年，港中大校友事务处联合教育基金会发起“给母校的第一份礼物：毕业生捐赠计划”的活动。毕业生们和社会爱心人士的每一笔善款都将记录在相应的捐款项目内，直接成为大学整体发展、教学与科研、学生发展等项目的基金。校友事务办公室与教育基金会为此特别给毕业生们准备了纪念品，以鼓励大家积极参与捐赠活动。在此次捐赠计划的推广内容发布后不久，已有热心的毕业生在线上进行了捐赠。在毕业典礼当天，更多的毕业生选择参加捐赠活动，以回馈母校四年来的培育。除了热爱母校的毕业生们，学生家长和社会爱心人士也对捐赠计划抱有很高的热情，踊跃捐款，为学校的建设出一份力。毕业典礼现场捐赠活动结束后，仍有许多心系母校发展的毕业生来到校友办公室进行捐赠，为大学的发展贡献自己的力量。截至 2019 年 5 月 30 日下午 4 时，学校已收到 10155.8 元善款，捐赠人次近百人。①

香港中文大学于 2020 年 4 月 20 日成立“香港中文大学支援基金”，旨在支援受疫情影响的香港中文大学的师生，同时也期望能提升教职员工和学生们抗风险、抗挫折的能力，合力应对当前及未来的挑战，协助受新冠肺炎疫情影响的大学成员渡过难关，缓解他们的经济压力。在校友、教职员工、社会各界人士和机构的踊跃支持下，香港中文大学在短短两个月内，成功创造了超过 300 个工作及实习机会。“香港中文大学支援基金”除了为本校学生及 2019 年与 2020 年毕业校友提供工作机会，协助他们累积实际工作经验和提升竞争力外，同时也为全职香港中文大学基层员工提供免息分期偿还贷款，帮助他们缓解家庭经济困难。主要援助计划包括以下三个方向。第一，学生暑期工读计划。本计划主要为家庭经济受疫情影响的香港中文大学全日制本科生于暑假期间提供有津贴的校内工作，除了协助他

---

①《毕业季 | 港中大校友事务办公室和教育基金会发起“给母校的第一份礼物：毕业生捐赠计划”活动》，见 https://www.sohu.com/a/318947470_780427。

们缓解经济压力外，可以累积工作经验。第二，商界暑期实习计划。“香港中文大学支援基金”与多个机构合作，为全日制本科生提供多个时长为8星期的全职实习机会，以便他们累积实际工作经验，基金将向实习学生提供资助，整个实习期每位实习学生将获得8000港元的资助。第三，毕业生短期就业计划。由于当前全球经济衰退、失业率上升及职位空缺大大减少，“香港中文大学支援基金”旨在为2019年及2020年的毕业生提供短期带薪在校工作机会。“香港中文大学支援基金”管理委员会不断积极邀请校外机构来提供实习机会，以协助毕业生累积实际工作经验，提高竞争力（见表6-17）。此外，该支援基金还提供商界短期工作机会及基层员工免息分期贷款计划。

表6-17 “香港中文大学支援基金”援助项目

项目	对象	工作内容	薪金
学生暑期工读计划	家庭经济受疫情影响的香港中文大学全日制本科生	为香港中文大学各书院及行政部门处理文书工作	时薪55港元；计划期间总薪金不多于11000港元
商界暑期实习计划	家庭经济受疫情影响的香港中文大学全日制本科生	香港中文大学各合作机构提供的全职实习，为期8周	实习期每位学生将获得8000港元的资助
毕业生短期就业计划	2019年及2020年香港中文大学毕业生	香港中文大学各书院及部门提供行政支援	月薪12000港元

资料来源：香港中文大学支援基金－筹资活动－香港中文大学拓展及筹募处，见https://www.oia.cuhk.edu.hk/chs/campaigns/cure-fund。

三、香港中文大学社会捐赠的经典案例

（一）I·CARE博群计划

该项目是一个全面而整合的计划，旨在鼓励学生积极参与香港、内地

及外国的社会和公民服务，并将服务与学科课程融为一体，借以促进香港中文大学学生的个人成长，并提升学生的公民责任及人文素质，培养学生成为富有责任感的地球村公民，为世界发展作出贡献。服务活动主要分为：研究与调查、服务计划、博群大讲堂、社企及企业社会责任、非营利组织实习计划、本地扶贫项目和其他活动。周大福慈善基金为此项目捐赠 1000 万港元，以一对一配对校友的捐款。

（二）毕业班捐资承诺计划

香港中文大学设计了“毕业班捐资承诺计划”，以此作为毕业生给母校的第一份礼物。此计划于 2004 年推出，旨在鼓励新毕业生从离开校园、踏进社会的一刻起就传承回馈母校的精神，至今已有超过 8000 名毕业生参与并承诺捐资。该项计划规定，应届毕业同学只需承诺毕业后一年内向母校捐资 500 港元或 800 元，便可获赠刻有香港中文大学校徽及毕业年份的独特襟针，永志香港中文大学人身份。2009 年，各书院毕业合影上，有近 900 名应届毕业生积极参加 2009 年毕业班捐资承诺计划，他们集体戴上特别设计的纪念襟针，向母校送上祝福和谢意。

（三）捐资计划“Phone 中关怀”

在校方心中，每位香港中文大学的校友都是学校珍贵的一员。香港中文大学于 2009 年 7 月 6 日至 30 日开始开展“ Phone 中关怀”活动。这项校友关怀捐资计划旨在加强校友与母校之间的联系与沟通，让校友及时了解母校的现况，并于日后及时收到母校举办活动的资讯。鉴于校友众多，大学以随机抽样的方式选定校友。校长首先在活动开始之前发送信函，与获致电的校友解释活动的内容及意义。活动期间，校友收到现届师弟妹致电问候，并与校友分享他们的校园生活和母校的最新发展，并向校友宣扬大学的募捐文化，借此令校友加深对母校现况的了解。捐款将直接用作学生奖助学金、交换生计划、学生活动及改善学生设施等学生发展项目。

香港中文大学连续几年在暑假期间请在校生和校友通电话，与校友进行沟通和交流，让校友了解到学校的现状和发展情况，加深了校友对学校的感情，拉近彼此的距离，同时也获得不小的社会捐赠，“Phone 中关怀”第一年即获得 480 万港币的社会捐赠。

（四）校友万众一心社会捐赠计划

香港中文大学设立了比较系统的社会捐赠计划，如“香港中文大学校友万众一心社会捐赠计划”，旨在团结万名校友积极参与及支持母校发展教育与科研项目，并身体力行地推广定期捐献的文化。香港中文大学经常邀请一些事业有成的校友回校参观、座谈，举办筹资音乐会；毕业典礼时，邀请各界名人现身说法，扩大学校影响，促使校友和其他成功人士捐款捐物。同时，尊重捐赠者意愿，授予捐赠者某种荣誉等。

除此之外，还有一些灵活机动的设计筹资活动，包括“香港中文大学万众同心筹资音乐会”“唱响中国，青春万岁演唱会”等在内的多项主题活动。例如，香港中文大学曾借前校长、诺贝尔奖获得者高锟教授回校的机会，举办“与高锟教授同行”香港中文大学步行筹资日，并设立了以高锟教授命名的基金，为认知障碍者培训课程筹募善款。校友、学生、学生家长、企业纷纷组队参加，共 3000 多人参加该活动，筹资 400 万港元。在随后的 3 个月中，高锟奖学金又募集基金 1200 多万港元，用于学生外出开展研究工作。

四、香港中文大学社会募捐的经验和特点

（一）筹资项目丰富，重视对特色筹资项目的规划

首先，书院[①]是香港中文大学社会捐赠特色项目，在香港的大学中独一无二。香港中文大学的大多数书院都是通过社会捐赠建立起来的，如逸夫书院是邵逸夫爵士于1986年社会捐赠1.1亿港元创办的；善衡书院是2006年接受何善衡慈善基金会捐助1.7亿港元成立的；2007年成立的伍宜孙书院是伍宜孙慈善基金会社会捐赠1.7亿港元成立的；2007年成立的和声书院，是李和鑫博士及其家族捐款1.5亿港元得以建立的，以其兄长李和声先生命名，来表彰先生对教育事业的贡献。[②]

书院不仅可以使学生在多元环境里自由地交流知识和思想，更培养了深厚的校园文化和学校认同感，使学生在充满期望及归属感的关爱和睦气氛里成长，为校友筹资打下了基础。此外，书院生活也能锻炼学生待人接物的技巧和领导才能，从而将他们打造成为未来社会的栋梁。许多校友踏入社会或成名后，常常会怀念书院内的生活，自然与母校建立起了深厚感情，形成了校友文化，为香港中文大学筹资提供了有利条件。正是这种书院文化，使校友的社会捐赠成为香港中文大学重要的资金来源。不管是已经在社会上取得成就的精英校友，还是刚毕业不久在社会上努力打拼的校友，抑或在校生，他们都是香港中文大学捐赠的宝贵资源。在2018—2019财年，香港中文大学社会捐赠总数为4939人，其中校友社会捐赠占比为

① 香港中文大学现有的成员书院有崇基学院、新亚书院、联合书院、逸夫书院、晨兴书院、善衡书院、敬文书院、伍宜孙书院及和声书院。九所书院与大学相辅相成，提供以学生为本的全人教育。

②《延续传统丰富香港中文大学书院制——香港中文大学和声书院举行奠基典礼》，2010年1月25日，见 http://translate. itse. cuhk. edu. hk/uniTS/www2. cuhk. edu.hk/oia/cht/news/news_details. php? news_id=52。

66%。[①] 香港中文大学对校友工作十分重视，通过各种方式与校友建立不间断的联系。例如，香港中文大学通过许多重聚活动，让校友重温大学生活的点点滴滴，进而捐赠以支持母校发展。对于这类重聚活动，香港中文大学根据活动性质及出席校友人数，制定了不同的筹资目标（见表 6–18）。

表 6–18　香港中文大学校友重聚活动捐款项目表

捐款金额	支持项目
5000 港元以下	香港中文大学、个别学院或学系的整体发展或博群计划，透过社会和公民活动培育学生的全面发展
5000 港元	香港中文大学校友传承基金，支持大学的长远发展
10000—20000 港元	以毕业班命名的奖学金、助学金或奖项，鼓励拥有杰出学术表现或经济需要的学生
21050 港元	以毕业班命名的半额学费奖学金，鼓励拥有杰出学术表现、品格良好并积极参与社会服务的学生
30000 港元	校友关爱自然径捐款计划，赞助树木或鸟兽铭谢牌，保育香港中文大学美丽校园
42100 港元	以毕业班命名的全额学费奖学金，鼓励拥有杰出学术表现、品格良好并积极参与社会服务的学生
50000 港元	香港中文大学校友传承基金，为感谢校友对大学长远发展的支持，铭谢牌将设于香港中文大学校友园
100000 港元	以毕业班命名的交流奖学金，让更多同学有机会到全球 33 个国家的逾 240 所大学交流学习
500000 港元	以毕业班命名的奖学金基金，成立永续性奖学金

资料来源：校友重聚　回馈母校—筹款活动—香港中文大学拓展及筹募处，见 http://www.oia.cuhk.edu.hk/chs/campaigns/reunion。

其次，香港中文大学具有特色的筹资还体现在大额捐赠方面，学校会将大楼或设施进行命名以示对大额捐款人的感谢。香港高校有很多以捐赠人或其公司命名的大楼名字。香港寸土寸金，校园大楼建筑少，不易增加，所以大额捐赠后命名大楼具有一定的吸引力。这个方式不仅可以挖掘大学自身的

① 《香港中文大学 2018—2019 年度报告》，见 http://www.iso.cuhk.edu.hk/chinese/publications/annual-report/index.aspx?issueid=2283.9。

独特之处，更易获得捐赠人的青睐。另外，香港高校很多大楼命名的标志牌面向城市街道，行人可以很清晰地看到，校内人员也会在进入建筑物的时候很容易注意到大楼的标志牌，学校的地图和宣传资料上都会有重点标注，大楼内也会有鸣谢牌，这应该是一种无形的影响和很好的宣传。以香港中文大学为例，其校园内 150 幢建筑，现仅有 1 幢尚未命名。与内地高校不同的是，港中大的大楼均是由政府出资建设的，所以大楼命名是为了感谢爱心人士捐赠支持学校其他方面的发展，捐赠款项并不用于大楼的建设。在铭牌的文字中也并不注明捐赠金额，以避免“卖楼”的嫌疑，冠名仅是对捐赠人对于教育事业的支持表示感谢。[①]

最后，还有部分项目具有即时性，如校内老师当选院士或获得重要奖项，为了表示庆祝，即可第一时间设计相应基金进行筹募，如奖助学金等。2015 年中秋时节，香港中文大学设计了“校友中秋筹资园游会”活动，捐款 2000 港元或以上支持博群计划中秋筹资园游会，捐款 2000 港元或以上支持博群计划的校友，将获邀与沈祖尧校长于汉园（校长府邸）一同欢度佳节。活动包括中乐表演、猜灯谜以及与沈校长一同制作应节食品，同场亦可购买首次推出的中大爱心月饼，将关怀社会的心意传递开去。当然也有名额的限制，先到先得。

（二）募捐款项主要以学生和教师发展为目标

香港中文大学的捐赠主要包括学生与教师发展、基础设施建设、教学与科研等方面的项目。学生发展项目包括交换生奖学金计划、非本地生奖学金计划、本地生奖助学金计划、高锟奖学基金[②]。教师发展项目包括冠名教授计

① 刘敏、钟永萍：《香港中文大学筹资工作的经验和启示》，《当代经济》2016 第 26 期。

② 高锟奖学基金：以香港中文大学前校长、电子学系创系主任、2009 年诺贝尔物理奖获得者高锟教授的名字命名的奖学基金，旨在奖励表现优异及具创新精神的本科生，优先授予修读物理及工程学的同学，资助他们赴海外交流及参与研究计划。

划等。自 1993 年起，香港中文大学就已经透过此计划邀得世界各地国际知名的教授到访讲学或出任客座教授或讲座教授，旨在增强学术发展优势，致力推动科研发展，为世界带来福祉。据香港中文大学事务处 2007 年的专题调查结果显示，大学一年级学生中，只有 27.2% 的学生用奖学金支付学费，49.7% 的学生向政府申请贷款，还有 38.8% 的学生以课外打工维持生计。因此，香港中文大学设计了一项募捐计划，内容是对学生增加奖学金总额和奖学金数量，并奖励在学术和社会服务方面取得突出成绩的优秀学生，同时希望向经济困难的学生提供贷款和奖学金，以解决燃眉之急。

2007 年，由四所成员书院的学生事务处、入学及学生资助处发给学生的奖学金及经济援助，总额达 8640 万港元，金额较上年度增加了 2000 万港元。香港中文大学及书院为奖励成绩优异的学生，共颁发奖学金及学业优异奖 3411 项，金额达 7960 万港元，当中约两成个别款额逾 42100 港元，足以支付全年学费。164 名会考成绩优异并经“优先录取计划”入学的学生，获得奖学金总额达 320 万港元。此外，973 名学生获颁奖学金到海外参加交换计划、会议、交流团及修读研究院课程，金额共 1230 万港元。364 名内地生及海外生获得奖学金来港攻读，金额共 3980 万港元。同时，校方为学生提供贷款约 200 万港元，另助学金 157 万港元，缓解他们的经济困难。①

香港中文大学积极为更多的学生争取出国留学机会，希望所有合格的学生都能有机会出国进行一学期的学术交流，甚至希望所有的学生都能到国外去体验异国文化，与不同文化背景的人交往，开阔视野，开阔胸怀。香港中文大学交换学生奖学金项目是在学术交流处的帮助下，每年有近 700 名学生进入英国伦敦大学、美国哥伦比亚大学、清华大学等世界 200 所大学学习，

① 《香港中文大学 2007—2008 年度报告》，见 http://www.iso.cuhk.edu.hk/chinese/publications/annual-report/index.aspx?issueid=104。

其目的是让交换生体验多样的学习环境、多文化认识并拓宽全球视野。得到“关爱校友学术交流奖学金”资助的学生，在没有经济压力的情况下出国体验不同文化、学习模式，开阔了视野。这期间，学生们也同时宣传了中国文化，促进了世界的共融。获奖的学生们都表示，去海外留学的机会十分难得，除了对学习的新体验之外，他们还结识了来自世界各地的具有各种文化背景的新朋友，他们互相尊敬。

在学生活动和实习资助方面，香港中文大学学生事务处每年都有资助学生生活和实习的活动，以便让学生会下属的学生团体进行申请。这种支持可以鼓励学生团体开展更多有意义的课外活动。援助金额将根据活动意义、规模、性质、受益者人数、团体健康发展等方面而有所不同。

随着香港与内地日益密切的经济发展，更多雇主需求具有在内地工作经验和知识的人才。为了使学生更能适应这些发展带来的新挑战及机会，香港中文大学学生事务处在大学学术交流处协助下，于 1997 年暑假期间推出了“寰宇暑期实习计划”之内地部分（前身为“中国就业发展奖励计划”）。迄今该计划已进行了 20 多年，安排学生到国营机构、内地设有办事处或厂房之外资企业或中外合资机构，进行 4 至 8 周的管理培训或实习训练，计划每年为二年级和三年级的本科生分别提供各 100 个实习机会。此外，为贯彻大学国际化的方针，早在 2006 年，学生事务处就把实习计划拓展到海外城市。“寰宇暑期实习计划”的海外部分已培育了近 150 名学员，远赴布鲁塞尔、墨尔本、纽约、悉尼、多伦多、温哥华、都柏林、伦敦及奥兰多等地，接受 4 至 12 周海外工作培训。[①]

①《中大寰宇暑期实习计划为同学做好准备 迎接国际化之挑战 | 香港中文大学传讯及公共关系处》，见 https://www.cpr.cuhk.edu.hk/sc/press_detail.php?1=1&id=1139。

（三）浓厚捐赠文化的熏陶

在香港，无论贫富，人们普遍具有良好的慈善意识。徐咏璇在其著作《情义之都——从港大到香港的捐赠传奇》中指出，2013 年 12 月发表的“世界捐赠指数”中，在 135 个国家和地区中，香港排名第 17 位，在东亚地区更是高居首位，其中本港的大额捐款大部分来自家族基金、家族企业或其创办人。[①] 香港的富裕阶层有着良好的社会地位和巨大的社会影响力。他们一般都特别注意在市民心中树立助人为乐榜样的形象，营造助人为荣的社会氛围。捐赠不是一个部门或几个人就可以做的事情。香港中文大学由于其独特的书院制度，书院的发展取决于它本身的筹资能力，包括教育教学、设施建设和学生发展等方面，学校教职工的筹资意识都较强。对内地高校来说，更好地发挥学院主动性是学校筹资工作的重要环节，仅靠大学基金会少数工作人员的努力难以达到筹资的目的。2016 年 3 月公布的《中华人民共和国慈善法》规定：“学校等教育机构应当将慈善文化纳入教育教学内容。国家资助大学培养慈善专业人才，科研机构开展慈善义理理论研究。”在这一点上，在校生的捐赠文化教育十分重要。提高学生素质，提高社会服务意识和责任，一方面有利于学生回馈母校，另一方面有利于形成良好的社会文化氛围，促进社会和谐。

（四）良好的资金配比政策和完善的社会捐赠制度

香港政府采取对学校的筹资按 1∶1 的比例提供配套资金的政策，不仅分担了政府的义务，而且通常对于捐资者和高校筹集活动都有很大的激励作用。[②] 内地高校也可尝试对教育拨款制度进行适当完善，实行学校筹资按 1∶1

① 刘敏、钟永萍：《香港中文大学筹资工作的经验和启示》，《当代经济》2016 第 26 期。

② 阳荣威：《试论高等学校募捐策略与措施》，《教书育人》2009 年第 30 期，第 9—11 页。

的比例配套资金政策，调动高校筹资积极性，培养筹资能力。

另外，计划通过完善制度对企业和个人的教育捐赠行为提供政策性、制度性的支援。香港高校在这方面的政策制度上存在许多相似之处，市民不仅有捐资助学的传统，而且政策上的优惠也是高校集资的重要促进因素之一。同时，法律也鼓励人们对教育事业或其他社会公益事业进行捐赠或成立各种非营利的基金会，规定对这部分资金实行减免税政策。因此，筹集资金不仅成为高校重要的资金来源，对捐赠人而言，捐赠有时还是一种可供选择的理财方式。

Chapter 07 | 第七章

结论与展望

第一节　研究结论

一、大学声望——大学募捐的隐性动力和符号资源

大学声望是在大学发展中起着重要作用的“无形资产”。[①] 正如美国高等教育思想家克拉克·科尔（Clark Kerr）所言：“声望一旦形成，就是高等院校独一无二的最大资源。”大学声望除了可以吸引优秀的生源、师资，同样还可以吸引社会捐赠，这是不可规避的事实。无论美国大学募款排名与大学综合实力排名对比数据（参见第三章），还是对国内大学社会捐赠情况的实证分析，都可以证明这样一个事实：高校的社会声誉、社会影响力与其募捐业绩成正比。高校的社会声望越高，则募捐能力越强，募捐业绩越突出。从社会交换理论的视角分析，可以得出捐赠行为和捐赠过程是捐赠人与受赠人之间内在动机和外在影响因素交互形成的结果，他们双方的需求都能在捐赠中得到满足。高等教育领域的捐赠具有选择性。在众多高校中，作为社会补偿高等教育成本的代表，捐赠人会考虑其捐赠行为为社会和自身所带来的收益或回报。[②] 因此，大学声望就成了捐赠人捐赠时考察的重要指标。一方面，通常具有较高声望的大学所发挥的社会效益更加显著，更能体现出捐赠的价值和作用，也就是让捐赠人觉得“值”。另一方面，大学良好的社会声望也可以为捐赠人获得更多的精神或物质的回报，即捐赠者的个人收益最大

① 邱均平、张蕊：《我国大学评价的现状、问题与对策》，《科技进步与对策》2004 年第 2 期。

② 同上。

化的过程也是大学社会声望选择的过程。因此，为了吸引更多的社会捐赠，大学应注意运用其社会声望为捐赠人提供相应的精神回报和物质回报。首先，大学也要专注自身的发展建设，尽可能地提高社会效益，提升社会声望和社会影响力。其次，使潜在捐赠人明确为具有较高社会声望的大学捐赠，可以获得其他方式难以获得的精神回报。最后，大学要在此基础上利用其社会声望给予捐赠人一定的物质回报，如向捐赠企业建立人才培养对接、产学研合作、科研成果转让等物质回报以吸引捐赠资金的注入。

二、大学校长应是大学筹资事业的“掌舵人”

校长是学术领导，自然应是学术出身，且拥有相对辉煌的学术研究成就。然而，近些年来，各国大学校长选拔中出现一种新的现象：筹资能力在大学校长的选聘决策中所占的比重越来越重。从某种角度来看，筹资型大学领导的出现，不能说不是大学管理的一大变化。这些变化表现在三个方面：一是具有广泛社会交往及能力的人受到大学董事会的关注；二是具有丰富筹资经历的大学的领导人，被一些筹资能力不强却矢志在筹资事业上成就一番事业的大学董事会看重；三是企业界与学术界“通吃”的领导人受到大学董事会的青睐。

从上一章对国内大学调查的数据分析来看，大学校长对社会募捐的重视程度与筹资业绩显著相关。换句话说，大学校长对筹资的努力程度直接决定了大学社会募捐的成效。“现代大学理念不仅要求大学校长是一个熟稔教育理论、具有深厚的学术功底和卓越的学术研究能力的教育家，同时还应是一位经验丰富的管理家和积极活跃的社会活动家。”[①] 大学校长应通过参与一系列的社会活动，宣传并扩大学校的影响力，有效地联络社会力量，从而为学校募集更多的社会支持。很多学者对大学校长的筹资职责发表了自己的观点："筹资应作为大学校长的重要任务而不是‘课外活动’”；[②]“筹资是大学中领导层的共同责任。”[③] 正像考夫曼（Kaufman）所说："筹资是当今大学领导的最应扮演也是要求最高的角色。”[④] 筹资已经成了衡量大学校长工作效能的重要指标。[⑤] 除了大学校长，没有人能为大学筹资规划出全校层面的愿景，而这种愿景也正是筹资必需的。与许多组织类似，大学校长肩负着筹资项目能否成功的最终责任。因此，“大学筹资失败，校长负有不可推卸的责任”[⑥]。筹资对于国外的大学校长来说一般分为三阶段。第一，筹资准备阶段，主要是校长任职初期，其筹资思想往往与他们的大学治理方略相关。两大文本能体现大学校长的筹资目标：一是校长的就职演讲，二是校长所推行的大学发展规划。第二，筹资实施阶段，主要是校长任职的中期，以第一任期结束第二任期即将到来为标志。这个阶段是筹资的攻坚阶段，一些校长要通过筹资业绩来解决两个问题：确保自己能够连任和证明自己作为大学校长的能力。第

① 郑安云、李静:《试论我国高校社会捐赠的有效拓展与合理使用》,《理论导刊》2009 年第 11 期。

② Satterwhite, C. R., “The Function of University Presidents and CEO’s in Fundraising: A Study of Public Universities with Capital Campaigns Less Than $100 Million”, Unpublished Doctoral Dissertation, Texas Tech University, August 2004, pp.1 - 177.

③ Glier, J, “Higher Education Leadership and Fundraising”, Remarks to the Council for Industry and Higher Education, CIHE Council Meeting, London, England, 2004, p.5.

④ Kaufman B., “ Juggling Act: Today’s College or University President Must Be a Champion Fundraiser and a Strong Internal Leader”, *University Business*, July 2004, 7（7）:50 - 52.

⑤ J. Bradford Hodson, “Leading the Way: The Role of Presidents and Academic Deans in Fundraising”, *New Directions for Higher Education Spring*, 2010, p.40.

⑥ J. Bradford Hodson, “Leading the Way: The Role of Presidents and Academic Deans in Fundraising ”, *New Directions for Higher Education Spring*, 2010, p.40.

三，筹资尾声阶段，往往是大学校长快要离任的时期。这个阶段是大学校长回顾、反思、产出管理经验的阶段。尽管当代大学校长有很多成功经验需要总结，但是在接受媒体采访时，在董事会宣布校长离任、畅谈其过去的非凡领导时，学校多数会以筹资业绩来反映这位大学校长的才华，前提是这位校长确实为筹资付出了心血。由此可见，大学校长在社会募捐和筹资的过程中扮演着极其重要的角色。

笔者认为，大学校长应该担负起大学募捐筹资事业的“掌舵人”，并应该做到以下几点。首先，建构一个能让全校上下为之兴奋的筹资愿景，并进行大力宣传。菲舍尔（J. L. Fisher）认为：“大学校长就应该是努力将组织的筹资愿景深入人心的、能激起捐赠人热情的和营造与提供筹资活动氛围的人。”[①] 其次，擅长演说，寻求社会的支持。大学校长是大学的主要发言人，“应向潜在捐赠人明确学校的愿景、规划和捐赠将给学校带来的具体效益，使捐赠人感受到其捐赠行为关乎学校发展的战略目标”。[②] 再次，大学校长必须成为广结人缘的领导者。考夫曼认为：“如果一个大学校长总是被其所爱的学科建设事业忙得焦头烂额而无法抽身或其活动范围仅限在学校组织的这片‘净土’上，那么他称不上是一个合格的领导者。大学校长应该不失时机地抓住每一个学校与外部系统联系的机会。”[③]

总之，筹资者已成为大学校长的一个新的角色，这虽不是唯一的角色，却是当今大学校长的多重角色中越来越重要的角色。大学校长应适应形势要

① Fisher, J. L., “Role of the Public College or University President in Fund Raising.” In M. J. Worth (ed.), *Public College and University Development*. Washington D.C.: Council for Advancement and Support of Education, 1985:49 - 56.

② J. Bradford Hodson, “ Leading the Way: The Role of Presidents and Academic Deans in Fundraising ”, *New Directions for Higher Education Spring* , 2010, p. 40.

③ Kaufman, B., “ Juggling Act: Today’ s College or University President Must Be a Champion Fundraiser and a Strong Internal Leader”, *University Business*, 2004, Vol.7, No. 7, p. 50.

求，在其多重角色中找准作为筹资者形象的角色定位。这是现实的客观要求，也是提高大学办学质量与效益的必要条件。

三、“教育捐赠法”亟待出台

从第四章教育捐赠政策的比较分析可知，与西方发达国家相比，我国的教育捐赠事业政策体系建设还处于初步探索阶段。目前我国尚未开征财产税、遗产税等税种。而在西方，政府的作用是通过立法和各种税率优惠来促进社会慈善事业的发展。2001 年美国政府规定遗产税的起征点为 67.5 万美元，税率为 55%。虽然 2011 年美国政府将税率降至 35%，但是仍然可以影响富人的捐赠行为。[①] 此外，美国政府规定，税收部门给予捐赠企业和个人的减税优惠分别为 50% 和 10%，均高于我国 30% 和 8% 的税率优惠幅度。另外，我国的捐赠程序尤其是国有企业和税收减免手续十分烦琐。这些因素无疑会影响捐赠的效率和数量，因此国家应该制定更为积极的捐赠税收政策、捐赠法律制度和遗产税制，这对于规范和激励社会捐赠行为将产生举足轻重的作用。

为了吸引更多的社会捐赠，政府必须有所作为。首先，政府要制定相关法律法规和切实有效的激励机制。目前，我国虽然颁布了《中华人民共和国公益事业捐赠法》，规范了公益事业慈善捐赠的诸多法律问题，但是对教育捐赠事业细节问题的指导作用并不大，例如教育捐赠资金的配比数额和范围、如何有效监督和监管、捐赠投资行为和投资收益问题等都没有明确的阐述。由此形成的局面是，我国大学筹资工作者“敢想不敢干”且筹资行为过于保守。政府应该尽快制定和出台“教育捐赠法”，它会调动更多的社会资

① 唐烨:《美国遗产税起征点升为 500 万美元　税率降低至 35%》,《解放日报》2011 年 2 月 19 日。

源参与到教育事业发展中来，为高等教育事业的发展提供不竭动力。其次，应效仿国外的先进经验，构建起教育捐赠的体系，包括一整套的教育捐赠政策及配套政策，比如税率政策和基金配比政策等。例如，香港特区政府在2003年推出了“等额补助基金”计划：“政府将拿出10亿港元投入大学捐赠基金的配比。配比资金下限为4500万港元，上限为2.5亿港元。如院校筹得4500港元万的捐赠资金，特区政府将以1比1的方式进行配比，即大学筹得1港元，政府配比1港元给大学，以此鼓励捐赠。高于4500万港元的款项则以2比1配比，即大学筹得2港元政府配比1港元。”① 捐款类型亦有所放宽，奖学金及工程项目等捐款亦能申请。有大学校长表示，新的配比方式有利于小规模院校，放宽捐款类型也有助大学国际化及提高学生住宿率。

四、大学筹资发展的重要举措："营销式"募捐战略

由于高等院校的捐赠来源有限，而它们对社会捐赠的需求在不断增长，争取社会捐赠的竞争极为激烈，因此在大学筹资活动中引入市场营销的理念就显得十分必要。这主要体现在以下三个方面。首先，市场竞争日趋激烈。目前，在教育捐赠市场有限的情况下，随着各个营利机构和非营利机构筹资意识的提高，大学面临的竞争对手逐渐增多，主要有国内高校的同行间的竞争、公募基金会的竞争和境外高校的竞争等。根据资源依赖理论，在资源有限的情况下，组织为了生存就必须依赖其环境。大学若想在如此激烈的竞争之下生存，就必须开展有针对性的筹资营销活动。其次，以捐赠者为中心的捐赠市场的要求。由于资源的有限性，目前的捐赠市场不是受赠方的市场，而是捐赠方的市场。作为受赠方的大学理应抛开传统管理模式的桎梏，从大

① 任智鹏、刘秀芝、焦惠标：《8院校获分配10亿等额补助金》，《文汇报》2005年6月14日。

学的战略利益出发，兼顾捐赠方的需求，开展必要的营销活动，对捐赠者加以引导并找出捐赠方需求与学校发展之间的结合点，以求双赢。最后，非“名牌”大学的筹资战略。由上文的数据可知，大学的声誉与其筹资业绩是成正比的。近年来，北京大学、清华大学、浙江大学和香港中文大学等一些知名学府通过其品牌效应带动了本校基金会的发展，且收效显著。但是，笔者在访谈中也了解到一些非“名牌”大学利用自己的专业特色（如煤矿、石油、电力等行业）也有出色的募捐业绩。所以，普通院校可以根据自己学校的专业特色对社会需求、竞争对手以及自身情况的分析，找准定位，有的放矢，才能在筹资竞争中扬长避短、出奇制胜。

针对以上特点，大学开展营销活动可以从以下三个方面入手。第一，市场调研。在开展募捐工作之前进行全面的市场调研，有利于分析、判断和最终筹资方案的确定。该市场调研工作包括法律制度环境解析、捐赠意向研究、捐赠受益方分析、竞争者考量及筹资资源五个方面。第二，市场定位。市场定位要求大学对自身的特点有清晰的了解，市场定位与市场调研两项工作的重要性不相上下，只有明确了自身的长处和弱点，在历史、学科和专业优势、区位优势及校园文化等方面准确定位捐赠市场，大学才能选择独特的营销策略以争取有限资源。例如，行业高校可以针对自身专业与某一行业的内在关联与潜在目标建立联系，发挥学校专业优势和影响力，吸引行业内部捐赠。地方院校则可以强调自己对地方建设的推动作用，发挥在地方的影响力，争取地方政府、企业及祖籍本地的海外华人的支持，等等。第三，产品推介和宣传。大学在制定和筹划捐赠项目时，要从学校的发展需求出发，也要考虑捐赠者的意愿，并将两者有效结合，使双方达到双赢的目的。可以说，募捐既是学校向社会反映需求的过程，也是向捐赠者说明办学理念、争取认同和支持的过程。大学应主动积极地利用媒介宣传学校，在提高学校声誉的同时，树立学校品牌，为争取捐赠资源打下坚实基础。

五、整合大学社会关系资源的能力，是我国大学募捐事业的根本

数据分析的结果表明，大学开发社会资源的能力与其募捐业绩息息相关。大学的关系网络亦是资源网络。“大学从外部关系网络中获得资源的能力，体现了高等教育系统的资源配置效率，以及大学自身的资源筹措能力。”[①] 大学大多都有丰富的社会网络资源，但仅仅获得这些资源是不够的，而应具有筹措和整合有价值资源的能力，使资源利用达到最优。资源可以通过多种途径获得，而整合资源的独特能力则需要时间的积累和历练。大学应从外部关系网络中不断寻求自身需要的有价值资源，并将这些资源转化为自身能够利用的资源。大学整合资源的能力包括三个方面。一是寻找有价值信息的能力。新制度学派认为，大学从外部环境中获得的信息不完全或不对称，而其关系网络可以提高信息沟通效率，扩大大学信息的来源和渠道。二是大学对有价值信息或资源的分析与识别能力。大学已从“象牙塔”逐渐走向社会的中心，其可获得的资源是相当丰富的，但它们所面临的环境也极其复杂。由于大学还存在自身认识、判断能力的局限，对信息的分析和理解也存在差异。因此，大学如想提高分析和识别信息的能力，则需要更加充分地享有信息资源和与这些资源保持畅通的交流渠道。三是大学利用关系网络筹措资源的能力。大学不仅需要善于发现有价值的资源信息，而且要有行动的勇气和毅力去筹措资源。如前所述，具备自我发展意识的大学常常非常重视这一点。筹措资源的能力不仅体现在大学关系网络的积累和利用效率，也体现在大学社会资本的行动能力。

---

① 侯志军:《社会资本与大学发展研究》，博士学位论文，华中科技大学，2008 年。

第二节　本研究的局限性

尽管本文绝大多数研究假设得到了实证分析的支持，并获得了一些有价值的研究结论，但是不可否认，本文的研究也存在着局限性和有待完善之处。主要表现为以下四点。

第一，样本因素。尽管本研究花费了大量的精力进行问卷调查，收回的有效问卷数基本满足了样本分析的要求，但由于问卷调查工作的困难，本研究在样本的选择上采取的是方便抽样，而不是随机抽样，所以样本地理区域的代表性和广泛性还不够强，可能会对研究结论的推广和普及产生一定的制约作用。

第二，被试者问卷填写的客观性问题。笔者利用参加大学基金会年会的机会发放问卷，虽然涉及和涵盖大学基金会的数量与范围达到了研究的样本量，但是关于大学社会捐赠相关问题的回答，尤其是涉及大学体制、机制、校领导等相对敏感问题，难免会受到个人利益权衡、伦理、道德和传统文化、功利主义等因素的影响。有些受试者在填写问卷时由于受到以上因素和某种顾虑的影响，可能会只展现其个人和所在学校较好的一面，而对问题避而不谈，这些偶发因素可能会影响部分数据的质量和验证结果。

第三，个案样本的选择。清华大学社会捐赠的业绩在全国名列前茅，具有一定的参考性和分析价值。但毕竟我国的大学募捐事业还刚刚起步，还有很多刚刚涉足募捐事业的大学、处于探索阶段的大学和已经取得一些成绩的行业性大学。它们的募捐过程仍然有很多值得探究的问题和一些可参考的价值，但是由于笔者的精力有限，没有一一深究。

第四，研究对象的选择。笔者为了探究“大学中哪些是影响大学社会捐赠的主要因素”这一问题，围绕大学设置了相关变量。但由于捐赠者的信息是严格保密的，很难获取，因此对捐赠者本人的相关信息获取较少。

第三节 未来研究的展望

关于大学社会捐赠问题的研究，在我国仍然是一个比较新的研究领域，还有很多问题值得进一步探究和发现。

首先，虽然本研究已经验证了大学募捐过程中的影响因素，并解释了它们如何影响大学募捐的业绩，但是就大学本身而言，如何在募捐的过程中落实和改善这些因素或规避其中的不良因素干扰，笔者只是通过一些文献和经验的阐述提出了自己的建议，这些想法有待日后通过实证分析来进一步检验。

其次，捐赠者影响大学募捐的主要因素尚待深入研究。他们的人口统计学特征（如年龄、性别、学历、职业、受教育程度）、个人经历等都有可能是影响大学募捐的因素，有待进一步发掘和探究。

最后，采用量化的方法分析。就大学内部因素对社会捐赠的影响而言，本实证研究在国内尚属首次，希望能对我国大学社会捐赠的研究起到一定的数据支撑作用，对我国大学募捐事业的管理决策提供一定的理论依据。对未来可能的研究方向，还有待笔者及相关领域的学者对此进行更深入的研究。

一、《基金会管理条例》为何遭遇“零适用”

我国大学募捐的主要机构是大学基金会。我国《基金会管理条例》规定，教育基金会具有独立的法人资格，设有理事会作为权力机构，以理事长为法定代表人，同时设立监事会作为监督机构，并设有专门的办事机构。然而，现实中我国大学基金会仍然作为大学的一个行政部门存在，理事会的领导大多由学校的党政主要领导兼任，形成一种“内部人”控制的现象。本书第一章中提及的社会学家杰弗里和萨兰基克的资源依赖理论可以较好地解释这一现象。该理论认为，组织是在激烈竞争中为求生存而不断整合资源的集聚地。[①] 资源依赖理论强调：资源的稀缺性导致组织对周围环境的依赖，只有发掘组织与环境的关系，才能够更好地理解组织的行为。国外有学者曾用资源依赖理论来解释非营利组织与政府间的互动关系。[②] 国内的一些学者对非营利组织与政府的互动关系研究发现，基金会在生长初期，尚未发育成熟，缺乏公信力，其成长和发展需要依赖政治资源，“政府尽管对基金会有所依赖，但是其程度远远小于基金会对政府的依赖，即两者为‘非对称依赖关系’”。[③] 因此，大学基金会仍没有摆脱行政化的管理模式，缺乏参与社会竞争的实力，对“非对称依赖关系”的分析框架具有解释力。在访谈中，笔者了解到，清华大学的教育基金会虽然发展比国内其他大学较为成熟，社会捐赠收入也在国内名列前茅，但是行政化的管理体制仍然制约了清华大学社会募捐工作的开展。比如筹资机构和人员的激励问题与自主改革问题，都是目前限制该大学募捐工作的主要障碍。

由此可见，国内大学教育基金会的佼佼者在管理体制、机制上也依然受到行政化管理的阻碍。高校基金会在国外发展已经有上百年的历史，已经形成了科学规范的运作方式。但国内大学的基金会还是一个新生事物，加之社会结构和社会制度的特殊性，许多基金会及其慈善行因此便具有了中国特色。在我国，大学是支持大学基金会发展的原生力量，从人、财、

① APeffer Jeffrey, Gerald Salancik, *The External Control of Organization: A Resource Dependence Perspective*, New York: Harper and Row, 1978. 9

② Judith R. Saidel., “Resource Interdependence: The Relationship between State Agencies and Nonprofit Organization,” *Public Administration Review*, 1991, p.6.

③ 徐宇珊:《非对称依赖：中国基金会与政府关系研究》,《公共管理学报》2008 年第 1 期。

物等方面提供有力的支持，帮助大学基金会的发展并解决其生存的困境，但大学基金会的生存和发展也由此陷入了对原生力量的依附性生存状态，缺乏独立生存的能力。如何逐步走出这种依附的困境，是大学募捐事业应该思考的问题。

二、大学募捐人员应该具备何种"专业能力"

大学募捐人员是大学社会捐赠项目的设计者、执行者、协调者。目前，我国大学募捐人员都是由大学的行政人员兼任的。基金会是我国大学募捐工作的主要实体，大学基金会的工作人员即是大学筹资的主要人员。一些研究者认为，"我国大学基金会工作人员的专业化水平有待进一步提高"[①]，"普遍没有受过专业的训练，专业人才严重缺乏，应该大力提高其专业技能，并尽快吸引专业人员加入"。还有学者认为："金融学、财会学是目前大学筹资急需的人才。"目前，在我国大学的专业设置中，还没有专门为基金会设置的专业。那么，大学筹资人员到底需要培养什么样的专业技能呢？应该为他们做哪些培训和指导？这都是值得思考的问题。

在美国，对于筹资人员的要求非常严格，甚至一些州要求从业人员必须具有"筹资资质证书"。该证书持证人员需要通过正规的公共关系学、筹资学、慈善学、法学等课程培训，有些学校甚至还开设了筹资专业。学习社会捐赠已规范化、制度化，并成为美国高等教育成本分担的主渠道。[②] 笔者认为，为了提高我国大学募捐人员的专业化水平，首先应该考虑实行行业从业

① 邓娅：《我国高等教育财政体制改革与大学基金会的兴起》，《北京大学教育评论》2011年第1期。

② 孟东军、张美凤、顾玉林：《我国高校社会捐赠管理比较研究》，《高等工程教育研究》2003年第2期。

人员的准入制度。曾有国内学者提出专门开办“公益大学”，专门培养公益事业的人才队伍。笔者认为，就目前我国公益事业的发展状况来说还言之尚早。但是我们可以尝试采用“校会合作”的人才培养模式，即大学的公共管理学院在本科或研究生阶段开设关于公益事业发展所需的专业课程，培养学生较为系统、扎实的专业知识。同时，学院应该与学校所属的基金会或一些发展较为成熟的基金会形成合作培养人才的关系，给学生实习锻炼的机会。此种做法既可以保证学生真正了解大学筹资的真实运作情况，也可为日后基金会的发展提供人才储备。大学应吸引高度知名、活动能力强的社会贤达人士或知名校友加入基金会。他们可以凭借自身的大量社会资源帮助大学寻找更多的潜在捐赠人。同时，这些人士自身的声望，对树立大学良好的形象也有着积极的促进作用。

三、“散财”抑或“聚财”：我国大学捐赠筹资的后续争议

我国《基金会管理条例》第二十八条规定：“基金会应当按照合法、安全、有效的原则实现基金会的保值、增值。”从这一条款当中，可以看出国家对基金会从事资金运作活动的认可。但是，由于规定不够具体，所以仍有很多大学在捐赠基金投资方面不敢放开手脚。在这一点上，就连募捐业绩不错的大学也不例外。这不仅仅是某一所大学的“顾虑”，也是绝大多数高校的“困惑”。其中的原因主要有以下几个方面。首先，大学基金会普遍缺乏投资理财的理念。所谓“投资”就是要进入市场，进而伴随着风险。大学基金会财产的社会属性要求大学基金会必须确保其投资资产的安全性。一旦投资亏损，基金会就要面临年审不合格、评估不达标等一系列问题，基金会宗旨的公益性和财产的社会性就要受到质疑。经济学家克莱尔·戈迪亚（Claire Gaudiani）曾表示，现代慈善事业将摆脱以往的“施舍性质的济贫院方式”，以投资来解决根本问题，进而突显

自由、个人价值以及企业精神。[①] 投资应该是非公募基金会运作的重点，是其存续的基础。同时，我国应该学习西方大学"投资性公益"的理念和效果，将公益做得更专业、更长效、更具有策略性。"合理投资—回报—部分收益用于大学发展—剩余收益和本金继续投资"的模式才是我国大学捐赠基金保值增值的发展蓝本。大学基金会应该不仅是一个"散财"的机构，更是一家"聚财"的组织。

其次，我国目前的政策法规对大学捐赠基金投资的限制。我国现行的《基金会管理条例》规定，基金会投资应当本着"合法、安全、有效"的原则。这一条款的表述较为开放，但不够具体，实际上把具体投资活动的决策权交由基金会的理事会决定。该条例还指出："基金会理事会违反本条例和章程规定决策不当致使基金会造成财产损失的，参与决策的理事应当承担赔偿责任。"这一规定对基金会理事会的决策提出了谨慎决策、科学理财的要求，但是同时也抑制了大学捐赠基金投资的积极性。

最后，对大学非营利组织的属性与投资行为认识的误区。一些人认为大学是非营利性的组织，大学基金会也是非营利性的公益组织，而且所有的资产都来自校友和社会的捐赠，他们就此判断基金会无权从事资金的运作活动。这种观点是错误的，原因是判断大学基金会是否具有公益性和非营利性的标准不是它能否从事营利性活动，而是所有投资和经营所得是否用于公益事业。非营利性的实质不是大学所属的基金会不能赢利，而是盈利不得用于基金会的内部分配，增加内部人员的收益。把握了这一原则，大学基金会的资金运作行为不仅不应受到质疑，而且应该得到鼓励和支持。大学募集资金的基础来自社会，但是其发展仍取决于市场。仅仅依靠社会，无疑增加了社会的公益成本。

① Claire Gaudiani: *The Greater Good: How Philanthropy Drives the American Economy and Can Save Capitalism*, Holt Paperbacks, 2004.

后　记

时光如白驹过隙，忽然而已。本书从写作到出版经历了六七个年头，既是博士论文的延伸和拓展，也是对大学筹资研究的不断梳理和深化。有关大学筹资的研究在国内学术界是比较新的领域，作为我国首批大学筹资论丛的作者之一，在即将出版之际，我不禁对自己的读博之路百感交集，也对在自己的研究之路中所有帮助过我的人充满感激。曾看过很多著作中的后记，但此时此刻才深切体会到那种种的感慨和怀念之情……

首先，我要感谢我的导师洪成文教授带领我走进了大学筹资的研究之路。他丰富的学识、豁达的胸襟、积极乐观的生活态度足以令我一生受用。从读博到工作，导师一直给予我很多指点和帮助，他不仅是学术导师，更是人生导师。在大学筹资领域，导师是先行者、研究者和实践者，为我们这些弟子提供了太多成长的平台和学术智慧。当我遇到困难和迷茫时，他总能帮我拨开人生的迷雾。每次在遇到困惑和心情焦虑时，我都能从他那里获得解决问题的答案或聆听他分享给我的人生经历。因此，这本书首先是献给他的。

其次，我要感谢在本书写作过程中给予我帮助的人：北京师范大学教育基金会前秘书长范立双、前副秘书长项青、现任副秘书长李胜兰，清华大学基金会前秘书长黄建华、前副秘书长王丹、前主任游睿山，北京大学教育基金会前副秘书长李榕，中国人民大学教育基金会前秘书长王鲁佳，中央财经大学基金会前副秘书长黄震，中国矿业大学发展规划处前副处长许泽胜，北京邮电大学基金会前副秘书长何育军，中国政法大学教育基金会秘书长刘建，培生集团中国区前董事总经理桑建平女士，陈香梅基金会理事长师艳丽女士。北京师范大学社会发展与政策研究院的陶传进老师，清华大学公共管理学院的刘秋实老师，以及北京师范大学教育学部的朱志勇、胡咏梅、李湘萍、曹夕多等老师在本书写作过程中给予我的灵感和建议，让我少走了很多弯路。正因为与他们的多次交谈，我才能对自己的研究课题有了更深刻的认识和了解。他们对社会公益事业所做的努力让我感动。

感谢我的研究生闫静茹、陈惟惟、谭菲菲、李洁、何长营、姜珊、潘晓宇在书稿最后的补充与校订过程中做了大量的工作，和你们在一起做学问是件很幸福的事，你们也时常让我想起自己学生时代的种种青涩和美好。教学相长，从你们身上我也学会了许多，是你们给了我继续前行的动力。

感谢我的先生和女儿给予我的幸福和力量。与王老师相识整整 20 年，从恋爱到结婚到女儿的降生，他开朗、乐观、积极向上的性格一直影响着我，没有他的鼓励和支持我也不可能一往无前地走上学术研究之路。科研之路是苦涩的，但只要有他在，我的心里就是幸福的……还有我可爱的女儿，她很懂事，喜欢读书，从不在我写作时打搅我，但早早让我做出承诺，必须满足她一个要求：书出版后，第一个收到赠书的人是她。

最后，我要感谢我的父母对我的教育和培养。从品行的养成到点滴的收获，无不凝聚着他们的心血和期望。感谢他们鼓励式的教育方式，造就了我自信、乐观和向上的性格。母亲热爱书画，很有艺术眼光，又参与过图书出版工作，对于本书的封面颜色，我首先征求了她的建议，请她帮我参考。父母一直是我精神上的支柱、前行中的动力，生命中能够拥有他们是我最大的财富！

书的出版只是总结和历练的过程，是一个心灵接受洗礼的过程，并不意味着研究生涯的结束。前行的路上，离不开与优秀的人相伴，是你们让我成长，在未来的日子里，我愿与更多有志者一道，做一个有价值的人，过好有意义的一生。

在未来的人生道路上，我将再接再厉，继续我的研究之旅！

最后向我自己说一句：佟婧，加油！

参考文献

一、中文（译）著作

1.［法］皮埃尔・布尔迪厄:《文化资本与社会炼金术——布尔迪厄访谈录》，包亚明译，上海人民出版社 1997 年版。

2.［美］弗兰克・H. 奥利弗:《象牙塔里的乞丐——美国高等教育捐款史》，徐东梨、陈峰译校，广西师范大学出版社 2011 年版。

3.［美］乔治・凯勒:《大学战略与规划 : 美国高等教育管理革命》，别敦荣译，中国海洋大学 2005 年版。

4.［美］D. 布普斯・约翰斯通:《高等教育财政：问题与出路》，沈红、李红桃译，人民教育出版社 2004 年版。

5.［美］彼得・德鲁克:《非营利组织的管理》，吴振阳译，机械工业出版社 2007 年版。

6.［美］菲利浦・科特勒、艾伦・R. 安德里亚森:《非营利组织战略营销》（第五版），吴延春等译，中国人民大学出版社 2003 年版。

7.［美］杰弗里・菲佛、杰勒尔德・R. 萨兰基克:《组织的外部控制——对组织资源依赖的分析》，闫蕊译，东方出版社年 2006 年版。

8.［美］里・格雷米林:《美国开放式共同基金》，杨学宏等译，中国金融出版社 2006 年版。

9.［美］林南:《社会资本——关于社会结构与行动的理论》，张磊译，上海人民出版社年 2005 年版。

10.［美］罗伯特·M. 赫钦斯:《美国高等教育》，汪利兵译，浙江教育出版社 2001 年版。

11.［美］罗伯特·波恩鲍姆:《高等教育的管理时尚》，毛亚庆译，北京师范大学出版社 2008 年。

12.［美］约翰·罗尔斯:《正义论》，何怀宏等译，中国社会科学出版社 1988 年版。

13.［美］詹姆斯·杜德斯达:《21 世纪的大学》，刘彤等译，北京大学出版社 2005 年版。

14.［英］安东尼·吉登斯:《民族—国家与暴力》，胡宗泽等译，生活·读书·新知三联书店 1998 年版。

15.［英］戴维·米勒:《社会正义原则》，应奇译，江苏人民出版社 2005 年版。

16.［英］迈克尔·沙托克:《成功大学的管理之道》，范怡红主译，北京大学出版社 2006 年版。

17.［美］阿伦·L. 温德若夫:《项目筹资活动管理》，周晶等译，机械工业出版社 2003 年版。

18. 柴效武:《高校学费制度研究》，经济管理出版社 2003 年版。

19. 陈谷嘉、邓洪波:《中国书院史资料》，浙江教育出版社 1998 年版。

20. 陈厥祥:《宁波帮与 20 世纪中国教育》，浙江大学出版社 2007 年版。

21. 陈卫东主编:《投资基金管理》，科学出版社 2004 年版。

22. 陈晓春主编:《非营利组织营销学》，湖南人民出版社 2003 年版。

23. 陈学飞:《美国高等教育发展史》，四川大学出版社 1989 年版。

24. 戴晓霞、莫家豪、谢安邦主编:《高等教育市场化》，北京大学出版社 2004 年版。

25. 戴志敏、李月眉编著:《证券市场与高校投资理财》，中国社会科学出版社 2003 年版。
26. 戴志敏等:《大学教育基金会管理研究》，浙江大学出版社 2010 年版。
27. 丁学良:《什么是世界一流大学》，北京大学出版社 2004 年版。
28. 朱景坤:《培育提升核心竞争力是现代大学生存之道》,《西南交通大学学报（社会科学版）》2005 年第 3 期。
29. 方林佑主编:《新经济与经济全球化》，湖南人民出版社 2002 年版。
30. 费孝通:《乡土中国　生育制度》，北京大学出版社 1998 年版。
31. [美] P. B. 弗斯顿伯格:《非营利机构的生财之道》，朱进宁等译，科学出版社 1991 年版。
32. 黄福涛主编:《外国高等教育史》，上海教育出版社 2003 年版。
33. [美] 莱斯特 · M. 萨拉蒙等:《全球公民社会——非营利部门视界》，贾西津、魏玉等译，社会科学文献出版社 2002 年版。
34. 李斌:《住房利益分化与社会分层机制变迁》，中南大学出版社 2004 年版。
35. 李惠斌、杨雪主编:《社会资本与社会发展》，社会科学文献出版社 2000 年版。
36. 李强:《转型时期中国社会分层》，辽宁教育出版社 2004 年版。
37. 林杰衰:《基金管理 : 资产管理的入门宝典》，中国人民大学出版社 2006 年版。
38. 马红军:《开放式基金会计运行研究》，西南财经大学出版社 2003 年版。
39. 马庆国:《管理统计：数据获取、统计原理、SPSS 工具应用研究》，科学出版社 2004 年版。
40. 马伊里、杨团主编:《公司与社会公益》，华夏出版社 2002 年版。
41. 毛利锐、沈灌群主编:《中国教育通史（第五卷）》，山东教育出版社 2000 年版。

42. [美] 莫尔·沃里克:《如何撰写成功的筹资信》，潘泽山等译，机械工业出版社 2004 年版。

43. 乔玉全编著:《21 世纪美国高等教育》，高等教育出版社 2000 年版。

44. 裘克安编著:《牛津大学》，湖南教育出版社 1986 年版。

45. 沈红:《美国研究型大学形成与发展》，华中理工大学出版社 2000 年版。

46. 宋恩荣、章咸编:《中华民国教育法规选编（修订版）》，江苏教育出版社 2005 年版。

47. 苏衡 :《传播研究方法》，复旦大学出版社 1986 年版。

48. 孙立平:《断裂：20 世纪 90 年代以来的中国社会》，社会科学文献出版社 2003 年版。

49. 孙立平:《失衡 : 断裂社会的运作逻辑》，社会科学文献出版社 2004 年版。

50. 孙立平:《转型与断裂：改革以来中国社会结构的变迁》，清华大学出版社 2004 年版。

51. 孙霄兵、孟庆瑜编著:《教育的公正与利益：中外教育经济政策研究》，华东师范大学出版社 2005 年版。

52. 陶爱珠主编:《世界一流大学研究 : 透视、借鉴、开创》，上海交通大学出版社 1993 年版。

53. 王定华:《走进美国教育》，人民教育出版社 2004 年版。

54. 王善迈主编:《2000 年中国教育发展报告：教育体制的变革与创新》，北京师范大学出版社 2000 年版。

55. 王雪峰 :《高等教育资本运营》，知识产权出版社 2002 年版。

56. 邬大光主编:《中国高等教育大众化问题研究》，高等教育出版社 2004 年版。

57. 吴冠之编著:《非营利组织营销（第二版）》，中国人民大学出版社 2008 年版。

58. 吴康宁:《教育社会学》，人民教育出版社 1998 年版。

59. 吴明隆编著:《SPSS 统计应用实务》，中国铁道出版社 2001 年版。

60. 吴畏主编:《中国教育管理精览》，警官教育出版社 1998 年版。

61. 吴忠民:《社会公正论》，山东人民出版社 2004 年版。

62. 夏之莲主编:《外国教育发展史料选粹（上）》，北京师范大学出版社 1999 年版。

63. [美] 许烺光:《中国人与美国人：两种生活方式比较》，彭凯平、许文静等译，华夏出版社 1989 年版。

64. 阎云翔:《礼物的流动》，上海人民出版社 2000 年版。

65. 颜寒松:《基金管理公司投资策略》，上海财经大学出版社 2000 年版。

66. 姚云:《美国高等教育法治研究》，山西教育出版社 2004 年版。

67. 余明阳、朱纪达、吴玫:《大学品牌》，广东经济出版社 2004 年版。

68. 虞和平编:《经元善集》，华中师范大学出版社 1998 年版。

69. 员智凯主编:《现代大学科技创新论》，西北工业大学出版社 2004 年版。

70. 袁祖望:《高等教育比较学》，厦门大学出版社 1999 年版。

71. [加拿大] 约翰·范德格拉夫等编著:《学术权力：七国高等教育管理体制比较》，王承绪等译，浙江教育出版社 2001 年版。

72. 翟学伟:《人情、面子与权力的再生产（第二版）》，北京大学出版社 2005 年版。

73. [美] 詹姆斯 .P. 盖拉特著:《21 世纪非营利组织管理》，邓国胜等译，中国人民大学出版社 2003 年版。

74. [美] 詹姆斯·杜德斯达、弗瑞斯·沃马克:《美国公立大学的未来》，刘济良译，北京大学出版社 2008 年版。

75. 张纯:《非营利组织理财》，上海财经大学出版社 2007 年版。

76. 张其仔:《社会资本论:社会资本与经济增长》，社会科学文献出版社 1997 年版。
77. 张文彤主编:《SPSS 统计分析高级教程》，高等教育出版社 2004 年版。
78. 张文彤主编:《SPSS 11 统计分析教程（高级篇）》，北京希望电子出版社 2002 年版。
80. 张馨:《比较财政教程》，中国人民大学出版社 1997 年版。
81. 张馨:《财政公共化改革：理论创新・制度变革・理念更新》，中国财政经济出版社 2004 年版。
82. 张馨:《公共财政论纲》，经济科学出版社 1995 年版。
83. 赵云声主编:《中国大资本家传・十．江南富豪卷》，时代文艺出版社 1998 年版。
84. 郑功成、张奇林、许飞琼:《中华慈善事业》，广东经济出版社 1999 年版。
85. 中国教育报，教育部科学技术司编:《大学校长纵论科技创新》，学苑出版社 2003 年版。
86. 周秋光:《近代中国慈善论稿》，人民出版社 2010 年版。
87. 周枏、吴文翰、谢邦宇编:《罗马法》，群众出版社 1987 年版。
88. 朱有瓛主编:《中国近代学制史料（第二辑下册）》，华东师范大学出版社 1989 年版。
89. 邹东涛主编:《中国经济发展和体制改革报告：中国改革开放 30 年（1978—2008）》，社会科学文献出版社 2008 年版。
90. ［清］李正干:《复文书院记》,《襄阳府志》卷一三．光绪十一年刊本。
91.《集美校友》，1943 年版。
92. 梅花书院:《重修扬州府志》卷一九，嘉庆十五年刊本。
93.（汉）刘向:《说苑疏证》，华东师范大学出版社 1985 年版。
94. ［清］沈家本修、徐宗亮纂:《重修天津府志》卷三五，光绪刊本。

95. 五华书院:《昆明县志》卷四，光绪二十七年刊本。

二、中文期刊、学位论文

1. ［美］罗伯特·波恩鲍姆:《为什么新任校长比历任校长更能获得教师的支持》，钟海青等译，《外国高等教育资料》，1994 年第 1 期。
2. 白亚丽:《浅析非营利组织财务治理》，《经济论坛》2004 年第 13 期。
3. 鲍健强:《论日本大学科学研究的特点》，《科学研究管理》2001 年第 5 期。
4. ［美］D. 布鲁斯·约翰斯通:《高等教育成本分担中的财政与政治》，《比较教育研究》2002 年第 1 期。
5. 蔡海依:《拓展国际视野，提升战略思考能力——中外大学校长论坛交流概述》，《中国高等教育》2002 年第 17 期。
6. 曾荣光:《教育政策研究：议论批判的视域》，《北京大学教育评论》2007 年第 4 期。
7. 曾晓东:《大学收费标准的确定：是成本计量问题还是价格管理问题》，《高等教育研究》2003 年第 3 期。
8. 陈东:《美日私立高校经费筹措途径》，《教育》2006 年第 12 期。
9. 陈斐:《深度访谈的障碍及其引导原则、对策》，《新闻爱好者》2009 年第 2 期。
10. 陈廷根:《世界一流大学办学经费的筹措及启示》，《许昌学院学报》2005 年第 6 期。
11. 陈晓春、赵晋湘:《非营利组织失灵与治理之探讨》，《财经理论与实践》2003 年第 2 期。
12. 陈志琴、俞光虹、周玲:《影响中美高校募捐的社会因素比较》，《高教探索》2005 年第 5 期。
13. 程术希:《一流大学建设中的捐赠与其对策研究》，硕士学位论文，浙江大学，2005 年。

14. 初立萍:《社会捐赠 : 高校经费的重要来源——基于中美比较的视角》,《黑龙江教育(高教研究与评估)》2006 年第 5 期。

15. 崔执树:《我国非营利组织筹资现状及对策研究》,《北方经济》2007 年第 23 期。

16. 邓国胜:《非营利组织评估体系研究》,《中国行政管理》2001 第 6 期。

17. 邓娅 :《我国高等教育财政体制改革与大学基金会的兴起》,《北京大学教育评论》2011 年第 1 期。

18. 丁敏:《坚持传统——执着的普林斯顿大学之根》,《教育发展研究》2005 年第 4 期。

19. 丁小浩:《高等教育财政危机与成本补偿》,《高等教育研究》1996 年第 2 期。

20. 东北财经大学经济与社会发展研究院课题组:《英国高等教育经费的筹措》,《经济研究参考》2005 年第 58 期。

21. 东北财经大学经济与社会发展研究院课题组:《英国高等教育经费的国际比较筹措》,《经济研究参考》2004 年第 60 期。

22. 董伶俐:《大学捐赠基金管理研究》,《江苏高教》1995 年第 5 期。

23. 樊丽明、郭健:《国外社会捐赠税收政策效应研究述评》,《经济理论与经济管理》2008 年第 7 期。

24. 高磊:《美国著名研究型大学经费收支研究及启示》,《清华大学教育研究》2006 年第 3 期。

25. 宫静:《中美高等教育经费来源比较及启示》,大连理工大学,硕士学位论文,2005 年。

26. 谷贤林,王行:《美国大学募捐策略研究》,《比较教育研究》2010 年第 12 期。

27. 谷贤林:《学术内外因素与 20 世纪上半叶美国研究型大学的发展》,《清华大学教育研究》2007 年第 2 期。

28. 顾明远:《世界高等教育发展的基本趋势和经验》,《北京师范大学学报(社会科学版)》2006 年第 5 期。
29. 顾寅生、宋桂兰:《开发校友资源促进学校发展》,《教育探索》2002 年第 2 期。
30. 郭建生、周淼淼:《试论市场经济下现代大学的经营理念》,《金陵科技学院学报(社会科学报)》2007 年第 12 期。
31. 哈巍:《谁来为高等教育付费——高等教育成本补偿的国际比较》,《教育发展研究》2002 年第 3 期。
32. 何广前、赵英吉:《金融危机对 G20 国家财政的影响及其对我国的启示》,《中外企业家》2009 年第 9 期。
33. 何威:《国外高等教育发展趋势及其对我国高等建筑教育的几点启示》,《高等建筑教育》2002 年第 4 期。
34. 何小梅:《中国高等教育社会捐赠缺失的成因及其改善对策分析》, 硕士学位论文, 辽宁师范大学, 2007 年。
35. 侯江红、王红晓:《论我国非政府组织的筹资举措》,《求实》2004 年第 6 期。
36. 侯志军:《社会资本与大学发展研究》, 博士学位论文, 华中科技大学, 2008 年。
37. 胡晓钦:《高校社会资本论》,《高等教育研究》2005 年第 9 期。
38. 黄建华、游睿山、井建军、池净:《清华大学教育基金会接受捐赠情况分析及思考》,《清华大学教育研究》2006 年第 11 期。
39. 黄学锋:《高校贷款存在的问题与对策研究》,《广东工业大学学报》2001 年第 1 期。
40. 黄争炯、瞿海东、皱碧金:《关于改进和加强大学捐赠基金管理的思考》,《江苏高教》2003 年第 4 期。

41. 黄忠敬:《我国教育政策制定过程之探讨》,《教育理论与实践》2007 年第 5 期。
42. 贾西津:《国外非营利组织管理体制及其对中国的启示田》,《社会科学》2004 年第 4 期。
43. 简世德、付孝泉:《美国高教募捐机制的特点及启示》,《理工高教研究》2002 年第 2 期。
44. 江波:《教育基金及其运作管理初探》,《教育与经济》1996 年第 2 期。
45. 江希和:《有关慈善捐赠税收优惠政策的国际比较》,《财会月刊》2007 年第 7 期。
46. 蒋国河:《推进高等教育捐赠事业 : 价值传承和制度创新》,《江苏高教》2005 年第 6 期。
47. 康宁:《试论知识经济时代高等教育投资的收益》,《教育研究》2000 年第 12 期。
48. 雷家彬、张建国:《教育投资与教育筹资 : 概念的混淆与反思》,《辽宁教育研究》2008 年第 3 期。
49. 雷宁、关虹:《高等教育投融资改革思路与方法》,《中南民族大学学报(人文社会科学版)》2007 年第 6 期。
50. 李承先:《高校捐赠融资经常化工作探微》,《交通高教研究》2003 年第 6 期。
51. 李虹:《论非营利组织的社会公信力建设》,《上海交通大学学报》2003 年第 11 期。
52. 李建发:《从宏观政策层面看我国高等教育经费的筹措与配置》,《高等教育研究》2005 年第 4 期。
53. 李未:《完善教育基金会制度拓宽高等教育社会筹资渠道》,《中国高等教育》2004 年第 2 期。

54. 李文利:《社会主义市场经济与计划经济下高等教育系统运行机制的本质区别》,《清华大学教育研究》2002 年第 1 期。
55. 李晓明:《国内外非营利组织研究述评》,《西北大学学报（哲学社会科学版）》2007 年第 3 期。
56. 李永海:《世界高等教育发展理念与趋势研究》,《重庆大学学报（社会科学版）》2003 年第 6 期。
57. 李勇、闵维方:《美国研究型大学经费来源与支出结构的特征分析与启示》,《中国高教研究》2004 年第 3 期。
58. 联合国教科文组织:《从统计数字看世界高等教育》,《教育参考资料》2000 年第 3 期。
59. 刘结:《我国高等教育捐赠不足的因素分析》，硕士学位论文，暨南大学，2007 年。
60. 刘尧:《论大学综合实力与核心竞争力及其培育》,《大学・研究与评价》2008 年第 2 期。
61. 刘以恒:《大学与外部环境相互作用的机制》,《浙江大学学报（人文社科版）》，2000 年第 3 期。
62. 陆根书、陈丽等:《美国研究型大学开展社会捐赠的实践及其启示》,《高等教育研究》2006 年第 12 期。
63. 陆根书、陈丽:《高校校友捐赠及其影响因素分析》,《陕西师范大学学报（哲学社会科学版）》2006 年第 7 期。
64. 罗公利:《高校社会捐赠的博弈分析》,《经济理论与经济管理》2005 年第 5 期。
65. 罗公利:《高校社会捐赠研究文献述评》,《山东社会科学》2005 年第 5 期。
66. 冒巍巍、张伟:《高等学校贫困生资助及其经费筹措刍议》,《上海交通大学学报（社科版）》2002 年第 3 期。

67. 蒙有华、徐辉:《美国高校教育捐赠制度探析》,《高教探索》2006年第6期。
68. 孟东军、陈礼珍:《中美大学教育捐赠管理比较研究》,《中国高教研究》2005 年第 7 期。
69. 孟东军、张美凤:《我国高校社会捐赠管理比较研究》,《高等工程教育研究》2003 年第 2 期。
70. 孟东军、张美凤、俞锋华:《社会捐赠在我国高考成本分担中的现状分析》,《高等教育研究》2002 年第 6 期。
71. 孟丽菊、张大方:《中外高校社会捐赠 : 比较、分析及建议》,《教育科学》2007 年第 6 期。
72. 闵维方:《论高等教育成本补偿政策的理论基础》,《北京大学学报(哲学社会科学版)》1998 年第 2 期。
73. 缪建红、张善飞:《重视募捐项目运作,促进高校基金会发展》,《文教资料》2009 年第 11 期。
74. 聂晓光:《当代世界高等教育发展的主要趋势》,《黄河科技大学学报》2003 年第 6 期。
75. 农贵新、何静:《捐赠的理性分析及政策建议仁》,《生产力研究》2003 年第 2 期。
76. 彭强、马洪波:《高校教育发展基金若干问题探析》,《中国成人教育》2005 年第 12 期。
77. 戚业国:《高等学校收费与学生资助的理论基础》,《高等教育(人大复印资料)》1999 年第 1 期。
78. 戚业国:《论我国研究生教育的培养成本补偿》,《学位与研究生教育》1999 年第 6 期。
79. 乔海曙、许国新:《校友捐赠和高校发展:社会资本视角的分析》,《教育科学》2006 年第 5 期。

80. 邱均平、张蕊:《我国大学评价的现状、问题与对策》,《科技进步与对策》2004 年第 2 期。
81. 曲恒昌:《市场经济与我国高教经费筹集的原则与途径》,《北京师范大学学报(社会科学版)》1994 年第 5 期。
82. 石火学:《产学研结合的典型模式述评》,《高等教育研究》2000 年第 3 期。
83. 田虎伟、徐玉斌:《国外私立高等院校的社会捐赠、服务与销售收入研究及启示》,《河南职业技术师范学院学报》2005 年第 5 期。
84. 田凯:《西方非营利组织理论述评》,《中国行政管理》2003 年第 6 期。
85. 汪开寿、唐祥来:《美国高等教育捐赠与我国的政策建议》,《比较教育研究》2006 年第 6 期。
86. 王福友、段君莉:《大学的捐赠基金研究》,《大学教育科学》2005 年第 3 期。
87. 王捍政:《二十一世纪高校产业趋势探视》,《安康师专学报》2004 年第 4 期。
88. 王莉芬:《世界高等教育发展趋势及启示》,《高等教育研究》2008 年第 12 期。
89. 王留栓:《从联合国教科文组织统计数据看今日拉美国家高等教育》,《拉丁美洲研究》2005 年第 6 期。
90. 王名、陶传进:《中国民间组织的现状与相关政策建议》,《中国行政管理》2004 年第 1 期。
91. 王宁:《代表性还是典型性?——个案的属性与个案研究方法的逻辑基础》,《社会学研究》2002 年第 5 期。
92. 王任达、刘春生:《发展大学基金会促进大学教育捐赠》,《内蒙古师范大学学报(教育科学版)》2005 年第 11 期。
93. 王锐兰、刘思峰:《我国非营利组织融资“脆弱性”及相机治理》,《审计与经济研究》2005 年第 3 期。

94. 王善迈:《关于教育产业化的讨论》,《北京师范大学学报(人文社会科学版)》2001 年第 1 期。
95. 王绽蕊:《美国高等教育巨额匿名捐赠现象浅析》,《比较教育研究》2004 年第 11 期。
96. 尉俊东、赵文红、万迪:《非营利组织治理研究综述》,《经济学动态》2005 年第 11 期。
97. 吴健雄、郭慧芳:《对校办产业改革中几个问题的探讨》,《华南热带农业大学学报》2000 年第 4 期。
98. 吴洁:《浅析高校风险投资基金的管理》,《高等工程教育研究》2001 年第 2 期。
99. 吴三莲:《论优化高校资本结构的有效途径》,《宁波大学学报(教育科学版)》2008 年第 8 期。
100. 伍运文:《美国高等教育捐赠的动因考察——宗教与文化的视角》,《湖南师范大学教育科学学报》2006 年第 5 期。
101. 谢秋葵:《基金会:美国高等教育发展的重要推动力》,《高等教育研究》2005 年第 3 期。
102. 谢永超、杨忠直:《大学捐赠基金的功能分析及启示》,《社会科学家》2008 年第 12 期。
103. 徐玲:《美国高等教育经费捐赠的特点及启示》,《阴山学刊》2002 年第 1 期。
104. 徐旭川:《非营利组织营利行为的成因与规范》,《现代财经——天津财经学院学报》2006 年第 3 期。
105. 徐宇珊:《非对称依赖:中国基金会与政府关系研究》,《公共管理学报》2008 年第 1 期。

106. 许迈进:《美国研究型大学募捐经费来源的初步研究》,《中国高等医学教育》2003 年第 4 期。

107. 严丹:《公司捐赠中的社会责任》,《合作经济与科技》2008 年第 11 期。

108. 杨青:《美国大学基金会成功因素分析及启示》,《中国地质教育》2007 年第 1 期。

109. 杨跃:《关于学校社会资本的理论思考》,《学海》2003 年第 5 期。

110. 于志刚、张卫民:《校友基金：构建高校筹资新渠道》,《中国林业教育》2005 年第 3 期。

111. 俞晓莹:《我国公立高校社会捐赠的筹措与运作机制研究》，硕士学位论文，同济大学，2006 年。

112. 张慧洁:《高等教育全球化中政府作用的变化》,《黑龙江高教研究》2004 年第 12 期。

113. 张晋峰:《中国高等教育发展的现状与展望》,《中国高等教育》2004 年第 4 期。

114. 张君生:《大学社会捐赠机制研究》，硕士学位论文，中南民族大学，2007 年。

115. 张岚、郑启贵:《地区经济发展水平的差异对高校学费的影响》,《理工高教研究》2002 年第 3 期。

116. 张敏、张陶然:《美国大学捐赠基金的谨慎投资者规则及其启示》,《广西政法管理干部学院学报》2007 年第 7 期。

117. 张向英 :《校友募捐 : 美国著名大学发展的重要资金来源》,《国际人才交流》2005 年第 2 期。

118. 张晓军、齐海丽:《中国非营利组织筹资能力建设思考》,《时代金融》2006 年第 4 期。

119. 张云:《美国加州大学捐赠基金运作实践及启示》,《比较教育研究》2004年第6期。
120. 张展为:《试论捐赠的法律性质》,《江南大学学报社科版》2002年第1期。
121. 赵连稳:《清代北京书院经费筹措途径及演变》,《中国经济史研究》2009年第2期。
122. 郑安云、李静:《试论我国高校社会捐赠的有效拓展与合理使用》,《理论导刊》2009年第11期。
123. 仲伟周:《经济学研究的新领域仁》,《天津社会科学》1995年第6期。
124. 朱景坤:《培育提升核心竞争力是现代大学生存之道》,《西南交通大学学校(社会科学版)》,2005年第3期。
125. 何晓梅:《中国高等教育社会捐赠缺失的成因及其改善对策研究》,硕士学位论文,辽宁师范大学,2007年。
126. 刘清:《论非政府组织(NGO)的资金筹集机制》,硕士学位论文,中国政法大学,2005年。
127. 卢贞云:《我国非营利组织运用信息科技与网络募款现况之探讨——以社会福利机构为例》,硕士学位论文,台湾东海大学公共行政研究所,2002年。

三、电子期刊

1. 中国民(私)营经济研究会:《第八次全国私营企业抽样调查数据分析综合报告》,见 http://www.china.com.cn/economic/txt/2009-03/26/content_17504790.htm。
2. 资料来源:斯坦福大学网站,见 http://facts.stanford.edu/challenge.html。
3. 资料来源:耶鲁大学网站,见 http://yaletomorrow.yale.edu/pdfs/CR06/CR06.pdf。
4.2007年中国高等教育行业研究报告,见 http: //www. hdcmr. com。

5. 数据来源于文汇报，见 http://paper.wenweipo.com/2005/06/14/ED0506140004.html。

6. 数据源于搜狐财经，见 http://business.sohu.com/20110219/n279419646.shtml。

7. 我国基尼系数远超警戒线，见 http://finance.ifeng.com/roll/20100924/2650104.shtml

8.Council for Aid to Education，U.S.A.2007，见http://www.cae.org/content/pdf.VSE.2006.Press.Release.pdf。

9.http://articles.sfgate.com/ 2006-01-22/bay-area/ 17278385_1_president-john-hennessy -vice- provost-great- university。

10.Adam Smeltz，Penn State Announces $2 Billion Fundraising Goal，见http://www.statecollege.com/news/local-news/penn-state-announces-2-billion-fundraising-goal-397496。

11.Finances are a daily concern for many college presidents, according to a new national survey，November7，2005，见 http://media.www.bcheights.com/media/storage/paper144/news/2005/11/07/News/Survey.Stresses.Fundraising-1047856.shtml。

12.Endowment&Assets，见 http://www.uff.ufl.edu/。

四、英文文献

1. PortesAlejandreo，“Social Capital: Its Origins and Applications in Modern Socioligy”，*Annual Review of Sociology*，Vol. 24，No.2（1998）.

2. J. Andreoni，“lmpure Altruism and donations to Public Goods: ATheory of Warm- Glow Giving”，*Economic Journal*，Vol. 100，（1990）.

3. R. Bekkers，*Effects and Effectiveness of Recruitment Strategies Nonprofits* Washington: University of Groningen，2005.

4. R. Bekkers, "Giving and Volunteering in The Netherlands: Sociological and psychological Perspectives", Ph.D Dissertation, Department of SociologyUtrecht University, 2004.

5. Belfield C.R. & Beney A.P. , "What Determines Alumni Generosity? Evidence for the UK" , *Education Economics*, Vol. 8, No.1 (2000).

6. GoseBen, "The Fall of The Flagships", *Chronicle of Higher Education*, Vol. 48, No.43 (July 2002).

7. Bielefeld W., Rooney P. & Steinberg K., *Gifts of Time and Money: The Role of Charity in America's Communities*, Maryland: Rowman & Littlefield Publishers, 2005.

8. Brittingham B.E. & Pezullo T.R., The Campus Green: Fund Raising in Higher Education, The George Washington University, School of Education and Human Development, 1990.

9. Arthur C.Brooks, "Is There a Dark Side to Government Support for Nonprofits?", *Public Administration Review*, Vol. 60, No.3 (May 2000).

10. Bryant W. K., Slaughter H. J. & Kang H. J., Tax A. "Participating in Philanthropic Activities: Donating Money and Time" , *Journal of Consumer Policy*, 2003,

11. Brooks C., "Does Social Capital Make You Generous?", *Social Science Quarterly*, Vol. 86, No.1 (May 2005).

12. Clotfelter C.T., *Federal Tax Policy and Charitable Giving*, Chicago: University of Chicago Press, 1985.

13. Clotfelter C.T., "Giving Better, Giving Smarter", Working Papers of the National Commission on Philanthropy and Civic Renewal, WashingtonD.C: *National Commission on Philanthropy and Civic Renewal*, 1997.

14. C. T. Clotfelter, "Alumni Giving to Elite Private Colleges and Universities", *Economics of Education Review*, Vol. 2, No.22（2003）.

15. Potts D. B., "American Colleges in the Nineteenth Century: From Locallism to Denominationallsm", *History of Education Quarterly*, Vol.4, No.11（December 1971）.

16. R. Dill Willian, "The External Control of Organizations: a Resource Dependence Perspective", *The American Journal of Sociology*, Vol.3,（1981）.

17. M.A. & Loissin B.A., "Fundraising Outcomes and Institutional Characteristics in Ten Types of Higher Education Institutions", *The Review of Higher Education*, Vol.4, No.13（January 1990）.

18. Edward J. McMillan, *Not-for-Profit Budgeting and Financial Management*, Hoboken: John Wiley StonesInc, 2003.

19. Fama E. F., Jensen M.C., "Organizational Forms and Investment Decisions", *Journal of Financial Economics*, Vol.14, No.2（March 1985）.

20. Fama E. F. Jensen M.C., "Agency Problems and Residual Claims", *The Journal of Law amd Economics*, Vol.10,（June 1998）.

21. Feldstein M., "The Income Tax and Charitable Contributions: Part I-Aggregate and Distributional Effects", *National Tax Journal*, Vol.28, No.1（January 1975）.

22. Fisher J. L., "Role of the Public College or University President in Fund Raising, " in M. J. Worth（ed.）, *Public College and University Development*, Washington D.C: Council for Advancement and Support of Education, 1985.

23. Frumkin P. & Kim M. T., "Strategic Positioning and The Financing of Nonprofit Organizations: Is Efficiency Rewarded in The Contributions Marketplace?", *Public Administration Review*, Vol.61, No.3（May 2001）.

24. Gilbert A. Churchill & Carol Surprenant, "An Investigation into the Determinants of Customer Satisfaction", *Journal of Marketing Research*, Vol.19, No.4 (Nov.1982) .

25. Glier J., "Higher Education Leadership and Fundraising", Remarks to the Council for Industry and Higher Education, CIHE Council Meeting, 2004.

26. Pamela Greene & Robert McClelland, "Taxes and Charitable Giving", *National Tax Journal*, Vol.3, (March 1999) .

27. Hale J., *Altruism and Self-interest in Elite Philanthropic Exchanges*, San Diego: San Diego Community Foundation, San Diego State University, 1987.

28. Harrison W., "College Relations and Fund-raising Expenditures: Influencing the Probability of Alumni Giving to Higher Education", *Economics of Education Review*, Vol.14, No.1 (March 1995) .

29. Hauptman A. M., "Financing American Higher Education in the 1990s", *New Direetion for Insitutional Research*, 1997, Vol. 24, P. 98

30. Hsien Hong Lin, "Why Taiwanese Companies and Foundations Donate to Public Colleges and Universities in Taiwan: an Investigation of Donation Incentives, Strategies, and Decision-making Processes", Ph. D dissertation, Kent State University, 2009.

31. J. Bradford Hodson, "Leading the Way: The Role of Presidents and Academic Deans in Fundraising", *New Directions for Higher Education Spring*, (October 2010) .

32. Ott S. J., *The Nature of the Nonprofit Sector*, Colorado: Westview Press, 2001.

33. Jody Blazek, *Financial Planning for Nonprofit Organizations*, New York: John Wiley & Sons, Inc., 1996.

34. Johnstone D. B., Marcucci P. N., *Financing Higher Education Worldwide: Who Pays? Who Should Pay?*, Boston: Pearson Custom Publishing, 2001.

35. Judith R. Saidel, "Resource Interdependence: The Relationship Between State Agencies and Nonprofit Organization", *Public Administration Review*, No.51 (Nov. 1991).

36. Kaufman B., "Juggling Act: Today's College or University President Must Be a Champion Fundraiser and a Strong Internal Leader", *University Business*, Vol.7, No.7 (July 2004).

37. K. S. Kelly, " Fund Raising and Public Relations: A Critical Analysis" , Hillsdale: Lawrence Erlbaum Associates, 1991.

38. Kenneth E. Boulding, *Philanthropy and Public Policy*, National Bureau of Economic Research, 1962.

39. Khumawala S.B. & Gordon T.P., "Bridging the Credibility of GAAP: Individual Donors and the New Accounting Standards for Nonprofit Organizations", *Accounting Horizons*, Vol.3, (Nov.1997).

40. Kotler P., Fox K., *Strategic Marketing for Educational Institutions*, New Jersy: Prentice-Hall, 1985.

41. Lawrence E. Kochard, *Foundation & Endowment Investing: Philosophies and Strategies of Top Investors and Institutes*, John Wiley &Sons, Inc, 1992.

42. Leslie L. & Ramey G., "Donor Behavior and Voluntary Support for Higher Education Institutions", *Journal of Higher Education*, Vol.59, No.2 (April 1988).

43. Loessin B., Duronio M., *Characteristics of Successful Fundraising Programs*, *Educational Fund Raising: Principles and Practices*, Phoenix: Oryx Press, 1993.

44. Claire Gaudiani, *The Greater Good: How Philanthropy Drives The American Economy And Can Save Capitalism*, New York: Holt Paperbacks, 2003.

45. Maslow A.H., *Motivation and Personality*, New York : Pearson, 1987.

46. M. S. Max Clarkson, C. Phil & M. J. Thomas, "The Toronto Conference: Reflections on Stakeholder Theory" , *Business and Society*, Vol.33, NO.1 (January 1994) .

47. McAnear B., "The Raising of Funds by the Colonial Colleges"*The Mississippi Valley Historical Review*, Vol.38, NO.4 (March 1952) .

48. Melchiori G. S., "Alumni Research: An Introduction", *New Directions for Institutional Research*, Vol.60, NO.99 (November 1988) .

49. Merrill Lynch, "Global Wealth Management", *World Wealth Report*, 2010.

50. Michael J.Worth, *Educational Fund Raising: Principles and Practice*, American Council on Education / ORYX Press, 1993.

51. Miller M. T., And Others, "Overview of Literature Related to The Study and Practice of Academic Fundraising", Lincoln: University of Nebraska, Department of Vocational and Adult Education, 1994.

52. Miller M. T. , "Historical Perspectives on The Development of Academic Fund Raising", *Journal of Instructional Psychology*, Vol.20, NO.3 (1993) .

53. Morison S.E., *The Founding of Harvard College*, Cambridge: Harnard University Press, 1968.

54. Michael S. McPherson, Morton Owen Schapiro, "Financing Undergraduate Education: Designing National Policies", *National Tax Journal*, NO.1 (2001) .

55. National Center for Education Statistics, *Digest of Education Statistic*, U.S. Department of Education 1990 -1991.

56. Okten C., Weisbrod B., "Determinants of Donations in Private Nonprofit Markets", *Journal of Public Economics*, Vol.75, NO.2（February 2000）.

57. Okunade A., Berl R.L., "Determinants of Charitable Giving of Business School Alumni", *Research in Higher Education*, Vol.38, NO.2（1997）.

58. Okunade A., Wunnava P.V., Walsh Jr. R., "Charitable Giving of Alumni: Microdata Evidence From a Large Public University", *American Journal of Economics and Sociology*, Vol.53, NO.1（1994）.

59. Okunade A., "Graduate School Alumni Donations to Academic Funds: Microdata Evidence", *American Journal of Economics and Sociology*, Vol.55, NO.2（1996）.

60. Peffer Jeffrey, Gerald Salancik, *The External Control of Organization: A Resource Dependence Perspective* , New York: Harper & Row, 1978.

61. Philip Kotler, *Marketing for Nonprofit Organizations*, New Jersey:Prentice-Hall, 1982.

62. Pickett W., "An Assessment of The Effectiveness of Fundraising Policies" , *Private Undergraduate Colleges*, 1998.

63. Posnett J., Sandler T., "Demand for Charity Donations in Private Non-Profit Markets: The Case of The UK", *Journal of Public Economics*, Vol.40, NO.2（November1989）.

64. Pulley J. L., "College Fund Rraising Reached Record $23.2-Billion in 1999-2000", *Chronicle of Higher Education*, Vol.47,（May 2001）.

65. Frank H. T. Rhodes（editor）, *Successful Fund Raising for Higher Education: The Advancement of Learning*, Britain: Oryx Press, 1997.

66. Rudolph F., *The American College & University: A History*, Athens: The University of Georgia Press, 1962.

67. Satterwhite C. R., "The Function of University Presidents and CEO's in Fundraising: A Study of Public Universities with Capital Campaigns Less Than $100 Million" , Unpublished Doctoral Dissertation, Texas Tech University, 2004.

68. Sears J.B., *Philanthropy in the History of American Higher Education*, New Brunswick: Transaction Publishers, 1990.

69. Smith C. L., Ehrenberg R. G., "Sources and Uses of Annual Giving at Private Research Universities", *New Directions for Institutional Research*, Vol.22, NO.3 (June 2003) .

70. Steinberg K., *Philanthropic Giving Index*, Sponsored by The Center on Philanthropy at Indiana University, 2004.

71. Steinberg R., "Does Government Spending Crowd out Donations?" , *Annals of Pubic and Cooperative Economics*, Vol 62 (4) , 1991, PP.591-612.

72. Stuart Silverstein, "UCLA Breaks Fundraising Record" , *Los Angeles Times*, 2006.

73. Taussig M., "Economic Aspects of The Personal Income Tax Treatment of Charitable Contributions", *National Tax Journal*, Vol.20, NO.1 (1967) .

74. OECD Home, "The Financial Crisis: Reform and Exit Strategies", *OECD Report*, 2009.

75. Jame W., "The Tuition Puzzle: Putting The Pieces Together" , Institute for Higher Education Policy, 2001.

76. Tim Huber, "What Influence College Baseball Alumni to Donate to Their Alma Mater", Southwest Minnesota State University, 2004.

77. Venable B. T., Rose M., Gilbert F. w., "Measuring the Brand Personality of Nonprofit Organizations", *Advanees in Consumer Researeh*, Vol.30, NO.3(2003).

78. Vesterlund L., Sonnevi G., "Why Do People Give?" The Nonprofit Sector: A Research Handbook（2nded.）, New Haven: Yale University Press, 2006.

79. Volkwein J.F., Malik S.M., "State Regulation and Administrative Flexibility at Public Universities", *Research in Higher Education*,（1）Vol.38, NO.1（1997）.

80. Webb C. H., "The Alumni Movement: A History of Success", *Excellence in Advancement: Application for Higher Education and Nonprofit Organizations*, Gaithersburg: Aspen Publishers, 1998.

81. B.A. Weisbrod &N.D. Dominguez, "Demand for Collective Goods in Private Nonprofit Markets: Can Fundraising Expenditures HeIp Overcome Free-Rider Behavior?" *Journal of Public Economics*, Vol.83, NO.1（October 1986）.

82. Williams R.L., Henderickson R.M., "In Fund Raising, Prestige Means More Than Public or Private", *AGB Reports*, Vol.28, NO.6（1986）.

83. Wispe L., *AltruismSyrnpathy and Helping: Psychological and Sociological Principles*, New York: Academic Press, 1978.

84. Wolff E., *The Economy and Philanthropy*, *Philanthropy and The Nonprofit Sector in a Changing America*, Bloomington: Indiana University Press, 1999.

85. Wolpert J., "Giving and Region: Generous and Stingy Communities", *New Directions for Philanthropic Fundraising*,（May1997）.

86. Woods J.L., "Factors Associated with Gift Income in Public Research and Doctoral Granting Institutions", Ph. D Dissertation, Washington State University, 1987.

87. Worth M. J., *New Strategies for Educational Fund Raising*, Westport: Praeger Publishers, 2002.

88. Yin R.K., *Case Study Research : Design and Methods* (*2nd ed.*) , London : Sage Publications, 1994.

89. Ying Liu, "Institutional Characteristics and Environmental Factors that Influence Private Giving to Public Colleges and Universities a Longitudinal Analysis" , The Faculty of The Graduate School of Vanderbilt University, 2007.

90. Young J. R., "In Response to Critics. U.S. News Changes Its Formula for Ranking Colleges", *The Chronicle of Higher Education*, Vol.49, (2003) .

91. Young P.S., Fischer N.M., "Identifying Undergraduate and Post–college Characteristics That May Affect Alumni Giving" , Paper Presented at The Annual Forum of The Association for Institutional ResearchAlbuquerque, NM, 1996.